BIBLIOTHÈQUE
LATINE-FRANÇAISE

PUBLIÉE

PAR

C. L. F. PANCKOUCKE.

PARIS, IMPRIMERIE DE C. L. F. PANCKOUCKE,
Rue des Poitevins, n. 14.

TRAGÉDIES

DE

L. A. SÉNÈQUE

TRADUCTION NOUVELLE

PAR M. E. GRESLOU

TOME DEUXIÈME.

PARIS

C. L. F. PANCKOUCKE

MEMBRE DE L'ORDRE ROYAL DE LA LÉGION D'HONNEUR
ÉDITEUR, RUE DES POITEVINS, N° 14.

M DCCC XXXIV.

SÉNÈQUE.

ŒDIPE.

DRAMATIS PERSONÆ.

OEDIPUS.
JOCASTA.
CREON.
TIRESIAS.
CHORUS THEBANORUM.
MANTO.
SENEX.
PHORBAS.
NUNTIUS.

PERSONNAGES.

OEDIPE.
JOCASTE.
CRÉON.
TIRÉSIAS.
CHOEUR DE THÉBAINS.
MANTO.
UN VIEILLARD.
PHORBAS.
UN ENVOYÉ.

ARGUMENTUM.

Regnante Thebis OEdipo, sævissima civitatem invasit pestilentia. Mittitur Creon, Jocastæ frater, Delphicum Apollinis oraculum consulturus, quæ sint adhibenda tantæ cladi remedia. Quum autem respondisset deus non prius finem pesti futuram, quam nex Laii exsilio interfectoris fuerit expiata, quærit OEdipus a Tiresia vate, ut per divinationem tandem exploret, quis Laium occiderit. Tiresias igitur, Manto filia cæcitatem suam adjuvante, postquam frustra extispicia aggressus est, ad magicas artes conversus, Laii manes evocat, qui OEdipum ipsum interfectorem declarant. Tum, re patefacta, ubi OEdipus manus patri suo intulisse et conjugio suæ matris frui se intelligit, quod quidem illi duplex scelus fata indixerant, concepta in seipsum rabie, sibi effodit oculos, et in exsilium fugit. Jocasta autem se confodit gladio.

ARGUMENT.

OEdipe étant roi de Thèbes, une peste affreuse vient désoler cette ville. Créon, frère de Jocaste, est envoyé à Delphes pour consulter l'oracle d'Apollon sur les remèdes à opposer à ce fléau cruel. Le dieu répond que la peste ne cessera pas ses ravages tant que la mort de Laïus n'aura pas été expiée par l'exil du meurtrier. OEdipe ordonne alors au devin Tirésias de chercher à découvrir, par la divination, l'assassin du roi. Le vieillard aveugle, aidé de sa fille Manto, interroge les entrailles des victimes : ce moyen ne réussissant pas, il emprunte le secours de la magie pour évoquer des enfers l'ombre de Laïus, qui déclare que c'est OEdipe lui-même qui est le meurtrier. La vérité connue, OEdipe, voyant qu'il est devenu l'assassin de son père et le mari de sa mère, double crime dont l'avaient menacé les oracles, tourne sa fureur contre lui-même, s'arrache les yeux, et se condamne à l'exil. Jocaste se frappe d'une épée.

L. ANNÆI SENECÆ OEDIPUS.

ACTUS PRIMUS.

SCENA I.

OEDIPUS, ET DEINDE JOCASTA.

OEDIPUS.

Jam nocte Titan dubius expulsa redit,
Et nube mœstum squallida exoritur jubar,
Lumenque flamma triste luctifica gerens
Prospiciet avida peste solatas domos,
Stragemque, quam nox fecit, ostendet dies.
Quisquamne regno gaudet? o fallax bonum,
Quantum malorum fronte quam blanda tegis!
Ut alta ventos semper excipiunt juga;
Rupemque saxis vasta dirimentem freta,
Quamvis quieti, verberant fluctus maris:
Imperia sic excelsa Fortunæ objacent.
Quam bene parentis sceptra Polybi fugeram,

L'ŒDIPE DE L. A. SÉNÈQUE.

ACTE PREMIER.

SCÈNE I.

OEDIPE, ET ENSUITE JOCASTE.

OEDIPE.

Une clarté douteuse a dissipé les ténèbres ; le soleil élève tristement son disque pâle et voilé de sombres nuages, pour contempler le deuil de notre ville désolée par un fléau dévorant, et le jour va découvrir à nos yeux les ravages de la nuit. Est-il un roi qui se trouve heureux sur le trône ? O trompeuse idole, que de misères tu caches sous une riante image ! Comme les plus hautes montagnes sont toujours en butte à la fureur des vents ; comme les rochers qui divisent les vastes mers de leurs pointes aiguës, ne cessent pas, même en temps de calme, d'être battus des flots : ainsi la haute position des rois les rend plus exposés aux coups de la

Curis solutus, exsul, intrepidus, vagans!
Cælum Deosque testor, in regnum incidi.
Infanda timeo, ne mea genitor manu
Perimatur: hoc me Delphicæ laurus monent,
Aliudque nobis majus indicunt scelus.
Est majus aliquod patre mactato nefas?
Pro, misera pietas! eloqui fatum pudet.
Thalamos parentis Phœbus et diros toros
Nato minatur, impia incestos face.
Hic me paternis expulit regnis timor.
Non ego penates profugus excessi meos.
Parum ipse fidens mihimet, in tuto tua,
Natura, posui jura: quum magna horreas,
Quæ posse fieri non putes, metuas tamen.
Cuncta expavesco, meque non credo mihi.
Jamjam aliquid in nos fata moliri parant.
Nam quid rear, quod ista Cadmeæ lues
Infesta genti, strage tam late edita
Mihi parcit uni? cui reservamur malo?
Inter ruinas urbis, et semper novis
Deflenda lacrimis funera, ac populi struem,
Incolumis adsto: scilicet Phœbi reus
Sperare poteras sceleribus tantis dari
Regnum salubre? fecimus cælum nocens.
Non aura gelido lenis afflatu fovet
Anhela flammis corda: non Zephyri leves
Spirant; sed ignes auget æstiferi Canis
Titan, Leonis terga Nemeæi premens.
Deseruit amnes humor, atque herbas color;
Aretque Dirce: tenuis Ismenos fluit,

fortune. Que j'avais bien fait de fuir les états de Polybe mon père! j'étais exilé, mais tranquille; errant, mais exempt d'alarmes. Le ciel et les dieux me sont témoins que je ne cherchais pas le trône où je suis monté. Une prédiction funeste me poursuit, je crains de devenir l'assassin de mon père; le laurier prophétique de Delphes me menace de ce crime, et d'un autre plus grand encore. Et pourtant, peut-il en être un plus affreux que le meurtre d'un père? Malheureux enfant que je suis! j'ai honte de rappeler cette prédiction funeste: Apollon m'annonce un hymen abominable, une couche incestueuse, et des torches impies qui doivent éclairer l'union d'un fils avec sa mère! C'est cette crainte seule qui m'a chassé des états paternels. Je n'ai point quitté le lieu de ma naissance comme un vil banni; mais, défiant de moi-même, j'ai mis à couvert tes saintes lois, ô nature! Quand l'homme tremble à l'idée d'un crime, alors même qu'il ne le voit pas possible, il doit le craindre encore. Tout m'effraie, et je n'ose compter sur moi-même. Il faut bien que la destinée me prépare quelque malheur; car, que dois-je penser de me voir seul épargné par le fléau qui, déchaîné contre le peuple de Cadmus, étend si loin ses ravages? A quel malheur suis-je donc réservé? dans la désolation d'une ville entière, au milieu des larmes et des funérailles sans cesse renaissantes, je reste seul debout sur les débris de tout un peuple. Condamné comme je le suis par la bouche d'Apollon, pouvais-je attendre une royauté plus heureuse, pour prix de si grands crimes? C'est moi qui empoisonne l'air qu'on respire ici. Le souffle pur de la brise ne raf-

Et tingit inopi nuda vix unda vada.
Obscura caelo labitur Phoebi soror;
Tristisque mundus nubilo pallet novo.
Nullum serenis noctibus sidus micat :
Sed gravis et ater incubat terris vapor;
Obtexit arces caelitum ac summas domos
Inferna facies. Denegat fructum Ceres
Adulta; et altis flava quum spicis tremat,
Arente culmo sterilis emoritur seges.
Nec ulla pars immunis exitio vacat :
Sed omnis aetas pariter et sexus ruit,
Juvenesque senibus jungit, et natis patres
Funesta pestis : una fax thalamos cremat :
Planctuque acerbo funera et questu carent.
Quin ipsa tanti pervicax clades mali
Siccavit oculos : quodque in extremis solet,
Periere lacrimae : portat hunc aeger parens
Supremum ad ignem : mater hunc amens gerit;
Properatque, ut alium repetat in eumdem rogum.
Quin luctu in ipso luctus exoritur novus,
Suaeque circa funus exsequiae cadunt.
Tum propria flammis corpora alienis cremant.
Diripitur ignis : nullus est miseris pudor.
Non ossa tumuli sancta discreti tegunt.
Arsisse satis est : pars quota in cineres abit?
Deest terra tumulis : jam rogos silvae negant.
Non vota, non ars ulla correptos levant.
Cadunt medentes : morbus auxilium trahit.
Affusus aris supplices tendo manus,
Matura poscens fata, praecurram ut prior

fraîchit plus les poitrines haletantes et brûlées ; les Zéphyrs caressans ont fui nos climats ; le soleil s'embrase de tous les feux de l'ardent Sirius que précède le terrible Lion de Némée ; les fleuves ont perdu leurs eaux, et les champs leur verdure ; la fontaine de Dircé est tarie, et l'Ismène n'a plus qu'un filet d'eau qui peut à peine baigner les sables de son lit. La sœur d'Apollon passe invisible à travers le ciel, et une nuit inconnue se répand sur la face du monde. Les nuits, même les plus sereines, sont sans étoiles ; une lourde et sombre vapeur s'appesantit sur la terre ; les palais de l'Olympe et les hautes demeures des dieux se cachent dans une obscurité pareille à la nuit infernale. Cérès avorte, et, au moment où les blonds épis se balancent joyeusement dans l'air, le fruit meurt sur sa tige desséchée. Personne n'est exempt des atteintes de ce fléau : il frappe sans distinction d'âge ni de sexe, tue les vieillards et les jeunes hommes, les pères et les enfans, consume l'époux et l'épouse dans les feux d'un même bûcher. Le deuil et les pleurs manquent aux funérailles, la rigueur obstinée de ce mal terrible a tari la source des larmes ; et ce qui annonce le dernier terme de la douleur, les yeux demeurent secs. Ici c'est un père mourant, là une mère éperdue, qui portent leur enfant sur le bûcher, et se hâtent d'en aller prendre un autre pour lui rendre le même devoir. La mort même naît de la mort ; ceux qui conduisent les funérailles tombent sans vie à côté de ceux qu'ils portent. On voit aussi des malheureux jeter leurs morts sur des bûchers allumés pour d'autres ; on se dispute la flamme funéraire, le malheur étouffe tout

Patriam ruentem; neve post omnes cadam,
Fiamque regni funus extremum mei.
O sæva nimium numina! o fatum grave!
Negatur uni nempe in hoc populo mihi
Mors tam parata? sperne letali manu
Contacta regna : linque lacrimas, funera,
Tabifica cæli vitia, quæ tecum invehis
Infaustus hospes : profuge jamdudum ocius
Vel ad parentes.

JOCASTA.

    Quid juvat, conjux, mala
Gravare questu? regium hoc ipsum reor,
Adversa capere; quoque sit dubius magis
Status, et cadentis imperii moles labat,
Hoc stare certo pressius fortem gradu.
Haud est virile, terga Fortunæ dare.

OEDIPUS.

Abest pavoris crimen ac probrum procul,
Virtusque nostra nescit ignavos metus.

sentiment. Les restes sacrés des morts ne sont point ensevelis dans des tombes séparées; on se contente de les brûler, et encore ne les brûle-t-on pas tout entiers. La terre manque pour les sépultures, et les forêts n'ont plus assez d'arbres pour les bûchers. Ni vœux, ni soins ne peuvent adoucir la violence du mal; les médecins succombent, et le malade entraîne avec lui celui qui devrait le guérir. Prosterné au pied des autels, j'étends des mains suppliantes, pour demander qu'une mort prompte me fasse devancer la ruine de ma patrie, et m'épargne le malheur de périr le dernier, après avoir suivi le convoi de tout mon peuple. Dieux cruels! destins impitoyables! à moi seulement vous refusez la mort, si active à frapper tout autour de moi. Fuis donc, malheureux, ce royaume infecté par tes mains coupables; dérobe-toi à ces larmes, à ces funérailles, à cet air empoisonné que tu portes partout sur tes pas. Fuis, hâte-toi de fuir, quand tu devrais ne trouver d'asile qu'auprès de tes parens.

JOCASTE.

Pourquoi, cher époux, aggraver nos malheurs par ces plaintes? Il me semble qu'il est d'un roi de savoir supporter les disgrâces; et que, plus un état est faible et chancelant, plus le souverain doit s'affermir lui-même et faire effort pour en soutenir l'édifice ébranlé. Il n'est pas digne d'un homme de tourner le dos à la fortune ennemie.

OEDIPE.

Je ne mérite pas ce reproche honteux de lâcheté; la crainte n'a point d'entrée dans mon cœur. Je soutien-

Si tela contra stricta, si vis horrida
Mavortis in me rueret; adversus feros
Audax gigantes obvias ferrem manus.
Nec Sphinga caecis verba nectentem modis
Fugi: cruentos vatis infandae tuli
Rictus, et albens ossibus sparsis solum.
Quumque e superna rupe, jam praedae imminens,
Aptaret alas verbere, et caudam movens,
Saevi leonis more, conciperet minas,
Carmen poposci: sonuit horrendum: insuper
Crepuere malae; saxaque impatiens morae
Revulsit unguis, viscera exspectans mea.
Nodosa sortis verba, et implexos dolos,
Ac triste carmen alitis solvi ferae.

JOCASTA.

Quid sera mortis vota nunc demens facis?
Licuit perire: laudis hoc pretium tibi
Sceptrum, et peremtae Sphingis haec merces datur.

OEDIPUS.

Ille, ille dirus callidi monstri cinis
In nos rebellat: illa nunc Thebas lues
Peremta perdit: una jam superest salus,
Si quam salutis Phoebus ostendit viam.

drais sans pâlir le choc des armes et toute l'horreur des batailles ; je me sens de force à marcher à la rencontre des Titans furieux. Ai-je reculé devant le Sphynx, quand il me proposa son énigme obscure ? non, j'ai vu d'un œil assuré sa gueule sanglante, et le sol blanchi des ossemens de ceux qu'il avait dévorés. Et au moment où, du haut de son rocher, il agitait ses ailes pour s'abattre sur sa proie, et, comme un lion en furie, s'excitait lui-même en frappant ses flancs de sa queue, je lui demandai ses vers énigmatiques : il les prononça d'une voix terrible, ses dents claquaient l'une contre l'autre ; et, dans son impatience, il creusait le rocher de ses griffes cruelles. Et, pourtant, je sus démêler le sens obscur de son énigme, et trancher le nœud de ses paroles mystérieuses.

JOCASTE.

Pourquoi donc maintenant adresser à la mort des vœux tardifs et insensés ? Vous pouviez mourir alors ; mais aujourd'hui le sceptre est la récompense de votre courage, et le prix de votre victoire sur le Sphynx.

ŒDIPE.

C'est la cendre de ce monstre perfide qui s'acharne contre nous ; oui, c'est elle : c'est le Sphynx mort qui nous tue. L'unique voie de salut qui nous reste, c'est qu'Apollon nous indique un remède à nos maux.

SCENA II.

CHORUS.

Occidis, Cadmi generosa proles,
Urbe cum tota : viduas colonis
Respicis terras, miseranda Thebe.
Carpitur leto tuus ille, Bacche,
Miles, extremos comes usque ad Indos,
Ausus Eois equitare campis,
Figere et mundo tua signa primo.
Cinnami silvis Arabes beatos
Vidit, et versas equitis sagittas,
Terga fallacis metuenda Parthi.
Litus intravit pelagi rubentis.
Promit hic ortus, aperitque lucem
Phœbus, et flamma propiore nudos
            Inficit Indos.
Stirpis invictæ genus interimus.
Labimur sævo rapiente fato.
Ducitur semper nova pompa Morti.
Longus ad manes properatur ordo
Agminis mœsti, seriesque tristis
Hæret; et turbæ tumulos petenti
Non satis septem patuere portæ.
Stat gravis strages, premiturque juncto
            Funere funus.
Prima vis tardas tetigit bidentes;
Laniger pingues male carpsit herbas.

SCÈNE II.

LE CHOEUR.

Vous périssez, généreux enfans de Cadmus, et votre ville toute entière ; la malheureuse Thèbes voit ses campagnes désertes d'habitans. Divin Bacchus, la mort moissonne ce peuple de guerriers qui te suivirent jusqu'aux extrémités de l'Inde, osèrent pénétrer dans les plaines de l'Aurore et planter tes étendards victorieux sur le berceau du monde. Ils ont vu, sous ta conduite, les forêts embaumées de l'Arabie Heureuse ; ils ont affronté les flèches perfides que lance le Parthe, si redoutable dans sa fuite ; ils ont abordé aux rivages de la mer Rouge, et parcouru ces climats où le soleil darde ses premiers feux, et noircit les Indiens nus, trop voisins de son lit enflammé.

Enfans d'une race invincible, nous périssons ; une destinée fatale nous entraîne. Chaque instant voit un nouveau triomphe de la mort ; une longue file s'avance vers le séjour des mânes, le cortège lugubre s'embarrasse, et nos sept portes ne suffisent plus au passage de cette foule qui s'achemine vers les tombeaux : les cadavres s'amassent, et les convois funèbres se pressent les uns les autres.

Ce sont les troupeaux qui ont senti les premières atteintes ; l'agneau malade a dédaigné l'herbe des gras pâturages. Au moment où le sacrificateur allait immoler

Colla tacturus steterat sacerdos;
Dum manus certum parat alta vulnus,
Aureo taurus rutilante cornu
Labitur segnis : patuit sub ictu
Ponderis vasti resoluta cervix :
Nec cruor ferrum maculavit : atra
Turpis e plaga sanies profusa est.
Segnior cursu sonipes in ipso
Concidit gyro, dominumque prono
     Prodidit armo.
Incubant pratis pecudes relictæ.
Taurus armento pereunte marcet.
Deficit pastor grege diminuto,
Tabidos inter moriens juvencos.
Non lupos cervi metuunt rapaces.
Cessat irati fremitus leonis.
Nulla villosis feritas in ursis.
Perdidit pestem latebrosa serpens;
Aret, et sicco moritur veneno.
Non silva sua decorata coma
Fundit opacis montibus umbras.
Non rura virent ubere glebæ.
Non plena suo vitis Iaccho
     Bracchia curvat.
Omnia nostrum sensere malum.
Rupere Erebi claustra profundi
Turba sororum face Tartarea :
Phlegethonque sua motam ripa
Miscuit undis Styga Sidoniis.
Mors alta avidos oris hiatus

la victime, lorsque, la main haute, il s'apprêtait à frapper un coup sûr, le taureau aux cornes dorées tombe sans vie, sa tête s'ouvre sous le poids de la hache; mais aucun sang ne coule sur le fer sacré, et il ne sort de la blessure qu'une liqueur livide et noirâtre. Le coursier fléchit au milieu de sa course, et renverse en tombant le cavalier qui le monte.

Les animaux abandonnés jonchent l'herbe des prairies, et le taureau languit au milieu de ses compagnons expirans. Le pasteur lui-même succombe, et voit de ses yeux mourans son troupeau dévasté. Les cerfs ne craignent plus les loups ravissans; le lion a cessé de faire entendre son rugissement terrible, et le poil de l'ours ne se hérisse plus dans sa fureur; le reptile, caché dans sa retraite obscure, perd l'âcreté de son poison, et meurt avec son venin figé dans ses veines. Dépouillée de sa verte chevelure, la forêt ne projette plus d'ombre sur les montagnes, les plaines ont perdu leur parure de moissons naissantes, la vigne ne courbe plus ses bras chargés des présens de Bacchus.

Tout a ressenti les atteintes du mal qui nous consume; les noires Euménides, armées de leurs torches infernales, ont brisé les portes de l'Érèbe; le Phlégéthon a poussé le Styx hors de son lit, et mêlé ses eaux à celles de nos fleuves. La Mort, planant sur nous, ouvre sa bouche avide, et déploie toutes ses ailes; le nautonnier qui, dans sa verte vieillesse, garde les passages du sombre

Pandit, et omnes explicat alas.
Quique capaci turbida cymba
Flumina servat durus senio
Navita crudo, vix assiduo
Brachia conto lassata refert,
Fessus turbam vectare novam.
Quin Taenarei vincula ferri
Rupisse canem fama, et nostris
Errare locis : mugisse solum :
Vaga per lucos simulacra virum
Majora viris : bis Cadmeum
Nive discussa tremuisse nemus,
Bis turbatam sanguine Dircen :
                     Nocte silenti
Amphionios ululasse canes.
O dira novi facies leti,
Gravior leto! piger ignavos
Alligat artus languor; et aegro
Rubor in vultu, maculaeque caput
Sparsere leves : tum vapor ipsam
Corporis arcem flammeus urit;
Multoque genas sanguine tendit.
Oculique rigent, et sacer ignis
Pascitur artus : resonant aures,
Stillatque niger naris aduncae
Cruor, et venas rumpit hiantes.
Intima creber viscera quassat
Gemitus stridens : tunc amplexu
Frigida presso saxa fatigant :
Quos liberior domus elato

fleuve, n'a plus la force de soulever ses bras, et se lasse
à passer la foule innombrable des âmes qui se pressent
autour de sa large barque. On dit même que le chien du
Ténare a brisé sa chaîne de fer, et qu'il rôde maintenant autour de nos demeures; on dit que des mugissemens sont sortis de la terre, et qu'on a vu des spectres
à figure d'homme, mais d'une taille plus qu'humaine,
errer dans nos bois : on dit que deux fois la forêt de
Cadmus, secouant les neiges qui la couvrent, s'est
ébranlée jusque dans ses racines ; que deux fois la fontaine de Dircé a roulé du sang dans son onde, et que,
dans le silence des nuits, nos chiens ont fait entendre
d'affreux hurlemens.

Image affreuse de la mort, plus cruelle que la mort
même! une langueur douloureuse engourdit nos membres; une rougeur maladive colore les visages parsemés
de pustules ardentes ; la vapeur d'un feu dévorant enflamme le siège de la pensée, et gonfle les joues de sang;
les yeux deviennent immobiles et tendus ; une chaleur
infernale nous consume ; nos oreilles sont pleines de
bruits. Un sang noir brise les veines et sort par les
narines ; une toux intérieure et obstinée déchire nos
entrailles. Alors on voit des malheureux étreindre avec
force les marbres glacés ; d'autres, devenus libres par
la mort de leurs gardiens, courent aux fontaines, et
l'eau qu'ils boivent ne fait qu'irriter leur soif ardente.
Une foule misérable se presse autour des autels, en invoquant la mort, seule faveur que les dieux ne refu-

Custode sinit, petitis fontes,
Aliturque sitis latice ingesto.
Prostrata jacet turba per aras,
Oratque mori : solum hoc faciles
Tribuere Dei. Delubra petunt,
Haud ut voto numina placent,
Sed juvat ipsos satiare Deos.
Quisnam ille propero regiam gressu petit?
Adestne clarus sanguine ac fatis Creo?
An æger animus falsa pro veris videt?
Adest petitus omnibus votis Creo.

sent pas. Ce n'est point pour apaiser le ciel par des vœux qu'on se presse dans les temples, mais pour assouvir sa colère à force de victimes.

Mais qui s'avance à pas précipités vers le palais? n'est-ce pas le noble et vaillant Créon? ou suis-je abusé par une illusion de mon esprit malade? Non, c'est en effet Créon, que nos vœux impatiens appellent à grands cris.

ACTUS SECUNDUS.

SCENA I.

OEDIPUS, CREON.

OEDIPUS.

Horrore quatior, fata quo vergant timens,
Trepidumque gemino pectus afflictu labat.
Ubi læta duris mixta in ambiguo jacent,
Incertus animus scire quum cupiat, timet.
Germane nostræ conjugis, fessis opem
Si quam reportas, voce properata edoce.

CREON.
Responsa dubia sorte perplexa latent.

OEDIPUS.
Dubiam salutem qui dat afflictis, negat.

CREON.
Ambage nexa Delphico mos est Deo
Arcana tegere.

OEDIPUS.
Fare, sit dubium licet:

ACTE SECOND.

SCÈNE I.

OEDIPE, CRÉON.

OEDIPE.

Je frémis d'horreur, dans l'attente de ce qui doit arriver, et mon esprit succombe sous une lutte de pressentimens contraires. Quand l'espérance et la crainte s'entremêlent ainsi, l'homme irrésolu tremble d'apprendre ce qu'il désire le plus savoir. Frère de mon épouse, si vous apportez quelque soulagement à nos maux, hâtez-vous de m'en instruire.

CRÉON.

La réponse de l'oracle est obscure et présente un sens douteux.

OEDIPE.

Ne donner aux malheureux que des chances douteuses de salut, c'est ne pas vouloir les sauver.

CRÉON.

Le dieu de Delphes ne manque jamais de voiler ainsi le sens de ses oracles.

OEDIPE.

Quelle que soit l'obscurité de sa réponse, apprenez-la-

Ambigua soli noscere OEdipodæ datur.

CREON.

Cædem expiari regiam exsilio Deus,
Et interemtum Laium ulcisci jubet.
Non ante cælo lucidus curret dies,
Haustusque tutos ætheris puri dabit.

OEDIPUS.

Ecquis peremtor incliti regis fuit?
Quem memoret, ede, Phœbus, ut pœnas luat.

CREON.

Sit, precor, dixisse tutum visu et auditu horrida.
Torpor insedit per artus, frigidus sanguis coit.
Ut sacrata templa Phœbi supplici intravi pede,
Et pias, numen precatus, rite summisi manus;
Gemina Parnassi nivalis arx trucem sonitum dedit,
Imminens Phœbea laurus tremuit et movit domum,
Ac repente sancta fontis lympha Castalii stetit.
Incipit Letoa vates spargere horrentes comas,
Et pati commota Phœbum. Contigit nondum specum,
Emicat vasto fragore major humano sonus:

« Mitia Cadmeis remeabunt sidera Thebis,
« Si profugus Dircen Ismenida liqueris hospes,
« Regis cæde nocens, Phœbo jam notus et infans.
« Nec tibi longa manent sceleratæ gaudia cædis.

moi : c'est à OEdipe seul qu'il appartient d'expliquer les énigmes.

CRÉON.

Apollon veut que le meurtre du roi s'expie par l'exil du meurtrier; il vous ordonne de venger la mort de Laïus. Ce n'est qu'à ce prix que la pureté du jour et la salubrité de l'air nous seront rendues.

OEDIPE.

Et quel fut l'assassin de ce grand roi? quel est celui que nomme le dieu? parlez, et il sera puni.

CRÉON.

Promettez-moi, je vous prie, d'écouter sans colère le récit affreux de ce que j'ai vu et entendu. J'en suis encore tout tremblant d'effroi, et mon sang demeure glacé dans mes veines. Dès que mes pieds eurent franchi le seuil du sanctuaire, et que j'eus, selon l'usage, élevé mes mains suppliantes, en invoquant le dieu, les deux cimes neigeuses du Parnasse firent entendre un bruit terrible, le laurier sacré qui ombrage le temple s'ébranla et le temple même avec lui, et l'eau sainte de la fontaine de Castalie cessa de couler. La prêtresse alors commence à secouer d'une manière effrayante sa chevelure en désordre, et à se débattre contre le dieu qui l'obsède. A peine s'est-elle approchée de l'antre fatidique, qu'une voix plus qu'humaine éclate et fait entendre cette réponse :

« La pureté de l'air sera rendue aux Thébains quand l'étranger coupable du meurtre de Laïus, et connu d'Apollon depuis son enfance, aura quitté les lieux qu'arrosent les eaux de Dircé, tributaires de l'Ismène. Il ne

« Tecum bella geres; natis quoque bella relinques;
« Turpis maternos iterum revolutus in ortus. »

OEDIPUS.

Quod facere monitu cælitum jussus paro,
Functi cineribus regis hoc decuit dari,
Ne sancta quisquam sceptra violaret dolo.
Regi tuenda maxime regum est salus.
Queritur peremtum nemo, quem incolumem timet.

CREON.

Curam peremti major excussit timor.

OEDIPUS.

Pium prohibuit ullus officium metus?

CREON.

Sphinx, et nefandi carminis tristes minæ.

OEDIPUS.

Nunc expietur numinum imperio scelus.
Quisquis Deorum regna placatus vides;
Tu, tu, penes quem jura præcipitis poli;
Tuque, o sereni maximum mundi decus,
Bis sena cursu signa qui vario regis,
Qui tarda celeri secula evolvis rota;
Sororque fratri semper occurrens tuo,
Noctivaga Phœbe; quique ventorum potens
Æquor per altum cærulos currus agis;
Et qui carentes luce disponis domos,

jouira pas long-temps du fruit de son crime ; il se fera la guerre à lui-même, et lèguera la guerre à ses enfans, tristes rejetons d'un fils rentré dans le sein de sa mère. »

OEDIPE.

La vengeance que les dieux m'ordonnent d'exercer aujourd'hui aurait dû suivre immédiatement la mort de Laïus, pour mettre la sainte majesté du trône à l'abri de pareils attentats. C'est aux rois surtout qu'il appartient de défendre et de venger les rois. Le sujet ne s'intéresse guère à la mort du maître qu'il craignait pendant sa vie.

CRÉON.

La terreur qui nous assiégeait alors ne nous permit pas de punir le meurtrier.

OEDIPE.

Quelle crainte a pu vous empêcher d'accomplir ce pieux devoir ?

CRÉON.

Celle du Sphynx et de son énigme funeste.

OEDIPE.

Aujourd'hui le ciel parle, il faut expier ce crime. Vous tous, dieux, qui abaissez sur ce monde des regards favorables, puissant maître de l'Olympe, et toi le plus bel ornement de la voûte céleste, soleil, qui parcours successivement les douze stations de ta route, entraînant après toi dans ta course rapide les tardives générations des siècles ; et toi, Phébé, pâle voyageuse des nuits, qui toujours marches à la rencontre de ton frère ; roi des vents, qui conduis ton char azuré sur les mers profondes ; et toi aussi, dominateur du sombre empire, écoutez

Adeste. Cujus Laius dextra occidit,
Hunc non quieta tecta, non fidi lares,
Non hospitalis exsulem tellus ferat;
Thalamis pudendis doleat et prole impia;
Hic et parentem dextera perimat sua;
Faciatque (num quid gravius optari potest?)
Quidquid ego fugi. Non erit veniae locus:
Per regna juro, quaeque nunc hospes gero,
Et quae reliqui; perque penetrales Deos;
Per te, pater Neptune, qui fluctu brevi
Utrinque nostro geminus alludis solo.
Et ipse nostris vocibus testis veni,
Fatidica vatis ora Cirrheae movens.
Ita molle senium ducat, et summum diem
Securus alto reddat in solio parens,
Solasque Merope noverit Polybi faces,
Ut nulla sontem gratia eripiet mihi.
Sed quo nefandum facinus admissum loco est,
Memorato. Aperto Marte, an insidiis jacet?

CREON.

Frondifera sanctae nemora Castaliae petens,
Calcavit arctis obsitum dumis iter,
Trigemina qua se spargit in campos via.
Secat una gratum Phocidos Baccho solum,
Unde altus ima deserit, caelum petens,
Clementer acto colle, Parnassos biceps.
At una bimares Sisyphi terras adit,

ma prière : « Puisse l'assassin de Laïus ne trouver sur la terre ni repos, ni asile, ni demeure hospitalière ! Que son hymen soit infâme, ses enfans dénaturés ! qu'il devienne le meurtrier de son propre père ! qu'il commette enfin, et c'est la plus terrible imprécation que je puisse former contre lui, qu'il commette tous les crimes que j'ai eu le bonheur d'éviter ! Pour lui, point de pardon, j'en jure par le sceptre que je porte ici comme étranger, par le sceptre auquel j'ai renoncé dans ma patrie ; j'en jure par mes dieux domestiques, et par toi, Neptune, père de toutes choses, dont les flots baignent mollement les deux rives de ma terre natale. Je te prends aussi à témoin de mes sermens, dieu des oracles, qui mets l'avenir sur les lèvres de la prêtresse de Cyrrha. Puisse mon père, toujours tranquille et heureux sur le trône, n'arriver à sa dernière heure qu'après la plus douce vieillesse ! puisse ma mère ne connaître jamais d'autre époux que Polybe, comme il est vrai que le meurtrier de Laïus ne trouvera jamais grâce devant mes yeux. » Mais dites-moi dans quel lieu ce crime abominable a été commis. Est-ce dans un combat que Laïus a perdu la vie, ou dans une embuscade ?

CRÉON.

Laïus était parti pour se rendre au bois épais qu'arrose la fontaine de Castalie ; il eut à traverser un sentier étroit et hérissé d'épines, à l'endroit où le chemin se partage en trois routes. L'une conduit aux vignes fécondes de la Phocide, au dessus desquelles s'élèvent, par une pente insensible, les deux cîmes du Parnasse ; une autre mène à la ville de Sisyphe, bâtie entre deux

Olenia in arva. Tertius trames cava
Convalle serpens tangit errantes aquas,
Gelidumque dirimit amnis Ilissi vadum.
Hic pace fretum subita praedonum manus,
Aggressa ferro, facinus occultum tulit.
In tempore ipso, sorte Phoebea excitus,
Tiresia tremulo tardus accelerat genu,
Comesque Manto luce viduatum trahens.

SCENA II.

OEDIPUS, TIRESIAS, CREON, MANTO.

OEDIPUS.

Sacrate Divis, proximum Phoebo caput,
Responsa solve; fare, quem poenae petant.

TIRESIAS.

Quod tarda fatu est lingua, quod quaerit moras,
Haud te quidem, magnanime, mirari addecet:
Visu carenti magna pars veri latet.
Sed quo vocat me patria, quo Phoebus, sequar.
Fata eruantur. Si foret viridis mihi
Calidusque sanguis, pectore exciperem Deum.
Appellite aris candidum tergo bovem,
Curvoque nunquam colla depressum jugo.
Tu, lucis inopem, nata, genitorem regens,

mers, vers les champs d'Olène; la troisième enfin serpente au fond d'une profonde vallée, et suit dans leurs détours les fraîches eaux de l'Ilissus. C'est là que le roi, qui voyageait sans armes, fut assailli tout à coup par une troupe de brigands qui le tuèrent sans témoins dans ces lieux écartés. Mais voici le vieux Tirésias qui, par l'inspiration du dieu des oracles, s'avance vers nous à pas lents et mal assurés ; sa fille Manto l'accompagne et sert de guide à son père aveugle.

SCENE II.

OEDIPE, TIRESIAS, CRÉON, MANTO.

OEDIPE.

Prêtre des dieux, toi qui ne le cèdes qu'au dieu des oracles dans la science de l'avenir, dis-nous sa réponse : quel est le coupable qu'il faut punir ?

TIRÉSIAS.

Si ma bouche tarde à s'ouvrir, si ma langue hésite à parler, n'en soyez point surpris, magnanime OEdipe! la privation de la vue me dérobe une grande partie de la vérité; mais l'intérêt de mon pays parle, Apollon m'appelle, il faut obéir, il faut interroger les entrailles des victimes. Si mon sang avait encore la chaleur et la pureté de la jeunesse, le dieu lui-même descendrait dans mon sein. Approchez des autels un taureau blanc dont la tête n'ait jamais ployé sous le joug. Toi, ma fille, sers

Manifesta sacri signa fatidici refer.

MANTO.

Opima sanctas victima ante aras stetit.

TIRESIAS.

In vota superos voce solemni voca,
Arasque dono turis Eoi exstrue.

MANTO.

Jam tura sacris cælitum ingessi focis.

TIRESIAS.

Quid flamma? largas jamne comprendit dapes?

MANTO.

Subito refulsit lumine, et subito occidit.

TIRESIAS.

Utrumne clarus ignis, et nitidus stetit,
Rectusque purum verticem cælo tulit,
Et summam in auras fusus explicuit comam?
An latera circa serpit incertus viæ,
Et fluctuante turbidus fumo labat?

MANTO.

Non una facies mobilis flammæ fuit:
Imbrifera qualis implicat varios sibi
Iris colores, parte quæ magna poli
Curvata, picto nuntiat nimbos sinu.
Quis desit illi, quisve sit, dubites, color:
Cærulea fulvis mixta oberravit notis,
Sanguinea rursus, ultima in tenebras abit.

de guide à ton père aveugle, et fais-moi connaître les signes qu'offrira ce sacrifice qui doit nous découvrir le secret du destin.

MANTO.

La blanche victime que vous demandez est au pied de l'autel.

TIRÉSIAS.

Adresse aux dieux de solennelles prières, et fais brûler sur l'autel un pur encens.

MANTO.

J'en ai déjà rempli le brasier divin.

TIRÉSIAS.

Et la flamme? a-t-elle consumé les viandes sacrées?

MANTO.

Non, ce n'a été qu'une lueur soudaine qui s'est éteinte au même instant.

TIRÉSIAS.

A-t-elle au moins été claire et brillante? a-t-elle monté vers le ciel en colonne droite et pure, dont le sommet s'est perdu dans les airs? ou bien la vois-tu serpenter autour de l'autel, faible, terne, et obscurcie par des flots de fumée?

MANTO.

Cette flamme offre un aspect changeant et divers, comme les couleurs de l'arc-en-ciel qui, largement déployé dans l'étendue, annonce la pluie par les nuances variées dont il se colore. Il est impossible de déterminer chacune de ses teintes successives. D'abord, elle était bleuâtre et parsemée de taches brunes, puis couleur de sang, puis noire en s'éteignant. Mais la voici

Sed ecce pugnax ignis in partes duas
Discedit, et se scindit unius sacri
Discors favilla. Genitor, horresco intuens:
Libata Bacchi dona permutat cruor,
Ambitque densus regium fumus caput.
Ipsosque circa spissior vultus sedet,
Et nube densa sordidam lucem abdidit.
Quid sit, parens, effare.

TIRESIAS.

Quid fari queam,
Inter tumultus mentis attonitæ vagus?
Quidnam loquar? Sunt dira, sed in alto, mala.
Solet ira certis numinum ostendi notis.
Quid istud est, quod esse prolatum volunt,
Iterumque nolunt, et truces iras tegunt?
Pudet Deos nescio quid. Huc propere admove,
Et sparge salsa colla taurorum mola.
Placidone vultu sacra et admotas manus
Patiuntur?

MANTO.

Altum taurus attollens caput,
Primos ad ortus positus, expavit diem,
Trepidusque vultum solis et radios fugit.

TIRESIAS.

Unone terram vulnere afflicti petunt?

MANTO.

Juvenca ferro semet imposito induit,
Et vulnere uno cecidit; at taurus, duos

maintenant qui se partage en deux flammes rivales, et la cendre d'un même sacrifice, en guerre avec elle-même, se divise. O mon père! je frémis de ce que je vois : le vin répandu se change en sang, et une épaisse fumée enveloppe la tête du roi; une fumée plus épaisse encore se répand autour de son visage même, et couvre d'un sombre nuage cette lumière ténébreuse. Quel est ce présage, ô mon père! dites-nous-le?

TIRÉSIAS.

Puis-je parler dans le trouble qui m'agite, et dans le désordre de mes esprits? Que dirai-je? ce sont d'affreux malheurs, mais un voile épais les couvre encore. Le courroux des dieux s'annonce d'ordinaire par des signes certains. Quel est donc ce mystère qu'ils veulent me révéler, et qu'ils dérobent ensuite à mes regards? Pourquoi me cachent-ils le secret de leur colère? on dirait que la honte les arrête. Prends vite les fruits salés, jette-les sur la tête des victimes. S'approchent-elles sans résistance de l'autel, et souffrent-elles patiemment la main qui les touche?

MANTO.

Le taureau a levé sa tête; tourné vers l'orient, il a peur du jour, il se détourne et fuit le regard du soleil et sa vive lumière.

TIRÉSIAS.

Les deux victimes sont-elles tombées sous le premier coup?

MANTO.

La génisse est venue d'elle-même s'offrir au couteau sacré; une seule blessure a suffi pour l'abattre. Mais le

Perpessus ictus, huc et huc dubius ruit,
Animamque fessus vix reluctantem exprimit.

TIRESIAS.

Utrum citatus vulnere angusto micat,
An lentus altas irrigat plagas cruor?

MANTO.

Hujus per ipsam, qua patet pectus, viam
Effusus amnis; hujus exiguo graves
Maculantur ictus imbre: sed versus retro
Per ora multus sanguis atque oculos redit.

TIRESIAS.

Infausta magnos sacra terrores cient.
Sed ede certas viscerum nobis notas.

MANTO.

Genitor, quid hoc est? Non levi motu, ut solent,
Agitata trepidant exta; sed totas manus
Quatiunt, novusque prosilit venis cruor.
Cor marcet ægrum penitus, ac mersum latet;
Liventque venæ; magna pars fibris abest;
Et felle nigro tabidum spumat jecur;
Ac (semper omen unico imperio grave),
En capita paribus bina consurgunt toris:
Sed utrumque cæsum tenuis abscondit caput
Membrana, latebram rebus occultis negans;
Hostile valido robore insurgit latus,
Septemque venas tendit: has omnes retro
Prohibens reverti limes obliquus secat.
Mutatus ordo est, sede nil propria jacet,

taureau, déjà frappé deux fois, s'agite en tout sens, et la vie ne s'échappe qu'avec peine de son corps épuisé par la résistance.

TIRÉSIAS.

Le sang s'échappe-t-il de la blessure étroite en jets rapides, ou s'il ne tombe que lentement et goutte à goutte des autres blessures plus larges?

MANTO.

Par l'ouverture faite à la poitrine, il sort comme un fleuve débordé; par les autres bouches plus larges, ce n'est qu'une pluie légère. Mais voilà qu'il se refoule vers la tête et s'échappe en abondance par les yeux.

TIRÉSIAS.

Je suis épouvanté de ces funestes présages. Mais, dis-moi, quels signes certains remarques-tu dans les entrailles?

MANTO.

O mon père! quel est ce phénomène? au lieu de palpiter doucement comme cela se voit toujours, elles bondissent violemment sous la main qui les touche, et un sang nouveau ruisselle par les veines. Le cœur malade s'affaisse et reste enfoncé dans la poitrine; les veines sont livides, et une grande partie des fibres a disparu; du foie corrompu sort un fiel noir et écumant; et, ce qui est un présage toujours fatal aux monarchies, ce foie présente deux têtes pareilles. Une membrane légère, et qui ne peut cacher long-temps les secrets qu'elle nous dérobe encore, enveloppe ces deux têtes. La partie hostile des entrailles se gonfle avec violence, et les sept veines qu'elle porte sont tendues; une ligne oblique les coupe toutes par derrière et les empêche de

Sed acta retro cuncta : non animæ capax
In parte dextra pulmo sanguineus jacet.
Non læva cordi regio; non molli ambitu
Omenta pingues viscerum obtendunt sinus.
Natura versa est, nulla lex utero manet.
Scrutemur, unde tantus hic extis rigor.
Quod hoc nefas? conceptus innuptæ bovis,
Nec more solito positus, alieno in loco
Implet parentem. Membra cum gemitu movet.
Tremulo rigore debiles artus micant;
Infecit atras lividus fibras cruor;
Tentantque turpes mobilem trunci gradum,
Et inane surgit corpus, ac sacros petit
Cornu ministros. Viscera effugiunt manum.
Neque ipsa, quæ te pepulit, armenti gravis
Vox est, nec usquam territi resonant greges :
Immugit aris ignis, et trepidant foci.

OEDIPUS.

Quid ista sacri signa terrifici ferant,
Exprome. Voces aure non timida hauriam :
Solent suprema facere securos mala.

TIRESIAS.

His invidebis, quibus opem quæris, malis.

OEDIPUS.

Memora, quod unum scire cælicolæ volunt,

se rejoindre. L'ordre naturel est troublé, rien n'est à sa place, tout est interverti. Le poumon, plein de sang au lieu de l'air qui devrait le remplir, n'est point à droite; le cœur n'est point à gauche; la membrane destinée à recouvrir les entrailles ne les enferme point dans la molle épaisseur de ses tissus. Dans la génisse, les parties naturelles sont en désordre, toutes les lois de l'utérus sont violées. Tâchons de savoir d'où vient ce gonflement extraordinaire des entrailles. O prodige épouvantable! la génisse a conçu, et le fruit qu'elle porte n'est point à sa place; il remue ses membres en gémissant, et ses articulations débiles s'agitent vainement pour s'affranchir. Un sang livide a noirci les fibres; la victime horriblement mutilée fait effort pour se précipiter; ce cadavre informe et vide se dresse pour frapper de ses cornes les ministres sacrés. Les entrailles s'échappent de leurs mains. Cette voix que vous entendez, ô mon père, n'est point la forte voix des bêtes mugissantes, ni le cri des troupeaux effrayés; c'est la flamme qui gronde sur l'autel, c'est du brasier divin que s'échappent ces lugubres sons.

OEDIPE.

Dis-moi ce que signifient ces phénomènes terribles. Je l'apprendrai sans pâlir; l'excès même des maux rend à l'âme toute sa tranquillité.

TIRÉSIAS.

Vous allez regretter le malheur dont vous cherchez à vous délivrer.

OEDIPE.

Apprends-moi la seule chose que les dieux m'ordon-

Contaminarit rege quis cæso manus.

TIRESIAS.

Nec alta cæli quæ levi penna secant,
Nec fibra vivis rapta pectoribus potest
Ciere nomen. Alia tentanda est via.
Ipse evocandus noctis æternæ plagis
Emissus Erebo, ut cædis auctorem indicet.
Reseranda tellus; Ditis implacabile
Numen precandum; populus infernæ Stygis
Huc extrahendus. Ede, cui mandes sacrum.
Nam te, penes quem summa regnorum est, nefas
Invisere umbras.

OEDIPUS.

Te, Creo, hic poscit labor,
Ad quem secundum regna respiciunt mea.

TIRESIAS.

Dum nos profundæ claustra laxamus Stygis,
Populare Bacchi laudibus carmen sonet.

SCENA III.

CHORUS.

Effusam redimite comam nutante corymbo,
Mollia Nysæis armatus brachia thyrsis,
Lucidum cæli decus, huc ades votis,

nent de savoir; quel est celui qui a souillé ses mains du meurtre de Laïus?

TIRÉSIAS.

Ni l'oiseau qui s'élève dans l'air sur des ailes rapides, ni les fibres arrachées des entrailles vivantes ne peuvent nous révéler son nom. Il faut tenter une autre voie; il faut évoquer, du sein de la nuit éternelle et du profond Érèbe, Laïus lui-même, pour qu'il nous dénonce l'auteur de sa mort; il faut ouvrir la terre, fléchir l'implacable dieu des morts, et traîner à la lumière les habitans du sombre royaume. Dites-nous quel est celui que vous chargez de ce soin; car, pour vous, la puissance royale dont vous êtes revêtu ne vous permet pas de descendre chez les Ombres.

OEDIPE.

Acquittez-vous de ce devoir, Créon, vous êtes après moi le premier de ce royaume.

TIRÉSIAS.

Tandis que nous allons ouvrir les portes de l'enfer, vous, peuple, faites entendre l'hymne thébain à la gloire de Bacchus.

SCÈNE III.

CHOEUR.

O toi, dont la tête se couronne de pampres entrelacés dans tes cheveux flottans, et qui balances dans tes jeunes mains les thyrses de Nysa, glorieux ornement du ciel,

Quæ tibi nobiles Thebæ, Bacche, tuæ
  Palmis supplicibus ferunt.
Huc adverte favens virgineum caput;
Vultu sidereo discute nubila,
  Et tristes Erebi minas,
  Avidumque fatum.
Te decet vernis comam floribus cingi;
  Te caput Tyria cohibere mitra;
  Ederave mollem baccifera
Religare frontem;
  Spargere effusos sine lege crines,
Rursus adducto revocare nodo.
Qualis iratam metuens novercam
Creveras, falsos imitatus artus,
Crine flaventi simulata virgo,
Luteam vestem retinente zona.
Inde tam molles placuere cultus,
Et sinus laxi, fluidumque syrma.
Vidit aurato residere curru,
Veste quum longa tegeres leones,
Omnis Eoæ plaga vasta terræ,
Qui bibit Gangem, niveumque quisquis
      Frangit Araxen.
Te senior turpi sequitur Silenus asello,
Turgida pampineis redimitus tempora sertis.
Condita lascivi deducunt orgia mystæ.
  Te Bassaridum comitata cohors,
Nunc Edoni pede pulsavit
Sola Pangæi; nunc Thrcicio
Vertice Pindi; nunc Cadmeas

divin Bacchus, écoute les vœux que Thèbes, ta noble patrie, t'adresse aujourd'hui d'une voix suppliante. Tourne vers nous ta belle tête virginale ; qu'un regard de tes yeux brillans dissipe les nuages qui nous couvrent, les menaces de l'enfer, et la mort dévorante. Les fleurs du printemps qui se jouent dans ta chevelure, le bandeau syrien qui ceint ton front, le lierre qui le couronne, tes cheveux flottans ou noués sur la tête, tout relève l'éclat de ta beauté.

Jadis, craignant la colère d'une marâtre jalouse, tu déguisas ton sexe, tu pris le vêtement d'une vierge blonde, et ses riches habits, et sa voluptueuse ceinture. Depuis lors, tu t'es plu à conserver cette parure enchanteresse, et la robe flottante aux larges plis, qui descendaient sur les lions attelés à ton char superbe, quand tu parcourais en vainqueur les vastes plaines de l'Aurore, et les peuples du Gange, et ceux qui boivent les froides eaux de l'Araxe.

Le vieux Silène te suit sur sa joyeuse monture, la tête pesante et couronnée de pampres ; les prêtres de ton culte célèbrent en dansant les mystiques orgies. La troupe des Bassarides, qui t'accompagne, ébranle, du bruit de ses pas, tantôt la cime solitaire du Pangée, tantôt le sommet du Pinde ; la Ménade furieuse, revêtue de la peau de l'animal qui t'est consacré, vint, sur les pas du Bacchus

Inter matres impia Mænas
Comes Ogygio venit Iaccho,
Nebride sacra præcincta latus.
Tibi commotæ pectora matres
Fudere comam; thyrsumque levem
Vibrante manu, jam post laceros
Pentheos artus Thyades œstro
Membra remissæ, velut ignotum
     Videre nefas.
Ponti regna tenet nitidi matertera Bacchi,
Nereidumque choris Cadmeia cingitur Ino.
Jus habet in fluctus magni puer advena ponti
Cognatus Bacchi, numen non vile, Palæmon.
Te Tyrrhena, puer, rapuit manus,
Et tumidum Nereus posuit mare,
Cærula quum pratis mutat freta.
Hinc verno platanus folio viret,
Et Phœbo laurus carum nemus;
Garrula per ramos avis obstrepit;
Vivaces ederas remus tenet;
Summa ligat vitis carchesia;
Idæus prora fremuit leo;
Tigris puppe sedet Gangetica;
Tum pirata freto pavidus natat;
Et nova demersos facies habet.
Brachia prima cadunt prædonibus,
Illisumque utero pectus coit.
Parvula dependet lateri manus,
Et dorso fluctum curvo subit;
Lunata scindit cauda mare,

Thébain, se mêler aux filles de Cadmus. Embrasées de ton feu divin, elles accourent échevelées, brandissant leurs thyrses redoutables, et ce n'est qu'après avoir mis en pièces le corps de Penthée, que, leur fureur venant à se calmer, les Thyades reconnaissent leur crime.

La sœur de ta mère, ô Bacchus, règne sur les mers profondes; la belle Ino, fille de Cadmus, tient sa cour au milieu des blanches Néréides. Son fils, reçu dans les flots, les soumet à son empire; c'est Palémon, dieu puissant et parent de notre dieu.

Quand des pirates de la mer Tyrrhénienne t'enlevèrent, Neptune enchaîna ses flots, et changea la mer en une riante prairie. Là s'élevaient le platane au vert feuillage, et le laurier chéri d'Apollon; les oiseaux chantaient dans l'épaisseur des bois. Les rames étaient devenues des arbres que le lierre enlaçait de ses bras flexibles, et une vigne serpentait jusqu'au plus haut des mâts. Le lion de l'Ida rugissait à la proue, et le tigre du Gange était assis à la poupe. A cette vue, les pirates effrayés se jettent à la mer, où ils prennent, à l'instant même, une forme nouvelle : l'extrémité de leurs bras se détache, leur poitrine s'affaisse et se perd dans la partie inférieure; de courtes mains s'attachent à leurs flancs; leurs épaules se courbent sous les vagues, et leurs queues échancrées sillonnent la mer. Devenus dauphins, ils poursuivent encore les vaisseaux dans leur fuite rapide.

Et sequitur curvus fugientia carbasa delphin.
Divite Pactolus vexit te Lydius unda,
Aurea torrenti deducens flumina ripa.
Laxavit victos arcus Geticasque sagittas
Lactea Massagetes qui pocula sanguine miscet.
Regna securigeri Bacchum sensere Lycurgi.
　　Sensere terræ te Dacum feroces;
　　Et quos vicinus Boreas ferit
　　Arva mutantes; quasque Mæotis
Alluit gentes frigida fluctu;
Quasque despectat vertice summo
　　Sidus Arcadium, geminumque plaustrum.
　　Ille dispersos domuit Gelonos;
Arma detraxit trucibus : puellis
Ore dejecto petiere terram
Thermodontiacæ graves catervæ,
　　Positis tandem levibus sagittis,
Mænades factæ. Sacer et Cithæron
Sanguine inundavit,
Ophioniaque cæde.
　　Prœtides silvas petiere : et Argos
Præsente Bacchum coluit noverca.
Naxos Ægeo redimita ponto
　　Tradidit thalamis virginem relictam,
Meliore pensans damna marito.
　　Pumice sicco
　　Fluxit Nyctelius latex.
　　Garruli gramen secuere rivi;
Combibit dulces humus alta succos;
　　Niveique lactis candida fontes

Le fleuve de Lydie, le riche Pactole qui roule de l'or dans son cours, t'a porté sur ses ondes. A ta vue, le Massagète, qui rougit son lait du sang de ses chevaux, s'est avoué vaincu ; il a détendu son arc, et jeté ses flèches homicides. Le royaume du violent Lycurgue a senti les effets de la puissance de Bacchus ; les Daces cruels se sont inclinés devant lui, ainsi que les peuples nomades exposés de plus près au souffle de Borée, et les nations qui habitent les bords glacés des Palus-Méotides, et celles que l'astre de l'Arcadie et le double Chariot éclairent de leurs feux verticaux. Il a dompté les Gélons errans, et désarmé les cruelles Amazones : vaincues et suppliantes, les vierges guerrières du Thermodon se sont prosternées devant lui, et, quittant leurs flèches légères, ont pris, dans leurs mains, le thyrse des Bacchantes.

C'est toi, dieu puissant, qui as rougi du sang thébain les sommets sacrés du Cythéron ; c'est toi qui as fait courir à travers les bois les filles de Prétus, méritant aussi que tes autels s'élevassent dans Argos, à côté de ceux de ta marâtre. Naxos, que la mer Égée entoure d'une humide ceinture, t'offrit pour épouse une vierge délaissée, qui trouva ainsi, dans son malheur, les consolations d'un amour plus fidèle. D'une roche aride, tu fais jaillir la source de Nyctélie : ses flots murmurans se répandent sur les gazons, et versent leurs sucs nour-

Et mixta odoro Lesbia cum thymo.
  Ducitur magno nova nupta caelo.
Solemne Phoebus carmen
  Edit infusis humero capillis.
Concutit taedas geminus Cupido.
Caelum deposuit Jupiter igneum,
Oditque, Baccho veniente, fulmen.

Lucida dum current annosi sidera mundi;
Oceanus clausum dum fluctibus ambiet orbem,
Lunaque dimissos dum plena recolliget ignes;
Dum matutinos praedicet Lucifer ortus,
Altaque caeruleum dum Nerea nesciet Arctos;
Candida formosi venerabimur ora Lyaei.

riciers dans le sein de la terre, d'où sortent des fontaines d'un lait pur, les vignes de Lesbos, et le thym parfumé. La nouvelle épouse est conduite en pompe dans les parvis célestes ; et c'est Apollon, le dieu à la chevelure flottante, qui fait entendre le chant solennel de ce grand hyménée. Les deux Amours agitent leurs flambeaux ; Jupiter oublie ses carreaux enflammés, et laisse reposer la foudre, à l'approche de Bacchus.

Tant que les astres brillans du monde fourniront dans l'espace leur course accoutumée, tant que l'Océan baignera de ses flots la terre qu'il environne, tant que la lune renouvellera ses croissans, tant que l'étoile du matin continuera d'annoncer le retour de la lumière, tant que l'Ourse du pôle ne se plongera point dans les eaux bleues de la mer, nous ne cesserons jamais d'offrir nos hommages au noble fils de Sémélé.

ACTUS TERTIUS.

SCENA I.

OEDIPUS, CREON.

OEDIPUS.
Etsi ipse vultus flebiles præfert notas,
Exprome, cujus capite placemus Deos.

CREON.
Fari jubes, tacere quæ suadet metus.

OEDIPUS.
Si te ruentes non satis Thebæ movent,
At sceptra moveant lapsa cognatæ domus.

CREON.
Nescisse cupies, nosse quæ nimium expetis.

OEDIPUS.
Iners malorum remedium ignorantia est.
Itane et salutis publicæ indicium obrues?

CREON.
Ubi turpis est medicina, sanari piget.

ACTE TROISIÈME.

SCÈNE I.

OEDIPE, CRÉON.

OEDIPE.

Quoique votre visage m'annonce une révélation funeste, parlez; dites-moi quelle tête il faut frapper pour apaiser les dieux.

CRÉON.

Ce que vous me demandez, la crainte m'empêche de vous le dire.

OEDIPE.

Si le malheur de Thèbes ne vous touche pas, pensez du moins à ce sceptre qui échappe à votre famille.

CRÉON.

Vous souhaiteriez bientôt d'ignorer ce que vous êtes maintenant si impatient de savoir.

OEDIPE.

L'ignorance ne guérit point les maux; prétendez-vous me faire un mystère de ce qui doit sauver ce pays?

CRÉON.

Quand le remède est si affreux, il est cruel de guérir.

OEDIPUS.

Audita fare; vel malo domitus gravi,
Quid arma possint regis irati, scies.

CREON.

Odere reges dicta, quæ dici jubent.

OEDIPUS.

Mitteris Erebo vile pro cunctis caput,
Arcana sacri voce ni retegis tua.

CREON.

Tacere liceat : nulla libertas minor.
A rege petitur.

OEDIPUS.

    Sæpe vel lingua magis
Regi atque regno muta libertas obest.

CREON.

Ubi non licet tacere, quid cuiquam licet?

OEDIPUS.

Imperia solvit, qui tacet, jussus loqui.

CREON.

Coacta verba placidus accipias, precor.

OEDIPUS.

Ulline pœna vocis expressæ fuit?

CREON.

Est procul ab urbe lucus ilicibus niger,
Dircæa circa vallis irriguæ loca.

OEDIPE.

Dites ce que vous savez, ou vous allez apprendre dans les tourmens ce que peut le courroux d'un roi.

CRÉON.

Trop souvent les rois s'irritent d'une parole qu'ils ont eux-mêmes provoquée.

OEDIPE.

Votre tête coupable paiera pour tous, si vous ne me révélez à l'instant les mystères de ce sacrifice.

CRÉON.

Permettez-moi de me taire : c'est la moindre liberté qu'on puisse demander à un roi.

OEDIPE.

Une liberté muette est souvent plus fatale aux rois et à leurs sujets, qu'une vérité hardie.

CRÉON.

S'il n'est pas permis de se taire, quel bien reste-t-il à l'homme?

OEDIPE.

C'est trahir son roi, que de ne parler quand il l'ordonne.

CREON.

Je vous obéis malgré moi; écoutez, du moins, sans colère.

OEDIPE.

A-t-on jamais puni des paroles arrachées par violence?

CRÉON.

A quelque distance de la ville, s'élève une épaisse forêt d'yeuses, près de la vallée qu'arrosent les eaux de

Cupressus altis exserens silvis caput
Virente semper alligat trunco nemus;
Curvosque tendit quercus et putres situ
Annosa ramos : hujus abrupit latus
Edax vetustas : illa jam fessa cadens
Radice, fulta pendet aliena trabe.
Amara baccas laurus ; et tiliæ leves;
Et Paphia myrtus; et per immensum mare
Motura remos alnus; et Phœbo obvia,
Enode Zephyris pinus opponens latus.

Medio stat ingens arbor, atque umbra gravi
Silvas minores urget; et magno ambitu
Diffusa ramos, una defendit nemus.
Tristis sub illa lucis et Phœbi inscius
Restagnat humor, frigore æterno rigens.
Limosa pigrum circuit fontem palus.
Huc ut sacerdos intulit senior gradum,
Haud est moratus : præstitit noctem locus.
Tunc fossa tellus, et super rapti rogis
Jaciuntur ignes. Ipse funesto integit
Vates amictu corpus, et frontem quatit.
Lugubris imos palla perfundit pedes.
Squallente cultu mœstus ingreditur senex.
Mortifera canam taxus adstringit comam.
Nigro bidentes vellere atque atræ boves
Retro trahuntur. Flamma prædatur dapes,
Vivumque trepidat igne ferali pecus.
Vocat inde Manes : teque, qui Manes regis,
Et obsidentem claustra letalis lacus;

Dircé. On y voit de noirs cyprès, qui, s'élevant de la profondeur de ce bois, le dominent de leur tête superbe, et le couvrent de leur éternelle verdure, et un vieux chêne aux rameaux inclinés, et consumés par le temps; les siècles rongeurs ont ouvert son flanc, ses racines épuisées ne le soutiennent plus, et des troncs étrangers lui servent d'appui. Là, croissent aussi le laurier aux fruits amers, le tilleul au bois léger, le myrte de Paphos, l'aune, destiné à armer les bras des rameurs qui fendent les vastes mers, et les pins, dont les troncs droits et unis forment un rempart contre le soleil et les vents.

Au milieu s'élève ce vieux chêne, qui presse de son ombre immense la forêt qu'il domine, et seul, par l'étendue de ses rameaux, la couvre tout entière. Au dessous, dort une eau stagnante, privée de lumière et de soleil, et éternellement glacée; un marais bourbeux s'étend à l'entour.

A peine arrivé, le vieillard commence, à l'instant même, son noir sacrifice, trouvant, dans l'obscurité du lieu, la nuit dont il a besoin. Il creuse la terre et y jette des flammes retirées d'un bûcher; lui-même se couvre d'un vêtement lugubre, et se frappe le front. Sa robe funèbre traîne jusqu'à ses pieds; il s'avance tristement dans cet appareil affreux. L'if des tombeaux couronne ses cheveux blancs. On traîne par derrière des brebis et des vaches noires; la flamme dévore les viandes sacrées, et les victimes vivantes s'agitent au milieu de la flamme qui les dévore.

Alors il appelle les Mânes et le dieu qui les tient sous son empire, et celui qui garde les barrières du fleuve

Carmenque magicum volvit, et rabido minax
Decantat ore, quidquid aut placat leves
Aut cogit umbras. Sanguinem libat focis,
Solidasque pecudes urit, et multo specum
Saturat cruore. Libat et niveum insuper
Lactis liquorem; fundit et Bacchum manu
Læva, canitque rursus; et terram intuens,
Graviore Manes voce et attonita citat.

Latravit Hecates turba. Ter valles cavæ
Sonuere mœstum; tota succusso solo
Pulsata tellus. « Audior, vates ait,
« Rata verba fudi : rumpitur cæcum Chaos;
« Iterque populo Ditis ad superos datur. »
Subsedit omnis silva, et erexit comam.
Duxere rimas robora; et totum nemus
Concussit horror. Terra se retro dedit,
Gemuitque penitus; sive tentari abditum
Acheron profundum mente non æqua tulit,
Sive ipsa tellus, ut daret functis viam,
Compage rupta sonuit; aut ira furens
Triceps catenas Cerberus movit graves.
Subito dehiscit terra, et immenso sinu
Laxata patuit. Ipse pallentes Deos
Vidi inter umbras; ipse torpentes lacus
Noctemque veram. Gelidus in venis stetit
Hæsitque sanguis. Sæva prosiluit cohors,
Et stetit in armis omne vipereum genus
Fratrum, catervæ dente Dircæo satæ,
Avidumque populi Pestis Ogygii malum.

des morts. Puis, il prononce à voix basse des paroles magiques, et, d'une voix plus terrible, récite les chants mystérieux qui servent à apaiser ou à évoquer les ombres légères. Il arrose de sang les flammes sacrées, brûle des victimes entières, et remplit l'antre de carnage. Il verse encore de blanches libations de lait, répand, de la main gauche, la liqueur de Bacchus, recommence ses chants funèbres, et, regardant fixément la terre, appelle les Mânes d'une voix plus forte et plus émue.

La meute infernale répond à cet appel; le vallon retentit trois fois; le sol, ébranlé, tremble sous nos pas. « On m'a entendu, s'écrie le devin; mes paroles ont produit leur effet; les portes de l'obscur chaos sont forcées, et le peuple des morts va monter sur la terre des vivans. » Le bois tout entier s'incline, et les rameaux des arbres se dressent; les chênes se fendent; la forêt, comme saisie d'horreur, s'agite et frissonne. La terre se retire en arrière, et fait entendre un sourd gémissement, soit que l'Achéron s'indigne qu'on ose sonder l'abîme de sa nuit profonde, soit que le sein de la terre elle-même se brise avec fracas pour livrer passage aux morts, soit enfin que le Chien aux trois têtes secoue avec fureur ses chaînes retentissantes. Tout à coup la terre s'entr'ouvre et nous présente une bouche immense. Moi-même alors j'ai vu les pâles Divinités au milieu des Ombres; j'ai vu le Fleuve aux eaux dormantes, et la véritable Nuit. Mon sang se glace et se fige dans mes veines. Les cruelles Furies s'élancent, et tous ces frères belliqueux, nés des dents du serpent de Dircé, accourent en armes, ainsi que le monstre fatal qui consumait les enfans de Cadmus.

Tum torva Erinnys sonuit, et cæcus Furor,
Horrorque, et una quidquid æternæ creant
Celantque tenebræ; Luctus evellens comam,
Ægreque lassum sustinens Morbus caput;
Gravis Senectus sibimet, et pendens Metus.

Nos liquit animus. Ipsa, quæ ritus senis
Artesque norat, stupuit. Intrepidus parens,
Audaxque damno, convocat Ditis feri
Exsangue vulgus. Illico ut nebulæ leves
Volitant, et auras libero cælo trahunt.
Non tot caducas educat frondes Eryx;
Ne vere flores Hybla tot medio creat,
Quum examen alto nectitur densum globo;
Fluctusque non tot frangit Ionium mare;
Nec tanta, gelidi Strymonis fugiens minas,
Permutat hiemes ales, et cælum secans
Tepente Nilo pensat Arctoas nives,
Quot ille populos vatis eduxit sonus.
Pavidæ latebras nemoris umbrosi petunt
Animæ trementes.

            Primus emergit solo,
Dextra ferocem cornibus taurum premens
Zethus; manuque sustinens læva chelyn,
Qui saxa dulci traxit, Amphion, sono.
Interque natos Tantalis tandem suos
Tuto superba fert caput fastu grave,

J'entends venir avec fracas la farouche Érinnys, la Fureur aveugle, l'Horreur, et tous les monstres que la Nuit éternelle engendre et cache dans son sein; le Deuil, qui s'arrache les cheveux; la Maladie, qui soutient à peine sa tête pesante; la Vieillesse, insupportable à elle-même; et la Crainte, qui voit un abîme à ses pieds.

Le cœur nous manque alors. Manto elle-même, toute savante qu'elle est dans l'art et les sortilèges de son père, se sent frappée d'effroi; mais l'intrépide vieillard, à qui la perte de la vue laisse plus de force, appelle à grands cris les pâles habitans du sombre empire : ils accourent à sa voix comme de légers nuages, et se plaisent à respirer l'air des vivans, plus nombreux que les feuilles qui tombent sur l'Éryx à l'automne, ou que les fleurs qui couvrent, au printemps, les sommets d'Hybla, quand les essaims viennent s'y abattre en masses profondes; moins de flots se brisent aux rivages de la mer Ionienne, moins d'oiseaux fuient les bords glacés du Strymon pour échapper aux frimas, et traversent le ciel pour échanger les neiges de l'Ourse contre les tièdes rivages du Nil, que la voix du vieux devin ne fit apparaître d'ombres. Éblouies par le jour, toutes ces âmes vont se cacher en tremblant dans les retraites les plus sombres de la forêt.

Le premier qui s'élève du sein de la terre est Zéthus, dont la main droite presse la corne d'un taureau furieux; puis Amphion tenant dans sa main gauche la lyre harmonieuse qui force les rochers à le suivre. Au milieu de ses enfans, qu'on ne peut plus lui ravir, la superbe fille de Tantale s'avance fièrement dans son orgueil mater-

Et numerat umbras. Pejor hac genitrix, adest
Furibunda Agave, tota quam sequitur manus
Partita regem. Sequitur et Bacchas lacer
Pentheus : tenetque sævus etiam nunc minas.

Tandem, vocatus sæpe, pudibundum extulit
Caput, atque ab omni dissidet turba procul,
Celatque semet (instat, et Stygias preces
Geminat sacerdos, donec in apertum efferat
Vultus opertos), Laius. Fari horreo.
Stetit per artus sanguine effuso horridus,
Pædore fœdo squalidam obtentus comam,
Et ore rabido fatur : « O Cadmi effera,
« Cruore semper læta cognato domus,
« Vibrate thyrsos. Enthea, natos manu
« Lacerate potius. Maximum Thebis scelus
« Maternus amor est. Patria, non ira Deûm,
« Sed scelere raperis. Non gravi flatu tibi
« Luctificus Auster, nec, parum pluvio æthere
« Satiata, tellus halitu sicco nocet;
« Sed rex cruentus, pretia qui sævæ necis
« Sceptra, et nefandos occupat thalamos patris,
« Invisa proles (sed tamen pejor parens,
« Quam natus, utero rursus infausto gravis),
« Egit qui in ortus semet; et matri impios
« Fœtus regessit; quique (vix mos est feris),
« Fratres sibi ipse genuit; implicitum malum,
« Magisque monstrum Sphinge perplexum sua.
« Te, te, cruenta sceptra qui dextra geris,

nel, et compte impunément ses fils et ses filles. Après elle, vient Agave, mère furieuse et dénaturée, suivie de la foule cruelle qui mit en pièces un de nos rois : le malheureux qu'elles ont déchiré marche sur leurs pas, et conserve encore l'aspect rigide et menaçant qu'il eut pendant sa vie.

Enfin, après des évocations réitérées, une ombre sort, le front voilé de honte : elle s'écarte de la foule et cherche à se cacher ; mais le vieux prêtre insiste, redouble ses conjurations infernales, et la force de se découvrir : c'est Laïus. Ce que j'ai à dire m'épouvante. Il se dresse devant moi, tout sanglant et les cheveux souillés d'une affreuse poussière ; il ouvre la bouche avec colère et dit : « O famille de Cadmus, toujours cruelle, et toujours altérée de ton propre sang ! arme-toi plutôt du thyrse homicide, et déchire les membres de tes enfans, dans la fureur de Bacchus. Le plus grand crime de Thèbes, c'est l'amour d'une mère pour son fils ! O ma patrie ! ce n'est point le courroux des dieux, c'est un forfait qui te perd. Ce n'est point le souffle empoisonné de l'Auster, ni la sécheresse de la terre, dont la pluie du ciel ne vient plus tempérer l'ardeur brûlante, que tu dois accuser de tes malheurs ; mais c'est ce roi couvert de sang, qui a reçu, pour prix d'un meurtre abominable, le sceptre et l'épouse de son père ; enfant dénaturé (mais moins encore que sa mère, deux fois malheureuse par sa fécondité), qui, remontant aux sources de son être, a fait rentrer la vie dans les entrailles qui l'ont porté, et, par un crime qui n'a pas d'exemple parmi les animaux, s'est engendré à lui-même des sœurs et des

« Te pater inultus urbe cum tota petam,
« Et mecum Erinnys pronubas thalami traham,
« Traham sonantes verbera; incestam domum
« Vertam, et penates impio Marte obteram.
« Proinde pulsum finibus regem ocius
« Agite exsulem : quodcumque funesto gradu
« Solum relinquet, vere florifero virens
« Reparabit herbas; spiritus puros dabit
« Vitalis aura; veniet et silvis decor;
« Letum, Luesque, Mors, Labor, Tabes, Dolor,
« Comitatus illo dignus, excedent simul.
« Et ipse rapidis gressibus sedes volet
« Effugere nostras : sed graves pedibus moras
« Addam, et tenebo : repet incertus viæ,
« Baculo senili triste prætentans iter.
« Præripite terras, auferam cælum pater. »

OEDIPUS.

Et ossa et artus gelidus invasit tremor.
Quidquid timebam facere, fecisse arguor.
Tori jugalis abnuit Merope nefas,
Sociata Polybo. Sospes absolvit manus
Polybus meas. Uterque defendit parens
Cædem, stuprumque. Quis locus culpæ est super?
Multo ante Thebæ Laium amissum gemunt,
Bœota gressu quam meo tetigi loca.
Falsusne senior? an Deus Thebis gravis?

frères, assemblage monstrueux, et plus incompréhensible que le Sphynx, qu'il a vaincu! O toi qui portes le sceptre d'une main sanglante, moi ton père, je poursuivrai contre ta ville et contre toi la vengeance qui m'est due. J'amènerai les Furies pour présider à ton hymen, elles viendront avec leurs fouets retentissans. Je détruirai ta famille incestueuse; j'écraserai ton palais sous le poids d'une guerre impie. Hâtez-vous de chasser du trône et de votre pays ce roi maudit. Toute terre dont il aura retiré son pied funeste se couvrira de fleurs et de verdure, au retour du printemps; l'air deviendra pur; les bois retrouveront la beauté de leur feuillage; la mort, la peste, la destruction, la maladie, la corruption, la douleur, digne cortège qui l'accompagne, disparaîtront avec lui. Lui-même voudra précipiter sa fuite; mais je saurai bien semer des obstacles sur sa route et le retenir. On le verra se traîner à pas lents, incertain de sa voie, et chercher tristement son chemin avec un bâton, comme un vieillard. Otez-lui la terre, et moi, son père, je lui ravirai le ciel.

OEDIPE.

La terreur a glacé mes sens. Tout ce que je craignais de faire, on m'accuse de l'avoir fait! et pourtant Mérope, toujours unie à Polybe, m'absout de cet hymen incestueux; Polybe vivant me justifie du parricide qui m'est imputé. Contre l'inceste et le meurtre, j'ai, dans mon père et dans ma mère, un double témoignage. De quoi pourrait-on encore m'accuser? Thèbes pleurait la mort de Laïus long-temps avant que mes pieds eussent touché le sol de la Béotie. Le vieillard s'est-il trompé?

Jam jam tenemus callidi socios doli.
Mentitur ista præferens fraudi Deos
Vates, tibique sceptra despondet mea.

CREON.

Egon' ut sororem regia expelli velim?
Si me fides sacrata cognati laris
Non contineret in meo certum statu;
Tamen ipsa me Fortuna terreret, nimis
Sollicita semper. Libeat hoc tuto tibi
Exuere pondus, ne recedentem opprimat.
Jam te minore tutior pones loco.

OEDIPUS.

Hortaris etiam, sponte deponam ut mea
Tam gravia regna?

CREON.

Suadeam hoc illis ego,
In utrumque queis est liber etiam nunc status.
Tibi jam necesse est ferre fortunam tuam.

OEDIPUS.

Certissima est regnare cupienti via,
Laudare modica, et otium ac somnum loqui.
Ab inquieto sæpe simulatur quies.

CREON.

Parumne me tam longa defendit fides?

ou quelque dieu veut-il accabler cette ville d'un nouveau malheur? Non, non; je découvre les complices d'une adroite machination. C'est une calomnie du vieux prêtre, qui fait mentir les dieux, pour faire passer mon sceptre dans vos mains, à vous, Créon.

CRÉON.

Se peut-il que je pense à détrôner ma sœur? Quand même la foi qui me lie à ma famille ne suffirait pas pour me retenir dans les bornes de ma position présente, j'aurais à craindre, au moins, les dangers d'une élévation pleine de soucis et d'alarmes. Croyez-moi, c'est à vous de déposer volontairement, tandis que vous le pouvez encore sans péril, un fardeau qui bientôt vous accablerait. Un rang moins élevé sera pour vous un plus sûr asile.

ŒDIPE.

Quoi! vous allez jusqu'à m'inviter à déposer le sceptre, comme trop pesant pour mon bras!

CRÉON.

C'est un conseil que je donnerais à des rois qui seraient libres de rester sur le trône ou d'en descendre; mais, pour vous, il vous faut subir les nécessités de votre fortune.

ŒDIPE.

Louer la médiocrité, vanter les douceurs du repos et d'une vie oisive, telle est la marche ordinaire d'un ambitieux qui veut régner. Ce calme apparent n'est presque jamais que le masque d'un esprit inquiet.

CRÉON.

Ma longue fidélité ne répond-elle pas suffisamment à de tels reproches?

OEDIPUS.
Aditum nocendi perfido præstat fides.

CREON.
Solutus onere regio, regni bonis
Fruor, domusque civium cœtu viget;
Nec ulla vicibus surgit alternis dies,
Qua non propinqui munera ad nostros lares
Sceptri redundent. Cultus, opulentæ dapes,
Donata multis gratia nostra salus.
Quid tam beatæ deesse fortunæ rear?

OEDIPUS.
Quod deest : secunda non habent unquam modum.

CREON.
Incognita igitur, ut nocens, causa cadam?

OEDIPUS.
Num ratio vobis reddita est vitæ meæ?
Num audita causa est nostra Tiresiæ? tamen
Sontes videmur. Facitis exemplum; sequor.

CREON.
Quid si innocens sum?

OEDIPUS.
Dubia pro certis solent
Timere reges.

CREON.
Qui pavet vanos metus
Veros meretur.

OEDIPE.

La fidélité n'est pour les perfides qu'un instrument de leurs mauvais desseins.

CRÉON.

Sans porter le poids de la royauté, ma position me fait jouir de tous les avantages de ce rang suprême; mes concitoyens s'empressent dans mon palais; proche parent de ceux qui gouvernent, il ne se lève pas un seul jour sans que leurs dons enrichissent ma demeure. Meubles somptueux, table opulente, grâces obtenues par mon crédit, que puis-je désirer encore après tant de biens, et que manque-t-il à mon bonheur?

OEDIPE.

Ce que vous n'avez pas. L'homme ne peut se borner tant qu'il n'est qu'au second rang.

CRÉON.

Ainsi, vous me condamnez comme coupable, sans avoir examiné ma cause.

OEDIPE.

Et moi-même, vous ai-je rendu compte de ma vie? Tiresias a-t-il examiné ma cause? et pourtant il me déclare coupable. C'est un exemple que vous me donnez; je veux le suivre?

CRÉON.

Et si je suis innocent?

OEDIPE.

Pour les rois, un soupçon vaut une certitude.

CRÉON.

S'effrayer ainsi sans sujet, c'est mériter de courir un danger réel.

OEDIPUS.
Quisquis in culpa fuit,
Dimissus odit omne, quod dubium putat.

CREON.
Sic odia fiunt.

OEDIPUS.
Odia qui nimium timet,
Regnare nescit. Regna custodit metus.

CREON.
Qui sceptra duro saevus imperio regit,
Timet timentes; metus in auctorem redit.

OEDIPUS.
Servate sontem saxeo inclusum specu:
Ipse ad penates regios referam gradum.

OEDIPE.

Le coupable à qui l'on pardonne se défie toujours de celui qui lui a fait grâce, et ne peut que le haïr.

CRÉON.

C'est ainsi qu'on se rend odieux.

OEDIPE.

Un roi qui craint trop la haine ne sait pas régner. La crainte est le rempart des trônes.

CRÉON.

Le roi qui ne sait gouverner qu'avec un sceptre de fer finit par redouter lui-même ceux qui le redoutent. La crainte retourne à celui qui l'inspire.

OEDIPE.

Arrêtez ce coupable, et qu'il soit renfermé dans une tour. Je rentre dans mon palais.

SCENA II.

CHORUS.

Non tu tantis causa periclis;
Non hæc Labdacidas petunt
Fata; sed veteres Deûm
Iræ sequuntur. Castalium nemus
Umbram Sidonio præbuit hospiti,
Lavitque Dirce Tyrios colonos,
Ut primum magni natus Agenoris,
Fessus per orbem furta sequi Jovis,
Sub nostra pavidus constitit arbore,
Prædonem venerans suum;
Monituque Phœbi, jussus erranti
Comes ire vaccæ, quam non flexerat
Vomer, aut tardi juga curva plaustri,
Deseruit fugas, nomenque genti
Inauspicata de bove tradidit.
Tempore ex illo nova monstra semper
Protulit tellus. Aut anguis imis
Vallibus editus, annosa supra
Robora sibilat, supraque pinus,
Supra Chaonias celsior arbores
Cæruleum erexit caput,
Quum majore sui parte recumberet;
Aut fœta tellus impio partu
    Effudit arma.
Sonuit reflexo classicum cornu,
Lituusque adunco stridulos cantus

SCÈNE II.

LE CHOEUR.

Non, OEdipe, vous n'êtes point l'auteur de nos maux ; ce n'est point la destinée des Labdacides qui s'appesantit sur nous, mais l'éternelle vengeance des dieux irrités : depuis le jour où la forêt de Castalie a prêté son ombre hospitalière à l'étranger de Sidon, et que Dircé a baigné de son onde les pieds des navigateurs tyriens ; depuis que le fils du grand Agénor, las de chercher à travers le monde l'amoureux larcin de Jupiter, s'est reposé sous nos arbres pour rendre hommage au dieu qui avait ravi sa sœur, et que, par le conseil d'Apollon, qui lui ordonnait de suivre une vache errante, dont la lourde charrue ou le poids du chariot n'eût jamais courbé la tête, il arrêta sa course vagabonde, et appela notre contrée Béotie, du nom de cette vache fatale ; depuis ce temps, hélas! cette malheureuse terre ne cesse de produire, chaque jour, des monstres nouveaux. Tantôt c'est un serpent énorme qui, nourri dans le creux de nos vallées, fait entendre, au niveau des plus hauts chênes, ses affreux sifflemens, et dresse au dessus des pins et des arbres de Chaonie sa tête bleuâtre, tandis que la plus grande partie de son corps se replie sur le sol ; tantôt c'est une armée de soldats furieux que la terre enfante. La trompette sonne, l'airain des combats fait entendre son cri terrible. Avant d'avoir appris à former des paroles ; avant de connaître l'usage de la voix, ils s'attaquent avec des cris de guerre ; ces frères sauvages se

Elisit aere. Ante non linguas
Agiles et auram vocis ignotae
Clamore primum hostico experti,
Agmina campos cognata tenent;
Dignaque jacto semine proles
Uno aetatem permensa die,
Post Luciferi nata meatus,
Ante Hesperios occidit ortus.
Horret tantis advena monstris,
Populique timet bella recentis,
Donec cecidit saeva juventus,
Genitrixque suo reddi gremio
Modo productos vidit alumnos.
Hac transierit civile nefas!
Illa Herculeae norint Thebae
    Praelia fratrum!
Quid Cadmei fata nepotis,
Quum vivacis cornua cervi
Frontem ramis texere novis,
Dominumque canes egere suum?
Praeceps silvas montesque fugit
Citus Actaeon, agilique magis
Pede per saltus et saxa vagus,
Metuit motas Zephyris plumas,
Et, quae posuit, retia vitat;
Donec placidi fontis in unda
Cornua vidit vultusque feros,
Ubi virgineos foverat artus
Nimium saevi Diva pudoris.

rangent en bataille les uns contre les autres. Et cette moisson de guerriers, digne de la semence qui l'a produite, n'eut que la vie d'un jour : née avec le soleil, elle n'était déjà plus à son coucher. L'étranger de Sidon est effrayé de ce prodige, il regarde en tremblant la guerre que se livre à lui-même ce peuple à peine sorti du sol, jusqu'à ce que toute cette jeunesse furieuse ait péri, et que la terre ait reçu dans son sein la moisson terrible qu'elle venait d'enfanter. Faut-il que cette guerre cruelle soit venue jusqu'à nous, et que Thèbes, la patrie d'Hercule, ait dû connaître ces haines fraternelles !

Parlerai-je aussi de ce descendant de Cadmus, dont le front s'ombragea des rameaux du cerf aux pieds légers, et que ses propres chiens poursuivirent comme une proie ? A travers les monts et les bois, le malheureux Actéon se précipite, parcourt au hasard les défilés et les rochers avec une vitesse inconnue, redoute le vol meurtrier des flèches empennées, et fuit les toiles que lui-même a tendues, jusqu'au moment où, près de périr, il vit son bois et ses traits sauvages dans le miroir de cette même fontaine où la déesse, trop sévère à venger sa pudeur, avait baigné ses charmes nus.

ACTUS QUARTUS.

SCENA I.

OEDIPUS, JOCASTA.

OEDIPUS.
Curas revolvit animus, et repetit metus.
Obiisse nostro Laium scelere autumant
Superi inferique; sed animus contra innocens,
Sibique melius quam Deis notus, negat.
Redit memoria, tenue per vestigium,
Cecidisse nostri stipitis pulsu obvium
Datumque Diti, quum prior juvenem senex
Curru superbus pelleret, Thebis procul,
Phocæa trifidas regio qua scindit vias.
Unanima conjux, explica errorem, precor.
Quæ spatia moriens Laius vitæ tulit?
Primone in ævo viridis, an fracto occidit?

JOCASTA.
Inter senem juvenemque, sed propior seni.

ACTE QUATRIÈME.

SCÈNE I.

OEDIPE, JOCASTE.

OEDIPE.

Retombé dans mes premières inquiétudes, je repasse en revue toutes les raisons qui doivent me porter à craindre : le ciel et les enfers déclarent que c'est moi qui suis coupable du meurtre de Laïus; mais ma conscience révoltée, et mieux connue d'elle-même que des dieux, proteste contre l'arrêt qui me condamne. Il me revient, cependant, un vague souvenir que j'ai tué d'un coup de massue et fait descendre chez les morts un vieillard qui avait provoqué ma colère de jeune homme, en voulant me fermer la route avec son char orgueilleux. C'était loin de Thèbes, au lieu même où les champs de la Phocide se partagent en trois routes. O ma chère épouse! tirez-moi d'incertitude, je vous en conjure : quel âge avait Laïus quand il mourut? était-il dans la force de la jeunesse, ou déjà vaincu par les années?

JOCASTE.

Il était entre les deux âges, mais cependant plus près de la vieillesse.

OEDIPUS.
Frequensne turba regium cinxit latus?

JOCASTA.
Plures fefellit error ancipitis viæ;
Paucos fidelis curribus junxit labor.

OEDIPUS.
Aliquisne cecidit regio fato comes?

JOCASTA.
Unum fides virtusque consortem addidit.

OEDIPUS.
Teneo nocentem: convenit numerus, locus;
Sed tempus adde.

JOCASTA.
Decima jam metitur seges.

SCENA II.

SENEX, OEDIPUS.

SENEX.
Corinthius te populus in regnum vocat
Patrium. Quietem Polybus æternam obtinet.

OEDIPUS.
Ut undique in me sæva Fortuna irruit!
Edissere agedum, quo cadat fato parens.

OEDIPE.

Avait-il à ses côtés un cortège nombreux?

JOCASTE.

La plupart de ses gardes s'étaient égarés dans les détours de la route, et il n'avait qu'un petit nombre de serviteurs fidèles autour de son char.

OEDIPE.

Quelqu'un d'entre eux est-il mort à côté de son roi?

JOCASTE.

Un seul, plus courageux et plus dévoué, a partagé son destin.

OEDIPE.

Je connais le coupable... le nombre et le lieu s'accordent. Mais dites-moi le temps.

JOCASTE.

Dix ans se sont écoulés depuis ce jour.

SCÈNE II.

UN VIEILLARD, OEDIPE.

LE VIEILLARD.

Le peuple de Corinthe vous appelle au trône de votre père; Polybe est entré dans l'éternel repos.

OEDIPE.

Comme de tous côtés la Fortune cruelle se plaît à m'accabler! Dis-moi : comment mon père a-t-il cessé de vivre?

SENEX.
Animam senilem mollis exsolvit sopor.

OEDIPUS.
Genitor sine ulla caede defunctus jacet.
Testor, licet jam tollere ad caelum pie
Puras, nec ulla scelera metuentes manus.
Sed pars magis metuenda fatorum manet.

SENEX.
Omnem paterna regna discutient metum.

OEDIPUS.
Repetam paterna regna, sed matrem horreo.
SENEX.
Metuis parentem, quae tuum reditum expetens
Sollicita pendet?
OEDIPUS.
Ipsa me pietas fugat.
SENEX.
Viduam relinques?
OEDIPUS.
Tangis, en, ipsos metus.
SENEX.
Effare, mersus quis premat mentem timor.
Praestare tacitam regibus soleo fidem.
OEDIPUS.
Connubia matris Delphico admonitu tremo.

LE VIEILLARD.

Il était vieux, un doux sommeil a détaché son âme de son corps.

OEDIPE.

Ainsi, mon père est mort sans que sa vie ait été tranchée par un meurtre. Tu m'es témoin que je puis maintenant lever au ciel des mains pures, innocentes, et qui ne craignent plus de se souiller d'aucun crime. Mais la plus redoutable partie de ma destinée pèse encore sur moi.

LE VIEILLARD.

Le trône paternel qui vous attend, dissipera toutes vos craintes.

OEDIPE.

Ce trône, je l'accepterais bien ; mais je redoute ma mère.

LE VIEILLARD.

Vous craignez la plus tendre des mères, qui soupire après votre retour?

OEDIPE.

C'est cette tendresse même qui me force de la fuir.

LE VIEILLARD.

Abandonnerez-vous une veuve infortunée?

OEDIPE.

Tu as mis la main sur ma blessure.

LE VIEILLARD.

Confiez-moi cette crainte cachée dans votre cœur ; j'ai appris dès long-temps à garder les secrets des rois.

OEDIPE.

Averti par l'oracle de Delphes, je crains de devenir l'époux de ma mère.

SENEX.

Timere vana desine, et turpes metus
Depone. Merope vera non fuerat parens.

OEDIPUS.

Quod subditivi præmium nati petiit?

SENEX.

Regnum superbum : liberi adstringunt fidem.

OEDIPUS.

Secreta thalami, fare, quo excipias modo.

SENEX.

Hæ te parenti parvulum tradunt manus.

OEDIPUS.

Tu me parenti tradis; at quis me tibi?

SENEX.

Pastor nivoso sub Cithæronis jugo.

OEDIPUS.

In illa temet nemora quis casus tulit?

SENEX.

Illo sequebar monte cornigeros greges.

OEDIPUS.

Nunc adice certas corporis nostri notas.

SENEX.

Forata ferro gesseras vestigia,

LE VIEILLARD.

Vous n'avez point à redouter ce honteux malheur; chassez loin de vous ces vaines alarmes : Mérope n'est pas votre mère.

OEDIPE.

Et quel était son but en m'adoptant pour fils?

LE VIEILLARD.

L'orgueil du trône : les enfans resserrent la fidélité des peuples.

OEDIPE.

Comment ces secrets de la couche nuptiale sont-ils venus à ta connaissance?

LE VIEILLARD.

Ce sont ces mains qui, tout enfant, vous ont remis à Polybe.

OEDIPE.

Tu m'as remis à mon père; mais toi, de qui me tenais-tu?

LE VIEILLARD.

D'un pâtre qui habitait le sommet neigeux du Cythéron.

OEDIPE.

Quel hasard t'avait conduit dans ces bois?

LE VIEILLARD.

J'y suivais les grands troupeaux commis à ma garde.

OEDIPE.

Maintenant dis-moi quels signes particuliers tu as trouvés sur mon corps.

LE VIEILLARD.

Vos pieds avaient été percés par un fer, et c'est à

Tumore nactus nomen ac vitio pedum.

OEDIPUS.
Quis fuerit ille, qui meum dono dedit
Corpus, requiro.

SENEX.
Regios pavit greges.
Minor sub illo turba pastorum fuit.

OEDIPUS.
Eloquere nomen.

SENEX.
Prima languescit senum
Memoria, longo lassa sublabens situ.

OEDIPUS.
Potesne facie noscere ac vultu virum?

SENEX.
Fortasse noscam. Sæpe jam spatio obrutam
Levis exoletam memoriam revocat nota.

OEDIPUS.
Ad sacra et aras omne compulsum pecus
Duces sequantur. Ite propere, arcessite,
Famuli, penes quos summa consistit gregum.

SENEX.
Sive ista ratio, sive fortuna occulit,
Latere semper patere, quod latuit diu.
Sæpe eruentis veritas patuit malo.

OEDIPUS.
Malum timeri majus his aliquod potest?

leur enflure et à leur difformité que vous devez le nom d'OEdipe.

OEDIPE.

Mais quel est celui qui m'a remis entre tes mains? je veux le savoir.

LE VIEILLARD.

Le chef des troupeaux du roi, celui qui avait tous les autres pasteurs sous son obéissance.

OEDIPE.

Son nom?

LE VIEILLARD.

Les premiers souvenirs se perdent chez les vieillards; la rouille du temps les efface de leur mémoire affaiblie.

OEDIPE.

Reconnaîtrais-tu les traits et le visage de cet homme?

LE VIEILLARD.

Peut-être, car souvent l'indice le plus léger suffit pour rappeler un souvenir détruit par le temps.

OEDIPE.

Qu'on dise aux pasteurs d'amener tous mes troupeaux dans cette enceinte sacrée et devant les autels. Allez, serviteurs fidèles, hâtez-vous d'amener ici les chefs des bergers.

LE VIEILLARD.

Quelle que soit la cause du mystère que vous voulez éclaircir, qu'il vienne des hommes ou du hasard, laissez dans l'ombre ce qui fut si long-temps caché. Souvent la vérité connue devient fatale à celui qui la découvre.

OEDIPE.

Puis-je redouter des maux plus grands que ceux que je souffre aujourd'hui?

SENEX.

Magnum esse, magna mole quod petitur, scias.
Concurrit illinc publica, hinc regis salus,
Utrinque paria. Contine medias manus.
Ut nil lacessas, ipsa se fata explicant.
Non expedit concutere felicem statum.

OEDIPUS.

Tuto movetur, quidquid extremo in loco est.

SENEX.

Nobilius aliquid genere regali appetis?
Ne te parentis pigeat inventi, vide.

OEDIPUS.

Vel poenitendi sanguinis quaeram fidem,
Si nosse liceat. Ecce, grandaevus senex,
Arbitria sub quo regii fuerant gregis,
Phorbas. Refersne nomen aut vultum senis?

SCENA III.

SENEX, PHORBAS, OEDIPUS.

SENEX.

Arridet animo forma : nec notus satis,

OEDIPE. ACTE IV.

LE VIEILLARD.

Sachez bien que sous le voile que vous cherchez, avec tant d'effort, à soulever, se cache un secret redoutable. Vous avez deux grands intérêts à ménager, celui du peuple et le vôtre : entre ces deux extrémités qui vous pressent également, laissez les destins se dénouer d'eux-mêmes, sans provoquer ce dénoûment. Il est dangereux d'ébranler ainsi les bases d'un état tranquille et fortuné.

OEDIPE.

Oui ; mais quand on est arrivé au comble des maux, ce danger ne subsiste plus.

LE VIEILLARD.

Fils de roi, espérez-vous donc vous découvrir à vous-même une plus noble origine ? Craignez de vous repentir bientôt d'avoir trouvé un autre père.

OEDIPE.

Dussé-je m'en repentir, je veux connaître le sang dont je suis né, je ferai tout pour le découvrir. Mais voici le vieux pasteur qui avait le soin des troupeaux du roi : c'est Phorbas. Te rappelles-tu le nom ou les traits de ce vieillard ?

SCÈNE III.

LE VIEILLARD, PHORBAS, OEDIPE.

LE VIEILLARD.

Sa vue réveille en moi quelque souvenir. Je ne le re-

Nec rursus iste vultus ignotus mihi.
Regnum obtinente Laio, famulus greges
Agitasti opimos sub Cithæronis plaga?

PHORBAS.
Lætus Cithæron pabulo semper novo
Æstiva nostro prata summittit gregi.

SENEX.
Noscisne memet?

PHORBAS.
Dubitat anceps memoria.

OEDIPUS.
Huic aliquis a te traditur quondam puer?
Effare. Dubitas? cur genas mutat color?
Quid verba quæris? veritas odit moras.

PHORBAS.
Obducta longo temporum tractu moves.

OEDIPUS.
Fatere, ne te cogat ad verum dolor.

PHORBAS.
Inutile isti munus infantem dedi.
Non potuit ille luce, non cælo frui.

SENEX.
Procul sit omen. Vivit, et vivat precor.

connais pas entièrement; mais il ne m'est pas tout-à-fait inconnu. N'est-ce pas vous qui, sous le règne de Laïus, conduisiez ses troupeaux dans les pâturages que domine le Cithéron?

PHORBAS.

Oui, les riantes prairies du Cithéron offrent, tous les étés, une verdure nouvelle à mes troupeaux.

LE VIEILLARD.

Me reconnaissez-vous?

PHORBAS.

Je n'ai de vous qu'un souvenir vague et confus.

OEDIPE.

Te souviens-tu d'avoir remis un enfant à ce vieillard? Parle. Tu hésites! pourquoi changer de couleur? pourquoi chercher ce que tu as à dire? Cette hésitation ne va point à la vérité.

PHORBAS.

C'est que vous m'interrogez sur des faits anciens, et que le temps a presque effacés de ma mémoire.

OEDIPE.

Dis la vérité, si tu ne veux pas y être contraint par la douleur.

PHORBAS.

J'ai, en effet, remis à cet homme un enfant; mais c'était un présent bien inutile, car l'enfant ne pouvait pas vivre.

LE VIEILLARD.

Que les dieux écartent ce présage! Il vit, et puisse-t-il vivre long-temps!

OEDIPUS.
Superesse quare traditum infantem negas?

PHORBAS.
Ferrum per ambos tenue transactum pedes
Ligabat artus : vulneri innatus tumor
Puerile fœda corpus urebat lue.

SENEX.
Quid quæris ultra? fata jam accedunt prope.

OEDIPUS.
Quis fuerit infans, edoce.

PHORBAS.
     Prohibet fides.
OEDIPUS.
Huc aliquis ignem. Flamma jam excutiet fidem.

PHORBAS.
Per tam cruentas vera quærentur vias?
Ignosce, quæso.
OEDIPUS.
   Si ferus videor tibi,
Et impotens, parata vindicta in manu est.
Dic vera. Quisnam, quove generatus patre,
Qua matre genitus?
PHORBAS.
    Conjuge es genitus tua.
OEDIPUS.
Dehisce, tellus; tuque tenebrarum potens,

OEDIPE.

Pourquoi dis-tu que cet enfant remis par toi ne pouvait pas prolonger sa vie?

PHORBAS.

Parce que ses pieds avaient été percés d'un fer mince, qui les joignait ensemble. Une tumeur s'était formée à l'endroit de la blessure, et déjà la corruption rongeait ce faible corps.

LE VIEILLARD, à OEdipe.

Ne l'interrogez pas davantage; vous touchez au fatal dénoûment.

OEDIPE.

Dis-moi quel était cet enfant.

PHORBAS.

Le serment que j'ai fait me défend de le dire.

OEDIPE.

Qu'on apporte des torches allumées : le feu l'ôtera cette discrétion.

PHORBAS.

Chercherez-vous la vérité par d'aussi cruels moyens? épargnez-moi, de grâce.

OEDIPE.

Si je te parais cruel et précipité dans ma colère, il ne tient qu'à toi d'en détourner les coups; dis la vérité : quel était cet enfant? quels étaient son père et sa mère?

PHORBAS.

Sa mère, c'est votre épouse.

OEDIPE.

O terre! entr'ouvre-toi. Dieu des ténèbres, souverain

In Tartara ima, rector umbrarum, rape
Retro reversas generis ac stirpis vices.
Congerite, cives; saxa in infandum caput.
Mactate telis. Me petat ferro parens,
Me natus. In me conjuges arment manus,
Fratresque; et æger populus ereptos rogis
Jaculetur ignes. Seculi crimen vagor,
Odium deorum, juris exitium sacri;
Qua luce primum spiritus hausi rudes,
Jam morte dignus. Redde nunc animos, parens.
Nunc aliquid aude sceleribus dignum tuis.
I, perge, propero regiam gressu pete.
Gratare matri liberis auctam domum.

SCENA IV.

CHORUS.

Fata si liceat mihi
Fingere arbitrio meo,
Temperem Zephyro levi
Vela, ne pressæ gravi
Spiritu antennæ tremant.
Lenis et modicum fluens
Aura, nec vergens latus,
Ducat intrepidam ratem;
Tuta me media vehat
Vita decurrens via.

des Ombres, entraîne au fond des enfers un misérable qui a interverti l'ordre de la naissance et de la génération. Thébains, amassez des pierres contre ma tête coupable; que je meure sous vos traits! Pères et enfans, frappez-moi; épouses et frères, armez-vous contre moi; peuple, victime d'un cruel fléau, prends la flamme de tes bûchers pour m'en accabler! Je suis l'opprobre de mon siècle, l'objet de la colère céleste, le violateur des saintes lois de la nature. Dès l'instant où j'ai vu le jour pour la première fois, j'ai mérité la mort. Tu ne dois pas vivre plus long-temps, ô ma mère! Prends une résolution digne de tes crimes. Et toi, malheureux OEdipe! va, cours à ton palais, et remercie ta mère des enfans qu'elle t'a donnés.

SCÈNE IV.

LE CHOEUR.

S'il m'était permis de faire moi-même le plan de ma destinée, je ne laisserais souffler dans mes voiles qu'un léger Zéphyr, et jamais l'autan furieux ne briserait les antennes de mon vaisseau. Un vent doux et mesuré m'emporterait mollement sur les ondes, sans secousse et sans alarmes; je trouverais une voie facile et sûre entre les écueils qui bordent les deux routes extrêmes de la vie.

Cnossium regem timens,
Alta dum demens petit,
Artibus fisus novis,
Certat et veras aves
Vincere, ac falsis nimis
Imperat pennis puer,
Nomen eripuit freto.
Callidus medium senex
Dædalus librans iter
Nube sub media stetit,
Alitem exspectans suum;
Qualis accipitris minas
Fugit, et sparsos metu
Colligit fœtus avis;
Donec in ponto manus
Movit implicitas puer,
Comes audacis viæ.
Quidquid excessit modum,
Pendet instabili loco.
Sed quid hoc? postes sonant.
Mœstus it famulus manu
Regius quassans caput.
Ede, quid portes novi?

Fuyant la colère du roi de Crète, un jeune imprudent s'élance dans les airs, à l'aide d'une invention nouvelle; il veut, avec les fausses ailes qui le portent, prendre un vol plus fier que celui des oiseaux mêmes : il tombe, et son malheur donne à la mer qui le reçoit un nom nouveau.

Mais plus prudent, le vieux Dédale règle sagement son vol; il se tient dans la moyenne région de l'air, et là, comme la poule qui craint l'épervier pour ses petits et les rassemble auprès d'elle, il rappelle son fils ailé, jusqu'au moment où il voit ce compagnon de son hardi voyage tomber dans l'onde et agiter en vain ses bras chargés d'entraves.

Tout ce qui sort des justes bornes touche à un abîme.

Mais qu'entends-je? la porte s'ouvre avec fracas. Un serviteur du roi s'avance tristement, en se frappant la tête. Parlez : quelle nouvelle apportez-vous?

ACTUS QUINTUS.

SCENA I.

NUNTIUS.

Prædicta postquam fata, et infandum genus
Deprendit, ac se scelere convictum OEdipus
Damnavit ipse; regiam infestus petens,
Invisa propero tecta penetravit gradu,
Qualis per arva Libycus insanit leo,
Fulvam minaci fronte concutiens jubam.
Vultus furore torvus, atque oculi truces;
Gemitus, et altum murmur; et gelidus fluit
Sudor per artus; spumat, et volvit minas,
Ac mersus alte magnus exundat dolor.
Secum ipse sævus grande nescio quid parat,
Suisque fatis simile. « Quid pœnas moror ? »
Ait, « Hoc scelestum pectus aut ferro petat,
« Aut fervido aliquis igne vel saxo domet.
« Quæ tigris, aut quæ sæva visceribus meis
« Incurret ales? Ipse tu scelerum capax,
« Sacer Cithæron, vel feras in me tuis
« Emitte silvis, mitte vel rabidos canes;
« Nunc redde Agaven. Anime, quid mortem times?

ACTE CINQUIÈME.

SCÈNE I.

UN ENVOYÉ.

A peine OEdipe s'est-il vu dans l'accomplissement des oracles prononcés contre lui; à peine a-t-il reconnu l'affreux mystère de sa naissance, et acquis la conviction de ses crimes, qu'il s'est avancé furieux vers son palais, et en a franchi précipitamment le seuil abhorré. Le lion d'Afrique est moins terrible quand sa rage l'emporte à travers les campagnes, et que sa crinière fauve s'agite sur son front menaçant. Son visage est sombre et effrayant, ses yeux hagards; de sourds gémissemens et de profonds soupirs s'échappent de sa poitrine; une sueur glacée ruissèle de tous ses membres: il écume; il éclate en cris effroyables, et la douleur bouillonne en son sein comme un flot comprimé; sa colère, tournée contre lui-même, prépare je ne sais quelle résolution funeste comme sa destinée. « Pourquoi différer mon châtiment? s'écrie-t-il... Du fer pour percer mon sein coupable, du feu, des pierres pour terminer ma vie! Quel tigre, ou quel vautour cruel fondra sur moi pour déchirer mes entrailles? Et toi, repaire de

« Mors innocentem sola fortunæ eripit. »

Hæc fatus, aptat impiam capulo manum,
Ensemque ducit. « Itane tam magnis breves
« Pœnas sceleribus solvis, atque uno omnia
« Pensabis ictu? Moreris, hoc patri sat est.
« Quid deinde matri? Quid male in lucem editis
« Natis? Quid ipsi, quæ tuum magna luit
« Scelus ruina, flebili patriæ dabis?
« Solvendo non es. Illa quæ leges ratas
« Natura in uno vertit OEdipoda, novos
« Commenta partus, suppliciis eadem meis
« Novetur. Iterum vivere, atque iterum mori
« Liceat renasci semper; ut toties nova
« Supplicia pendas. Utere ingenio miser.
« Quod sæpe fieri non potest, fiat diu.
« Mors eligatur longa: quæratur via,
« Qua nec sepultis mixtus, et vivis tamen
« Exemtus erres. Morere, sed citra patrem.
« Cunctaris, anime? subitus en vultus gravat
« Profusus imber, ac rigat fletu genas.
« Et flere satis est? hactenus fundent levem
« Oculi liquorem? Sedibus pulsi suis
« Lacrimas sequantur; hi maritales statim
« Fodiantur oculi. »
     Dixit, atque ira furit.
Ardent minaces igne truculento genæ,
Oculique vix se sedibus retinent suis.

crimes, Cithéron maudit, déchaîne contre moi les monstres de tes bois, ou tes chiens furieux. Envoie-moi une Agavé. Mon âme, pourquoi crains-tu la mort? Elle seule dérobe l'innocence aux coups du malheur. »

A ces mots, sa main cruelle se porte à la garde de son épée et en fait sortir la lame. « Penses-tu donc, se dit-il alors, qu'un châtiment aussi léger suffise après tant d'horreurs, et crois-tu les expier toutes à la fois d'un seul coup? Tu meurs, c'est bien, ton père est vengé. Mais ta mère? mais ces enfans que tu as engendrés par un crime? mais ta patrie, dont la ruine effroyable expie en ce moment tes forfaits? Va, tu ne peux t'acquitter de tout ce que tu dois. La nature a troublé pour toi ses lois éternelles, et l'ordre accoutumé de la naissance; il faut que ton supplice la trouble aussi. Il te faut revivre, et mourir encore, et renaître toujours, afin que ton châtiment se renouvelle et s'éternise. Sers-toi de toutes les ressources de ton esprit; supplée au nombre par la durée; invente une mort longue, et trouve le moyen d'errer loin des vivans, sans être réuni aux morts. Meurs, mais un peu moins que ton père. Tu hésites, ô mon âme! Un torrent de pleurs s'échappe malgré moi, et coule sur mes joues. Est-ce donc assez de pleurer? Non, il faut que mes yeux mêmes sortent de leurs orbites et s'en aillent avec mes pleurs; il faut arracher ces yeux coupables en expiation de mon hymen. »

Il dit, et sa colère va jusqu'à la fureur. Un feu sauvage anime ses traits menaçans, et ses yeux ont peine à se contenir dans leurs orbites. On voit sur son visage

Violentus, audax vultus, iratus, ferox,
Tantum eruentis. Gemuit, et dirum fremens
Manus in ora torsit. At contra truces
Oculi steterunt, et suam intenti manum
Ultro insequuntur; vulneri occurrunt suo.
Scrutatur avidus manibus uncis lumina;
Radice ab ima funditus vulsos simul
Evolvit orbes. Hæret in vacuo manus,
Et fixa penitus unguibus lacerat cavos
Alte recessus luminum, et inanes sinus,
Sævitque frustra, plusque, quam sat est, furit;
Tantum est periclum lucis!
      Attollit caput,
Cavisque lustrans orbibus cæli plagas,
Noctem experitur. Quidquid effossis male
Dependet oculis, rumpit; et victor, Deos
Conclamat omnes : « Parcite, heu, patriæ, precor :
« Jam jussa feci, debitas pœnas tuli.
« Inventa thalamis digna nox tandem meis. »
Rigat ora fœdus imber, et lacerum caput
Largum revulsis sanguinem venis vomit.

la colère, la violence, l'emportement féroce et la cruauté d'un bourreau; il pousse un gémissement, frémit d'une manière horrible, et porte à son visage ses mains furieuses; ses yeux se présentent fixes et hagards, chacun d'eux s'offre de lui-même à la main qui le menace, et va au devant du supplice qu'il doit souffrir; le malheureux plonge ardemment ses doigts forcenés dans leurs retraites, déracine à la fois les deux globes qu'elles renferment, et les retire tout sanglans. Sa main, déjà, ne fouille plus que le vide; mais, toujours furieuse, s'y enfonce plus avant, et ravage encore l'intérieur de ces cavités profondes, où la lumière n'a plus d'entrée. Il s'épuise en vains transports, et prolonge inutilement son supplice : tant il a peur de voir encore le jour!

Enfin il lève la tête, et, de ses orbites sanglans et vides, parcourt l'étendue du ciel, pour éprouver cette nuit qu'il s'est faite. Il arrache tous les lambeaux de chair qui tiennent encore au siège de sa vue éteinte; puis, fier d'un si beau triomphe, et s'adressant à tous les dieux : « Épargnez, s'écrie-t-il, épargnez ma patrie; j'ai accompli vos décrets, je me suis puni de mes crimes. J'ai pu trouver enfin des ténèbres dont l'horreur égale celle de mon hymen. » Une pluie affreuse inonde son visage, et, de sa tête mutilée, le sang coule à grands flots par les veines que sa main a rompues.

SCENA II.

CHORUS.

Fatis agimur, cedite fatis.
Non sollicitæ possunt curæ
Mutare rati stamina fusi.
Quidquid patimur mortale genus,
Quidquid facimus, venit ex alto :
Servatque suæ decreta colus
Lachesis, dura revoluta manu.
Omnia certo tramite vadunt,
Primusque dies dedit extremum.
Non illa Deo vertisse licet,
Quæ nexa suis currunt causis.
It cuique ratus, prece non ulla
Mobilis, ordo. Multis ipsum
Metuisse nocet; multi ad fatum
Venere suum, dum fata timent....
Sonuere fores, atque ipse suum,
Duce non ullo, molitur iter
   Luminis orbus.

SCENE II.

LE CHOEUR.

Les destins sont nos maîtres, il faut céder à leur puissance. Jamais nos soins inquiets ne réussiront à changer la trame du fatal fuseau. Tout ce que nous souffrons ici-bas, tout ce que nous faisons, vient d'en haut. Lachésis veille à l'accomplissement des décrets qui se déroulent sous ses doigts impitoyables. Toute chose a sa voie tracée d'avance, et c'est le premier de nos jours qui détermine le dernier : Dieu même n'a pas le pouvoir de rompre cet enchaînement des effets et des causes ; et nulle prière ne peut changer l'ordre éternel qui engendre tous les faits humains. La crainte même de l'avenir est funeste, et plusieurs ont rencontré leur destinée en cherchant à l'éviter...... Mais la porte a crié sur ses gonds, c'est le roi lui-même qui vient, sans guide pour le conduire au milieu de la nuit qui l'environne.

SCENA III.

OEDIPUS, CHORUS, JOCASTA.

OEDIPUS.

Bene habet, peractum est; justa persolvi patri.
Juvant tenebræ; quis Deus tandem mihi
Placatus atra nube perfundit caput?
Quis scelera donat? Conscium evasi diem.
Nil, parricida, dexteræ debes tuæ.
Lux te refugit. Vultus OEdipoda hic decet.

CHORUS.

En, ecce, rapido sæva prosiluit gradu
Jocasta vecors : qualis attonita et furens
Cadmea mater abstulit nato caput,
Sensitve raptum. Dubitat, afflictum alloqui
Cupit, pavetque. Jam malis cessit pudor,
Et hæret ore primo vox.

JOCASTA.

Quid te vocem?
Natumne? Dubitas? natus es, natum pudet.
Invite loquere, nate. Quo avertis caput,
Vacuosque vultus?

OEDIPUS.

Quis frui et tenebris vetat?
Quis reddit oculos? Matris, heu, matris sonus.

SCÈNE III.

OEDIPE, LE CHOEUR, JOCASTE.

OEDIPE.

C'en est fait, je suis content ; mon père est vengé par mes mains. J'aime ces ténèbres. Quelle divinité plus propice a répandu sur ma tête ce sombre nuage, en me pardonnant tous mes crimes ? J'échappe au jour qui en fut le complice et le témoin. Cette main souillée par le parricide est redevenue pure, depuis que la lumière m'a abandonné. Voilà bien l'état qui convient à OEdipe.

LE CHOEUR.

Regardez, voici Jocaste qui s'avance à grands pas, furieuse, égarée, dans le même état de rage et de stupeur où tomba cette mère thébaine, quand elle trancha la tête de son fils, ou quand elle s'aperçut de ce crime après l'avoir commis. Elle hésite, elle désire tout ensemble, et n'ose parler à ce malheureux prince. Mais la douleur est plus forte que la honte, et la parole est déjà sur ses lèvres.

JOCASTE.

Comment t'appellerai-je ? mon fils ? tu n'oses répondre ? tu es donc mon fils, ta rougeur même le prouve. Quelque répugnance que ce nom t'inspire, parle à ta mère ; pourquoi détourner ta tête, et porter ailleurs tes orbites dévastés ?

OEDIPE.

Qui vient m'empêcher de jouir des ténèbres mêmes ? Qui me rend ainsi la vue ? C'est ma mère, oh ! oui, je

Perdidimus operam. Congredi fas amplius
Haud est; nefandos dividat vastum mare,
Dirimatque tellus abdita; et quisquis sub hoc
In alia versus sidera, ac solem avium
Dependet orbis, alterum ex nobis ferat.

JOCASTA.

Fati ista culpa est; nemo fit fato nocens.

OEDIPUS.

Jam parce verbis, mater, et parce auribus.
Per has reliquias corporis trunci precor,
Per inauspicatum sanguinis pignus mei,
Per omne nostri nominis fas ac nefas.

JOCASTA.

Quid, anime, torpes? Socia cur scelerum, dare
Poenas recusas? Omne confusum perit,
Incesta, per te juris humani decus.
Morere, et nefastum spiritum ferro exige.
Non, si ipse mundum concitans Divum sator
Corusca saeva tela jaculetur manu,
Unquam rependam sceleribus poenas pares,
Mater nefanda. Mors placet, mortis via
Quaeratur. Agedum, commoda matri manum,
Si parricida es; restat hoc operi ultimum.
Rapiatur ensis: hoc jacet ferro meus
Conjux. Quid illum nomine haud vero vocas?
Socer est. Utrumne pectori infigam meo
Telum, an patenti conditum jugulo imprimam?

reconnais la voix de ma mère; ce que j'ai fait ne sert de rien. Nous ne pouvons plus rester ensemble : coupables tous deux, il faut mettre entre nous une vaste étendue de mers, il faut que des terres inconnues nous séparent, il faut qu'un de nous cherche un asile au revers de ce monde, sur un autre hémisphère, éclairé par des astres nouveaux et par un autre soleil.

JOCASTE.

Notre crime est celui du destin; l'homme qu'il persécute n'est point coupable.

OEDIPE.

O ma mère! n'en dites pas, n'en écoutez pas davantage, je vous en conjure par ces tristes débris de mon corps mutilé, par les malheureux enfans que vous m'avez donnés, par tous les liens sacrés ou impies qui nous unissent.

JOCASTE.

O mon âme! d'où vient cet engourdissement? Complice de ses crimes, pourquoi refuser d'en porter la peine? Mon inceste a troublé les plus saintes lois et outragé tous les droits de la nature. Mourons donc, et que le fer m'arrache une vie abominable. Non, quand le maître des dieux lui-même, ébranlant l'univers, lancerait contre moi tous les traits de sa main foudroyante, jamais l'expiation n'égalerait l'horreur de mes crimes, mère sacrilège que je suis. Je veux mourir, cherchons-en les moyens. Prête-moi ta main, mon fils, si tu es vraiment parricide, achève ton ouvrage : tire l'épée qui a versé le sang de mon époux. Mais pourquoi lui donner un nom qui n'est pas le sien? Laïus est mon beau-père. Faut-il enfoncer le fer dans ma poitrine, ou le plonger

Eligere nescis vulnus. Hunc, dextra, hunc pete
Uterum capacem, qui virum et natum tulit.

CHORUS.

Jacet peremta. Vulneri immoritur manus,
Ferrumque secum nimius ejecit cruor.

OEDIPUS.

Fatidice te, te, præsidem veri Deum,
Compello. Solum debui fatis patrem.
Bis parricida, plusque quam timui nocens,
Matrem peremi; scelere confecta est meo.
O Phœbe mendax, fata superavi impia.

Pavitante gressu sequere fallentes vias,
Suspensa plantis efferens vestigia.
Cæcam tremente dextera noctem rege.
I, gradere præceps, lubricos ponens gradus.
I, profuge, vade.... Siste, ne in matrem incidas.

Quicumque fessi corpore et morbo graves
Semianima trahitis pectora, en fugio, exeo,
Relevate colla: mitior cæli status
Post terga sequitur. Quisquis exilem jacens
Animam retentat, vividos haustus levis
Concipiat. Ite, ferte depositis opem.
Mortifera mecum vitia terrarum extraho.
Violenta fata, et horridus morbi tremor,
Maciesque, et atra pestis, et rabidus dolor,
Mecum ite, mecum: ducibus his uti libet.

dans ma gorge prête à le recevoir? Tu ne sais pas choisir la place, ô ma main, frappe ces flancs coupables qui ont porté tout ensemble un époux et un fils.

LE CHOEUR.

Elle expire. Sa main meurt sur la blessure; et le sang qui s'en échappe avec violence, repousse le fer.

OEDIPE.

Dieu des oracles! toi qui présides à la vérité, c'est à toi que j'en appelle ici. Tes prédictions ne m'avaient annoncé que le meurtre d'un père; et voilà que, doublement parricide, et plus coupable que je ne craignais de le devenir, j'ai tué aussi ma mère; car c'est mon crime qui a causé sa mort. Apollon, dieu menteur, j'ai dépassé la mesure de mon affreuse destinée.

Maintenant, malheureux OEdipe! va, suis d'un pas tremblant des voies ténébreuses, en posant sur la terre tes pieds incertains et mal assurés. Cherche ta route avec la main dans la sombre nuit qui t'environne; toujours prêt à tomber, sur un sol qui se dérobe sous toi, fuis, marche!... mais, arrête, tu vas rencontrer ta mère.

Vous que la maladie accable, et qui n'avez plus qu'un léger souffle de vie, relevez vos têtes mourantes, je pars, je m'exile : un air plus pur viendra sur vous dès que j'aurai quitté ces lieux. Que celui dont l'âme est prête à s'exhaler, respire librement et se ranime. Allez, portez secours à ceux dont la vie est déjà désespérée. J'emporte avec moi tous les principes destructeurs qui désolent ce pays. Mort cruelle, effroi qu'inspire un mal terrible, maigreur, fléau dévorant, douleur insupportable, venez vous avec moi, je ne veux pas d'autres guides que vous.

LES TROYENNES.

DRAMATIS PERSONÆ.

HECUBA.
ANDROMACHA.
ASTYANAX.
HELENA.
AGAMEMNON.
PYRRHUS.
ULYSSES.
CALCHAS.
CHORUS TROADUM.
TALTHYBIUS.
SENEX.
NUNTIUS.
POLYXENA, MUTA PERSONA.

PERSONNAGES.

HÉCUBE.
ANDROMAQUE.
ASTYANAX.
HÉLÈNE.
AGAMEMNON.
PYRRHUS.
ULYSSE.
CALCHAS.
CHOEUR DE TROYENNES.
TALTHYBIUS.
UN VIEILLARD.
UN ENVOYÉ.
POLYXÈNE, PERSONNAGE MUET.

ARGUMENTUM.

Græci, exciso jam Ilio, reditum in patriam cogitantes, contrario vento detinebantur. Apparens noctu Achillis umbra solvere eos posse negat, nisi sibi debitis inferiis mactata Polyxena, cujus nuptiarum prætextu interfectus est. Non fert Agamemnon sibi amatam Polyxenam mactari. Qua de re orto cum Pyrrho jurgio, intervenit consultus Calchas, qui omnino immolandam pronuntiat, unaque necandum Astyanacta, quem a matre absconditum abducit Ulysses, et de Scæa porta dejicit. Polyxenam ab Helena auspice, ritu cultuque sponsæ deductam, ad patris tumulum Pyrrhus mactat.

ARGUMENT.

Après la ruine de Troie, les Grecs voulant retourner dans leur patrie, sont arrêtés par les vents contraires. L'ombre d'Achille, apparue pendant la nuit, déclare qu'ils ne pourront mettre à la voile qu'après avoir apaisé ses mânes, et immolé sur son tombeau Polyxène, qui lui avait été fiancée, et qui avait servi de prétexte pour l'assassiner. Agamemnon, épris de cette jeune princesse, ne souffre pas qu'on la sacrifie. Une dispute s'élève à ce sujet entre lui et Pyrrhus; mais Calchas, consulté, répond que le sacrifice de Polyxène est indispensable, et qu'il faut en même temps faire mourir Astyanax. Ulysse emporte cet enfant que sa mère avait caché, et le précipite du haut de la porte Scée. Polyxène, vêtue et parée comme pour la cérémonie d'un mariage, est conduite par Hélène au tombeau d'Achille, et immolée par Pyrrhus.

L. ANNÆI SENECÆ TROADES.

ACTUS PRIMUS.

SCENA I.

HECUBA.

Quicumque regno fidit, et magna potens
Dominatur aula, nec leves metuit deos,
Animumque rebus credulum lætis dedit,
Me videat, et te, Troja : non unquam tulit
Documenta Fors majora quam fragili loco
Starent superbi.

          Columen eversum occidit
Pollentis Asiæ, cælitum egregius labor.
Ad cujus arma venit, et qui frigidum
Septena Tanaim ora pandentem bibit ;
Et qui renatum primus excipiens diem,
Tepidum rubenti Tigrin immiscet freto ;
Et quæ vagos vicina prospiciens Scythas
Ripam catervis Ponticam viduis ferit.

LES TROYENNES

DE SÉNÈQUE.

ACTE PREMIER.

SCÈNE I.

HÉCUBE.

Vous tous qui vous confiez dans la puissance, et qui, assis sur le trône au milieu des splendeurs d'une cour superbe, livrez votre âme crédule au souffle caressant de la prospérité sans craindre l'inconstance des dieux, regardez Hécube, et regardez Troie. Jamais la fortune n'a montré par de plus terribles leçons l'instabilité de la grandeur humaine.

Elle est tombée, la capitale de la puissante Asie, cette ville magnifique élevée par la main des dieux! En vain pour la défendre accoururent les peuples qui boivent les eaux glacées que vomissent les sept bouches du Tanaïs; et ceux qui, recevant les premiers rayons du jour à son réveil, voient les flots tièdes du Tigre se perdre dans la mer colorée par les feux du soleil d'Orient; et les Amazones, ces femmes sans maris, qui avoisinent les Scythes

Excisa ferro est Pergamum : incubuit sibi.
En alta muri decora congesti jacent,
Tectis adustis. Regiam flammæ ambiunt ;
Omnisque late fumat Assaraci domus.
Non prohibet avidas flamma victoris manus ;
Diripitur ardens Troja, nec cælum patet
Undante fumo : nube ceu densa obsitus,
Ater favilla squallet Iliaca dies.
Stat avidus iræ victor, et lentum Ilium
Metitur oculis, ac decem tandem ferus
Ignoscit annis : horret afflictam quoque ;
Victamque quamvis videat, haud credit sibi
Potuisse vinci : spolia populator rapit
Dardania : prædam mille non capiunt rates.

Testor Deorum numen adversum mihi,
Patriæque cineres, teque rectorem Phrygum,
Quem Troja toto conditum regno tegit,
Tuosque manes, quo stetit stante Ilion,
Et vos meorum liberum magni greges,
Umbræ minores : quidquid adversi accidit,
Quæcumque Phœbas ore lymphato furens,
Credi Deo vetante, prædixit mala,
Prior Hecuba vidi gravida, nec tacui metus,
Et vana vates ante Cassandram fui.
Non cautus ignes Ithacus, aut Ithaci comes
Nocturnus in vos sparsit, aut fallax Sinon.

errans, et font retentir sous les pas de leurs coursiers les rivages de l'Euxin.

Le fer a détruit Pergame, et ses ruines la couvrent : ses hautes murailles et ses orgueilleuses tours gisent renversées parmi les cendres des maisons. Une ceinture de flammes entoure le palais de Priam, et l'antique séjour d'Assaracus n'est plus qu'un amas de ruines fumantes. Le feu même n'arrête pas les mains avides du vainqueur; l'incendie et le pillage se disputent la même proie; le ciel se cache derrière des flots de fumée, et la cendre d'Ilion, comme un nuage funèbre, obscurcit la clarté du jour. Le vainqueur est là, plein de colère et de vengeance; il mesure des yeux cette Troie si lente à mourir, et se console enfin de ses dix années de combats. Cette ville tombée lui fait peur encore; et même, en la voyant vaincue à ses pieds, il n'ose croire à son triomphe. Altéré de pillage, il ravit les dépouilles de Dardanus, que les mille vaisseaux de la Grèce ne peuvent contenir.

Je vous prends à témoins, dieux contraires! et vous, cendres de ma patrie! et toi, puissant maître de l'Asie, enseveli maintenant sous les ruines de Troie et sous les débris de ton royaume entraîné tout entier dans ta chute! j'en atteste ici tes mânes, et les vôtres aussi, ô mes nombreux enfans! vous, après lui, les plus chers objets de ma douleur, tous les maux qui sont venus sur nous, tous ceux que, dans sa fureur prophétique, avait prédits la prêtresse aimée d'Apollon qui défendait de croire à ses oracles, moi, Hécube, je les avais prévus avant elle pendant ma fatale grossesse. Je n'ai point caché mes alarmes; j'ai parlé, et, avant Cassandre, j'ai trouvé

Meus ignis iste est : facibus ardetis meis.

Sed quid ruinas urbis eversæ gemis,
Vivax senectus? respice infelix ad hos
Luctus recentes. Troja jam vetus est malum.
Vidi exsecrandum regiæ cædis nefas,
Ipsasque ad aras majus admissum scelus
Æacidæ armis : quum ferox, sæva manu
Coma reflectens regium torta caput,
Alto nefandum vulneri ferrum abdidit;
Quod penitus actum quum recepisset libens,
Ensis senili siccus e jugulo rediit.
Placare quem non potuit a cæde effera
Mortalis ævi cardinem extremum premens?
Superique testes sceleris? et quondam sacrum
Regni jacentis? Ille tot regum parens
Caret sepulcro Priamus, et flamma indiget,
Ardente Troja : non tamen superis sat est.
Dominum, ecce, Priami nuribus et natis legens
Sortitur urna : præda quem vilis sequar?
Hic Hectoris conjugia despondet sibi;
Hic optat Heleni conjugem; hic Antenoris;
Nec deest tuos, Cassandra, qui thalamos petat.
Mea sors timetur : sola sum Danais metus.

Lamenta cessant? turba, captivæ, mea,
Ferite palmis pectora, et planctus date,

les oreilles fermées à mes prophéties. Ce n'est point le perfide Ulysse, ni le complice de son expédition nocturne, ni le fourbe Sinon, qui ont jeté parmi vous les flammes de l'incendie; c'est de moi qu'est sorti cet embrasement; le feu qui vous dévore est le fruit de mes entrailles.

Mais pourquoi t'arrêter si long-temps à gémir sur les débris de cette ville en cendres? puisque tu as tant vécu, porte, hélas! tes regards sur des malheurs plus récens; la chute de Troie est déjà un malheur ancien. J'ai vu le meurtre exécrable de Priam; j'ai vu le fils d'Achille commettre, au pied même des autels, ce crime dont l'horreur efface tous les autres; je l'ai vu saisir d'une main furieuse les cheveux blanchis de ton époux, et, ramenant sa tête en arrière, lui enfoncer dans la gorge son glaive impie. Le vieux prince reçut le coup sans plainte; mais son sang était glacé par l'âge, et le fer homicide n'en fut point rougi. Rien n'a donc pu désarmer le bras du meurtrier, ni l'aspect d'un vieillard arrivé au terme de la vie, ni la présence des dieux, ni ce sanctuaire vénérable d'un empire détruit? Le père de tant de rois, Priam, est privé de sépulture, et n'a pas trouvé même un bûcher dans l'embrasement de Troie. Pourtant ce n'est pas encore assez pour le courroux des dieux: voici qu'une urne fatale va donner des maîtres aux fils et aux filles de Priam. A qui doit échoir ma vieillesse méprisée? L'un se promet à lui-même la veuve d'Hector, l'autre convoite la femme d'Hélénus, un autre enfin celle d'Anténor. Tu ne manques pas non plus de prétendans, ô Cassandre! Moi seule je suis une part du butin que chacun craint de se voir adjuger! moi seule je suis encore redoutée des Grecs!

Mais vous ne pleurez pas, tristes captives, compagnes de mes malheurs! Frappez vos seins, gémissez, célébrez

Et justa Trojæ facite : jamdudum sonet
Fatalis Ide, judicis diri domus.

SCENA II.

CHORUS TROADUM, HECUBA.

CHORUS.

Non rude vulgus lacrimisque novum
Lugere jubes : hoc continuis
Egimus annis, ex quo tetigit
Phrygius Graias hospes Amyclas,
Secuitque fretum pinus matri
Sacra Cybellæ.
Decies nivibus canuit Ide,
Ide nostris nudata rogis ;
Et Sigeis trepidus campis
Decumas secuit messor aristas;
Ut nulla dies mœrore caret,
Sed nova fletus causa ministrat.
Ite ad planctus,
Miseramque leva, regina, manum.
Vulgus dominam vile sequemur.
Non indociles lugere sumus.

HECUBA.

Fidæ casus nostri comites,
Solvite crinem : per colla fluant
Mœsta capilli tepido Trojæ
Pulvere turpes : paret exsertos

les funérailles de Troie ; et que les échos de l'Ida, ce fatal théâtre du jugement de la beauté, s'éveillent au bruit de nos plaintes.

SCÈNE II.

CHOEUR DES TROYENNES, HÉCUBE.

LE CHOEUR.

Vous nous ordonnez de verser des larmes, c'est un devoir qui n'est pas nouveau pour nous. Nos pleurs n'ont jamais cessé de couler depuis le jour où, transformé en vaisseau, le pin de Cybèle conduisit à travers les mers le pasteur phrygien dans la grecque Amycla. Dix fois la neige a blanchi le sommet de l'Ida, dix fois le moissonneur a fauché en tremblant les campagnes de Sigée, depuis que nous avons cessé de connaître des jours sans douleur. Mais de nouveaux malheurs demandent des lamentations nouvelles ; pleurons donc, et vous, reine, donnez-nous le signal en élevant vos mains infortunées ; c'est à nous, pauvres femmes sans gloire, d'obéir à notre auguste maîtresse. Nous sommes prêtes à pleurer avec vous.

HÉCUBE.

Fidèles compagnes de mes malheurs, détachez votre chevelure ; qu'elle se répande tristement sur vos épaules, souillées de la cendre chaude d'Ilion. Découvrez vos bras ; laissez tomber votre robe, et paraître vos corps nus jus-

Turba lacertos : veste remissa
Substringe sinus, uteroque tenus
Pateant artus : cui conjugio
Pectora velas, captive pudor ?
Cingat tunicas palla solutas.
Vacet ad crebri verbera planctus
Furibunda manus : placet hic habitus,
Placet : agnosco Troada turbam.
Iterum luctus redeunt veteres.
Solitum flendi vincite morem.
Hectora flemus.

CHORUS.

Solvimus omnes
Lacerum multo funere crinem.
Coma demissa est libera nodo;
Sparsitque cinis fervidus ora.

HECUBA.

Complete manus : hoc ex Troja
Sumsisse licet.

CHORUS.

Cadit ex humeris
Vestis apertis, imumque tegit
Suffulta latus.

HECUBA.

Jam nuda vocant
Pectora dextras : nunc, nunc vires
Exprome, dolor, tuas.
Rhœtea sonent litora planctu.
Habitansque cavis montibus Echo
Non, ut solita est, extrema brevis

qu'à la ceinture. Pour quel époux, tristes captives, couvririez-vous votre sein des voiles de la pudeur? Dégagez-le donc de la robe qui l'enferme, afin que vos mains soient plus libres pour le frapper dans vos plaintes. J'aime l'état où vous êtes; oui, je l'aime; je reconnais les veuves des Troyens. Nous recommençons à pleurer nos anciens malheurs, donnons du moins à notre deuil une solennité nouvelle et plus grande. C'est Hector que nous pleurons.

LE CHOEUR.

Nous avons toutes dénoué nos cheveux, déjà cent fois lacérés en d'autres jours de deuil; nous avons brisé leurs tresses, et répandu de la cendre chaude sur nos têtes.

HÉCUBE.

Remplissez-en vos mains; c'est tout ce qui nous reste à prendre d'Ilion.

LE CHOEUR.

Nos épaules sont découvertes; nos tuniques, pendantes et seulement retenues par la ceinture, ne cachent que la partie inférieure de notre corps.

HÉCUBE.

Votre poitrine nue attend vos mains, frappez. C'est maintenant, ô douleur, que tu dois éclater dans toute ta violence : que le bruit de nos coups fasse retentir les rochers de Rhétus; que la nymphe Écho, qui habite le creux des montagnes, ne se contente pas de répéter d'une voix affaiblie nos derniers accens, mais qu'elle nous ren-

Verba remittat ; totos reddat
Trojæ gemitus : audiat omnis
Pontus, et æther : sævite, manus,
Pulsu vasto tundite pectus.
Non sum solito contenta sono.
Hectora flemus.

CHORUS.

Tibi nostra ferit dextra lacertos,
Humerosque ferit tibi sanguineos.
Tibi nostra caput dextera pulsat.
Tibi maternis ubera palmis
Laniata jacent : fluit, et multo
Sanguine manat, quamcumque tuo
Funere feci, rupta cicatrix.
Columen patriæ, mora fatorum,
Tu præsidium Phrygibus fessis,
Tu murus eras; humerisque tuis
Stetit illa decem fulta per annos :
Tecum cecidit : summusque dies
Hectoris idem patriæque fuit.

HECUBA.

Vertite planctus. Priamo vestros
Fundite fletus : satis Hector habet.

CHORUS.

Accipe, rector Phrygiæ, planctus :
Accipe fletus, bis capte senex.
Nil Troja semel te rege tulit.
Bis pulsata Dardana Graio
Mœnia ferro; bisque pharetras
Passa Herculeas : post elatos

voie tout entiers les cris funèbres d'Ilion : que la mer et le ciel les entendent. Point de pitié, nos mains, frappez, dévastez nos poitrines. Des gémissemens ordinaires ne sont pas assez pour moi; c'est Hector que nous pleurons.

LE CHOEUR.

Hector, c'est pour toi que nous déchirons nos bras, que nous meurtrissons nos épaules, que nous frappons nos têtes; c'est pour toi que de nos mains maternelles nous déchirons notre sein. Vois, le sang coule et s'échappe avec force des blessures que nous nous sommes faites pour honorer tes mânes. Soutien de ta patrie, seul obstacle qui pouvait retarder l'accomplissement de ses destinées, tu servais de mur et de rempart aux malheureux Phrygiens. Troie demeura dix ans invincible, défendue par ton bras puissant; tu tombas, elle dut tomber avec toi; et le dernier jour d'Hector fut aussi le dernier pour son pays.

HÉCUBE.

Changez maintenant l'objet de vos lamentations : que vos larmes coulent pour Priam; c'est assez pleurer Hector.

LE CHOEUR.

Roi des Phrygiens, reçois nos gémissemens, reçois nos pleurs, vieillard dont les royales mains ont senti deux fois les fers de l'esclavage. Sous ton règne les malheurs de Troie devaient être doubles : deux fois les murailles de Dardanus ont été assiégées par les Grecs, deux fois elles ont servi de but aux flèches d'Hercule. Père

Hecubæ partus, regumque gregem,
Postrema pater funera cludis;
Magnoque Jovi victima cæsus
Sigea premis litora truncus.

HECUBA.

Alio lacrimas flectite vestras.
Non est Priami miseranda mei
Mors, Iliades. Felix Priamus,
Dicite cunctæ : liber Manes
Vadit ad imos; nec feret unquam
Victa Graium cervice jugum.
Non ille duos vidit Atridas,
Nec fallacem cernit Ulyssem.
Non Argolici præda triumphi,
Subjecta feret colla tropæis.
Non assuetas ad sceptra manus
Post terga dabit; currusque sequens
Agamemnonios, aurea dextra
Vincula gestans, lætis fiet
Pompa Mycenis.

CHORUS.

Felix Priamus,
Dicimus omnes : secum excedens
Sua regna tulit : nunc Elysii
Nemoris tutis errat in umbris,
Interque pias felix animas
Hectora quærit. Felix Priamus!
Felix, quisquis bello moriens
Omnia secum consumta videt!

infortuné! tu fermes le convoi de tes nombreux enfans, de cette foule de rois sortis du sein d'Hécube. Maintenant, victime sacrifiée au puissant Jupiter, tu n'es plus qu'un tronc informe gisant sur les sables de Sigée.

HÉCUBE.

Portez ailleurs vos larmes, filles d'Ilion. Ce n'est point la mort de mon époux qu'il faut pleurer. Répétez toutes: Heureux Priam! il descend libre encore dans le séjour des Mânes; il ne courbera point sous le joug des Grecs sa tête assujétie. Il n'a point vu les deux Atrides; il ne voit point comme nous le perfide Ulysse; il ne sera point traîné dans Argos comme un trophée et un ornement de la victoire. Ses mains, accoutumées à porter le sceptre, ne seront point attachées derrière son dos; on ne le verra point suivre le char d'Agamemnon, et, les bras chargés de chaînes d'or, étaler aux regards du peuple de Mycènes le spectacle pompeux de sa royale infortune.

LE CHOEUR.

Oui, nous le disons toutes: Heureux Priam! en quittant la terre, il a emporté son royaume avec lui. Il erre maintenant heureux et libre sous les paisibles ombrages de l'Élisée, et cherche parmi les âmes pieuses l'ombre de son Hector. Heureux Priam! heureux le vaincu dont les yeux mourans ne voient rien survivre autour de lui!

ACTUS SECUNDUS.

SCENA I.

TALTHYBIUS, CHORUS TROADUM.

TALTHYBIUS.
Quam longa Danais semper in portu mora,
Seu petere bellum, petere seu patriam volunt!

CHORUS.
Quæ causa ratibus faciat et Danais moram,
Effare : reduces quis Deus cludat vias.

TALTHYBIUS.
Pavet animus : artus horridus quassat tremor.
Majora veris monstra vix capiunt fidem.
Vidi ipse, vidi. Summa jam Titan juga
Stringebat; ortus vicerat noctem dies :
Quum subito cæco terra mugitu fremens
Concussa, totos traxit ex imo sinus.
Movere silvæ capita, et excelsum nemus
Fragore vasto tonuit, et lucus sacer.
Idæa ruptis saxa ceciderunt jugis.
Nec sola tellus tremuit : et pontus suum
Adesse Achillem sensit, ac stravit vada.

ACTE SECOND.

SCÈNE I.

TALTHYBIUS, CHOEUR DE TROYENNES.

TALTHYBIUS.
Quel long retard enchaîne toujours les Grecs dans le port, soit qu'ils aillent chercher la guerre, soit qu'ils veuillent retourner dans leur patrie !

LE CHOEUR.
Dites-nous quel obstacle arrête ainsi nos vaisseaux, et quel dieu nous ferme le chemin du retour ?

TALTHYBIUS.
Je tremble ; une affreuse terreur glace tous mes membres. Les prodiges ne trouvent pas de croyance ; mais j'ai vu de mes yeux ce que je vais vous raconter ; je l'ai vu. Déjà le soleil naissant dorait la cime des montagnes, et le jour avait vaincu la nuit, quand tout à coup un sourd mugissement sort du sein de la terre ébranlée, qui s'ouvre et laisse voir ses profondes entrailles. Les arbres de l'Ida s'agitent, la haute forêt et le bois consacré à Cybèle s'ébranlent avec un bruit terrible, et des rocs détachés roulent du haut de la montagne. La terre n'est pas seule émue. La mer elle-même, sentant la présence

Tum scissa vallis aperit immensos specus ;
Et hiatus Erebi pervium ad superos iter
Tellure fracta præbet, ac tumulum levat.
Emicuit ingens umbra Thessalici ducis,
Threicia qualis arma proludens tuis
Jam, Troja, fatis stravit : aut Neptunium
Cana nitentem perculit juvenem coma :
Aut quum inter acies Marte violento furens,
Corporibus amnes clusit; et quærens iter
Tardus cruento Xanthus erravit vado :
Aut quum superbo victor in curru stetit,
Egitque habenas, Hectorem et Trojam trahens.
Implevit omne litus irati sonus :
« Ite, ite inertes : debitos manibus meis
Auferte honores : solvite ingratas rates,
Per nostra ituri maria : non parvo luit
Iras Achillis Græcia : at magno luet.
Desponsa nostris cineribus Polyxena
Pyrrhi manu mactetur, et tumulum riget. »
Hæc fatus, alta nocte divisit diem,
Repetensque Ditem, mersus ingentem specum
Coeunte terra junxit : immoti jacent
Tranquilla pelagi : ventus abjecit minas,
Placidumque fluctu murmurat leni mare.
Tritonum ab alto cecinit hymenæum chorus.

du fils de Thétis, s'apaise, et calme l'agitation de ses flots. Alors une vallée se forme, et laisse voir dans son sein d'immenses cavernes. La voûte de l'enfer est percée par un gouffre béant qui conduit de l'Érèbe aux portes du jour, et soulève la pierre du tombeau d'Achille. Son ombre gigantesque se dresse devant moi, tel qu'il était jadis lorsque, préludant à la ruine de Troie, il dompta les peuples de la Thrace; ou lorsqu'il frappa le fils de Neptune, Cycnus à la blonde chevelure; ou lorsque, plein de la fureur de Mars, il arrêta le cours des fleuves par des monceaux de cadavres, et que le Xanthe refoulé chercha son lit à travers des flots de sang; ou tel enfin qu'on l'a vu, dans l'ivresse de son triomphe, debout sur son char orgueilleux, traîner dans la poussière Hector et Ilion. Sa voix irritée fait retentir tout le rivage: « Partez, lâches, partez; emportez avec vous les honneurs dûs à ma cendre, et hâtez-vous de lancer vos ingrats vaisseaux sur le royaume de ma mère. La Grèce a déjà payé bien cher la colère d'Achille, mais elle va lui coûter plus cher encore. Il faut que Polyxène, fiancée à ma cendre, soit immolée par la main de Pyrrhus, et arrose ma tombe de son sang. » Il dit, et, disparaissant au milieu d'un sombre nuage qui obscurcit le jour, il redescend au séjour des Mânes, et la terre se referme sur lui. Une profonde paix enchaîne les flots; le bruit des vents expire; la mer ne laisse plus entendre qu'un doux murmure; et, du sein des eaux, les Tritons, en chœur, font entendre un chant d'hyménée.

SCENA II.

PYRRHUS, AGAMEMNON, CALCHAS.

PYRRHUS.

Quum læta pelago vela rediturus dares,
Excidit Achilles : cujus unius manu
Impulsa Troja, quidquid adjecit moræ,
Illo remoto, dubia quo caderet, stetit.
Velis licet, quod petitur, ac properes dare,
Sero es daturus : jam suum cuncti duces
Tulere pretium. Quæ minor merces potest
Tantæ dari virtuti ? an is meruit parum,
Qui, fugere bellum jussus, et longa sedens
Ævum senecta degere, ac Pylii senis
Transcendere annos, exuens matris dolos,
Falsasque vestes, fassus est armis virum ?
Inhospitali Telephus regno impotens,
Dum Mysiæ ferocis introitus negat,
Rudem cruore regio dextram imbuit,
Fortemque eamdem sensit et mitem manum.
Cecidere Thebæ : vidit Eetion capi
Sua regna victus : clade subversa est pari
Apposita celso parva Lyrnessos jugo;
Captaque tellus nobilis Briseide,
Et, causa litis regibus, Chryse jacet;
Et nota fama Tenedos; et quæ pascuo
Fecunda pingui Thracios nutrit greges,

SCÈNE II.

PYRRHUS, AGAMEMNON, CALCHAS.

PYRRHUS.

Au moment où tu donnas le signal du retour aux voiles joyeuses de nos vaisseaux, Achille mourut, lui dont le bras redoutable porta le coup de mort à Ilion, qui ne survécut à mon père que le temps de chercher la place où elle devait tomber. Quel que soit ton désir et ton empressement de satisfaire à ce que je te demande, tu es en retard pour t'acquitter. Tous les chefs de l'armée ont reçu le prix de leur valeur. Le grand Achille est-il moins digne de récompense? A-t-il si peu mérité de la Grèce, lui qui, malgré le conseil de fuir les combats, et d'attendre au sein de la paix une heureuse vieillesse dont la durée eût surpassé les ans du roi de Pylos, a déjoué les ruses de sa mère, et, rejetant la robe de femme qui le couvrait, trahi son sexe par le choix d'une épée? Jeune encore, son bras se teignit du sang de Télèphe, ce roi cruel d'un peuple farouche et inhospitalier, qui lui refusait l'entrée de la Mysie, et qui éprouva la double puissance de cette main à la fois terrible et secourable. Par lui Thèbes fut détruite, Eétion vaincu et dépouillé de ses états. La petite ville de Lyrnesse, bâtie au pied de la haute montagne de l'Ida, subit le même sort; la patrie de Briséis est conquise avec cette belle captive, ainsi que Chrysé, d'où sortit la fameuse querelle des deux rois; et la célèbre Ténédos; et Syros, dont les gras pâturages nourrissent les troupeaux de la Thrace; et Lesbos, qui

Syros, fretumque Lesbos Ægæum secans,
Et sacra Phœbo Cilla : quid ? quas alluit
Vernis Caycus gurgitem attollens aquis :
Hæc tanta clades gentium ac tantus pavor,
Sparsæ tot urbes, turbinis vasti modo,
Alterius esset gloria ac summum decus :
Iter est Achillis : sic meus venit pater,
Et tanta gessit bella, dum bellum parat.
Ut alia sileam merita, non unus satis
Hector fuisset ? Ilium vicit pater,
Vos diruistis : inclitas laudes juvat,
Et clara magni facta genitoris sequi.
Jacuit peremtus Hector ante oculos patris,
Patruique Memnon, cujus ob luctum parens
Pallente mœstum protulit vultu diem,
Suique victor operis exemplum horruit;
Didicitque Achilles et Dea natos mori.
Tum sæva Amazon ultimus cecidit timor.
Debes Achilli, merita si digne æstimas,
Etsi Mycenis virginem atque Argis petat.
Dubitatur etiam ? placita nunc subito improbas ?
Priamique natam Pelei nato ferum
Mactare credis ? at tuam natam parens
Helenæ immolasti : solita jam et facta expeto.

s'élève au milieu de la mer Égée; et Cilla, si chère à
Apollon, sans parler de toutes les villes baignées par le
Caycus, qui épanche avec ses eaux toutes les richesses
du printemps. Cette terreur si prompte, cette conquête
rapide de tant de peuples, la dispersion de tant de villes,
emportées comme dans un tourbillon, seraient le plus
beau titre et la gloire éternelle d'un autre guerrier. Pour
Achille, c'est l'entrée dans la carrière : c'est la marche
de mon père; tant de combats ne sont pour lui que le
chemin des combats; et, sans parler de ses autres ex-
ploits, la mort seule d'Hector ne suffirait-elle pas à sa
gloire? Achille a vaincu Ilion, vous n'avez fait que la
détruire. Fils d'un si noble père, j'aime à étaler le tableau
de sa gloire et le récit de ses hauts faits. Priam a vu
périr sous ses yeux son fils Hector et son neveu Memnon, dont le trépas fit monter un nuage de douleur au
front brillant de l'Aurore, sa mère. Effrayé de l'exemple
qu'il avait donné, le vainqueur lui-même frémit de sa
victoire, qui lui prouvait que les fils des déesses n'étaient
pas exemptés de mourir. Grâce à mon père, enfin, la
mort de la terrible reine des Amazones te délivra d'un
dernier sujet d'alarmes. Si tu sais mettre un juste prix à ses
services, quand même il demanderait une victime choisie
parmi les vierges de Mycènes et d'Argos, tu devrais la
lui accorder. Eh quoi! tu hésites? tu repousses aujour-
d'hui l'idée d'un sacrifice auquel tu as autrefois consenti?
Regardes-tu comme une barbarie d'immoler la fille de
Priam au fils de Pélée? Mais toi, père, tu as sacrifié ta
propre fille à Hélène. Ce que je te demande, pourtant,
n'est pas nouveau pour toi, et tu l'as déjà fait.

AGAMEMNON.

Juvenile vitium est, regere non posse impetum.
Ætatis alios fervor hic primæ rapit,
Pyrrhum paternus : spiritus quondam truces,
Minasque tumidi lentus Æacidæ tuli.
Quo plura possis, plura patienter feras.
Quid cæde dira nobiles clari ducis
Adspergis umbras? noscere hoc primum decet,
Quid facere victor debeat, victus pati.
Violenta nemo imperia continuit diu :
Moderata durant; quoque Fortuna altius
Evexit ac levavit humanas opes,
Hoc se magis supprimere felicem decet,
Variosque casus tremere, metuentem Deos
Nimium faventes. Magna momento obrui
Vincendo didici. Troja nos tumidos facit
Nimium ac feroces? stamus hoc Danai loco,
Unde illa cecidit. Fateor, aliquando impotens
Regno ac superbus, altius memet tuli;
Sed fregit illos spiritus hæc, quæ dare
Potuisset alii, causa, Fortunæ favor.
Tu me superbum, Priame? tu timidum facis.
Ego esse quidquam sceptra, nisi vano putem
Fulgore tectum nomen, et falso comam
Vinclo decentem? Casus hæc rapiet brevis ;
Nec mille forsan ratibus, aut annis decem :
Non omnibus Fortuna tam lenta imminet.
Equidem fatebor (pace dixisse hoc tua,
Argiva tellus, liceat) affligi Phrygas
Vincique volui : ruere, et æquari solo,

LES TROYENNES. ACTE II.

AGAMEMNON.

C'est le défaut de la jeunesse de ne savoir pas régler
sa fougue impétueuse. Mais cet emportement, qui chez
d'autres n'est que l'effet de l'âge, Pyrrhus le tient de
son père. J'ai autrefois supporté patiemment l'humeur
fougueuse et les menaces du bouillant Achille; car plus
on a de puissance, plus on doit montrer de modération.
A quoi bon souiller d'un sang inutile les mânes généreux de ce héros? Il importe, avant tout, de savoir ce
que le vainqueur doit se permettre, ce que le vaincu doit
souffrir. Un pouvoir fondé sur la violence ne dura jamais
long-temps; la modération, au contraire, l'affermit; et
plus la fortune se plaît à exhausser le faîte de la grandeur
humaine, plus l'homme qu'elle favorise doit abaisser l'orgueil de ses sentimens, redouter l'inconstance du sort,
et se défier du bonheur dont les dieux l'accablent. La
victoire m'a appris que les plus grandes choses s'écrou-
lent en un moment. Est-ce la chute de Troie qui doit
nous rendre si fiers et si hautains? Mais nous, Grecs,
nous sommes aujourd'hui à ce haut point de puissance d'où elle est tombée. Moi-même, je l'avoue, l'orgueil du rang suprême a parfois égaré mon âme; mais
les faveurs mêmes de la fortune ont corrigé en moi cette
hauteur de sentimens qu'elles eussent inspirée à d'autres. Ta chute me rendrait-elle fier, ô Priam? non, mais
timide, plutôt. Puis-je voir dans la puissance royale autre
chose qu'un vain titre dont l'éclat nous trompe, et qu'un
bandeau fragile autour des têtes couronnées? Un revers
soudain nous ravira ces biens, sans que peut-être il
soit besoin pour cela de mille vaisseaux et de dix années

Etiam arcuissem : sed regi frenis nequit
Et ira, et ardens hostis, et victoria
Commissa nocti : quidquid indignum aut ferum
Cuiquam videri potuit, hoc fecit dolor,
Tenebræque, per quas ipse se irritat furor,
Gladiusque felix, cujus infecti semel
Vecors libido est. Quidquid eversæ potest
Superesse Trojæ, maneat; exactum satis
Pœnarum, et ultra est : regia ut virgo occidat,
Tumuloque donum detur, et cineres riget,
Et facinus atrox cædis ut thalamos vocent,
Non patiar; in me culpa cunctorum redit :
Qui non vetat peccare, quum possit, jubet.

PYRRHUS.

Nullumne Achillis præmium manes ferent?

AGAMEMNON.

Ferent; et illum laudibus cuncti canent;
Magnumque terræ nomen ignotæ audient.
Quod si levatur sanguine infuso cinis,
Opima Phrygii colla cædantur gregis,
Fluatque nulli flebilis matri cruor.

Quis iste mos est, quando in inferias homo est
Impensus homini? Detrahe invidiam tuo

de combats. Il n'est pas donné à toutes les choses humaines un si long temps pour mourir. Je le dirai même et que mes paroles n'offensent point la Grèce), j'ai voulu abaisser Troie et la vaincre; mais la détruire et l'effacer de la terre, c'est ce que j'aurais empêché, s'il était possible de régler la fureur d'un ennemi altéré de vengeance et victorieux dans les ténèbres. Tout ce qu'on pourrait nous reprocher de cruautés et de barbaries, il faut l'imputer à la colère, à la nuit, dont l'obscurité même est un aiguillon pour la fureur; à l'ivresse du glaive, qui, une fois abreuvé de sang, ne peut plus en boire assez. Que ce qui reste de Troie subsiste; c'est assez et trop de vengeances. Je ne souffrirai pas qu'une vierge, la fille d'un roi, soit immolée sur une tombe; que son sang arrose des cendres insensibles, et qu'on donne le nom d'hymen à un meurtre abominable. La faute de tous retomberait sur moi seul : car ne pas empêcher un crime quand on le peut, c'est l'ordonner soi-même.

PYRRHUS.

Ainsi, aucun honneur ne sera rendu à la cendre d'Achille.

AGAMEMNON.

Au contraire, sa louange sera dans toutes les bouches, et le bruit de son grand nom retentira jusque chez les nations les plus inconnues ; et s'il faut du sang pour consoler son ombre, immolons-lui de grasses victimes choisies dans les troupeaux phrygiens, et versons sur sa tombe un sang qui ne coûtera des larmes à aucune mère.

Quel est donc cet usage barbare de sacrifier l'homme vivant à l'homme qui n'est plus? Garde-toi de souiller

Odiumque patri, quem coli pœna jubes.

PYRRHUS.

O tumide, rerum dum secundarum status
Extollit animos; timide, quum increpuit metus!
Regum tyranne, jamne flammatum geris
Amore subito pectus, ac veneris novæ?
Solusne toties spolia de nobis feres?
Hac dextra Achilli victimam reddam suam:
Quam si negas retinesque, majorem dabo,
Dignamque quam det Pyrrhus: et nimium diu
A cæde nostra regia cessat manus,
Paremque poscit Priamus.

AGAMEMNON.

     Haud equidem nego
Hoc esse Pyrrhi maximum in bello decus,
Sævo peremtus ense quod Priamus jacet,
Supplex paternus.

PYRRHUS.

    Supplices nostri patris
Hostesque eosdem novimus. Priamus tamen
Præsens rogavit: tu gravi pavidus metu
Nec ad rogandum fortis, Ajaci preces
Ithacoque mandas, clusus, atque hostem tremens.

AGAMEMNON.

At non timebat tunc tuus, fateor, parens,
Interque cædes Græciæ, atque ustas rates,
Segnis jacebat, belli et armorum immemor,

la mémoire de ton père et de la rendre odieuse, en demandant pour lui ces sanglans honneurs.

PYRRHUS.

O roi, plein d'orgueil, tant que la fortune prospère vient enfler ton courage, mais pusillanime dès que le péril s'offre à tes regards ; tyran des rois, est-ce que le feu d'une passion soudaine, l'amour d'une nouvelle beauté aurait embrasé ton cœur? Te plairas-tu donc à multiplier sans cesse tes vols dans notre famille? Cette épée saura rendre à mon père sa victime; si tu la refuses et la retiens, je saurai la remplacer par une autre plus grande et digne de Pyrrhus. Depuis trop long-temps le sang des rois n'a point rougi ma main, et Priam demande un compagnon de son trépas.

AGAMEMNON.

Je ne prétends pas nier que le plus beau fait d'armes de Pyrrhus soit le meurtre de Priam, dont Achille pourtant avait respecté la douleur suppliante.

PYRRHUS.

Je sais quels ont été les supplians et les ennemis de mon père : Priam, toutefois, ne craignit pas de se présenter lui-même devant lui ; mais toi, retenu par la peur qui te domine, et n'ayant pas même le courage de la prière, il faut qu'Ajax et Ulysse aillent supplier pour toi, tandis que, tout tremblant, tu te tiens caché dans ta tente.

AGAMEMNON.

J'avoue que ton père était sans crainte, alors que, pendant le massacre de nos guerriers et l'embrasement de nos vaisseaux, il se reposait, tranquille, à l'abri des

Levi canoram verberans plectro chelym.

PYRRHUS.
Tunc magnus Hector, arma contemnens tua,
Cantus Achillis timuit : et tanto in metu
Navalibus pax alta Thessalicis fuit.

AGAMEMNON.
Nempe iisdem in istis Thessalis navalibus
Pax alta rursus Hectoris patri fuit.

PYRRHUS.
Est regis alti, spiritum regi dare.

AGAMEMNON.
Cur dextra regi spiritum eripuit tua?

PYRRHUS.
Mortem misericors sæpe pro vita dabit.

AGAMEMNON.
Et nunc misericors virgines busto petis.

PYRRHUS.
Jamne immolari virgines credis nefas?

AGAMEMNON.
Præferre patriam liberis regem decet.

PYRRHUS.
Lex nulla capto parcit, aut pœnam impedit.

combats et des alarmes, ne songeant qu'à tirer de sa lyre des sons harmonieux.

PYRRHUS.

Oui, mais ses chants inspiraient au noble Hector plus de crainte que tes armes; et dans ces momens de trouble et d'épouvante, la plus profonde paix ne cessa pas de régner sur les vaisseaux de Thessalie.

AGAMEMNON.

Soit; mais cette paix profonde, le père d'Hector, à son tour, la trouva sur ces mêmes vaisseaux.

PYRRHUS.

Parce qu'il est d'un roi magnanime d'accorder la vie à un autre roi.

AGAMEMNON.

Mais alors, pourquoi ta main la lui ravit-elle?

PYRRHUS.

Il est souvent plus humain de tuer que de laisser vivre.

AGAMEMNON.

Et c'est la même humanité qui te porte aujourd'hui à demander des vierges pour les immoler sur un tombeau?

PYRRHUS.

Est-ce que maintenant tu en serais venu à condamner ces sortes de sacrifices?

AGAMEMNON.

C'est le devoir d'un roi de préférer son pays à ses enfans.

PYRRHUS.

Il n'y a point de loi qui assure la vie des captifs et qui empêche de les punir.

######### AGAMEMNON.
Quod non vetat lex, hoc vetat fieri pudor.
######### PYRRHUS.
Quodcumque libuit facere victori, licet.

######### AGAMEMNON.
Minimum decet libere, cui multum licet.
######### PYRRHUS.
His ista jactas, quos, decem annorum gravi
Regno subactos, Pyrrhus exsolvit jugo?

######### AGAMEMNON.
Hos Scyrus animos?
######### PYRRHUS.
    Scelere quæ fratrum caret.
######### AGAMEMNON.
Inclusa fluctu.
######### PYRRHUS.
   Nempe cognati maris.
Atrei et Thyestæ nobilem novi domum.
######### AGAMEMNON.
Ex virginis concepte furtivo stupro,
Et ex Achille nate, sed nondum viro.
######### PYRRHUS.
Illo ex Achille, genere qui mundum suo,
Sparsus per omne cælitum regnum, tenet,
Thetide æquor, umbras Æaco, cælum Jove.

######### AGAMEMNON.
Illo ex Achille, qui manu Paridis jacet.

AGAMEMNON.
Mais ce que la loi ne défend pas, l'honneur le défend.
PYRRHUS.
Le vainqueur n'a de règle que sa volonté même; il peut tout ce qu'il veut.
AGAMEMNON.
Plus on a de puissance, plus on doit en modérer l'usage.
PYRRHUS.
Est-ce à toi d'étaler ces maximes devant des hommes qui ont gémi dix ans sous ton joug de fer, et que moi seul j'ai tirés de leur servitude?
AGAMEMNON.
Est-ce ton île qui t'inspire cet orgueil?
PYRRHUS.
Elle est pure, au moins, du meurtre d'un frère.
AGAMEMNON.
Oui, mais prisonnière au sein des flots.
PYRRHUS.
Comme entre les bras d'une mère. Quant à la noble famille d'Atrée et de Thyeste, on la connaît.
AGAMEMNON.
Toi! le fruit illégitime d'une vierge honteusement séduite! fils d'Achille, mais d'Achille encore enfant!
PYRRHUS.
Sans doute, mais de cet Achille dont la parenté embrasse le monde, qui, uni par le sang à tous les dieux, règne sur les mers par Thétis, sur les enfers par Éaque, sur le ciel par Jupiter.
AGAMEMNON.
Et qui tomba sous les coups d'un Pâris.

PYRRHUS.
Quem nec Deorum cominus quisquam petiit.

AGAMEMNON.
Compescere equidem verba, et audacem malo
Poteram domare : sed meus captis quoque
Scit parcere ensis : potius interpres Deûm
Calchas vocetur : fata si poscunt, dabo.

Tu, qui Pelasgæ vincla solvisti rati,
Morasque bellis, arte qui reseras polum,
Cui viscerum secreta, cui mundi fragor,
Et stella longa semitam flamma trahens
Dant signa fati, cujus ingenti mihi
Mercede constant ora, quid jubeat Deus,
Effare, Calcha, nosque consilio rege.

CALCHAS.
Dant fata Danais, quo solent pretio, viam.
« Mactanda virgo est Thessali busto ducis;
« Sed quo jugari Thessalæ cultu solent,
« Ionidesve, vel Mycenææ nurus.
« Pyrrhus parenti conjugem tradat suo.
« Sic rite dabitur : non tamen nostras tenet
« Hæc una puppes causa : nobilior tuo,
« Polyxene, cruore debetur cruor,
« Quem fata quærunt : turre de summa cadat
« Priami nepos Hectoreus, et letum oppetat.
« Tum mille velis impleat classis freta. »

PYRRHUS.

Mais aussi qu'aucun des dieux n'osa jamais attaquer en face.

AGAMEMNON.

Je pourrais bien réprimer l'audace de tes discours, et dompter cette insolence; mais l'épée que je porte sait pardonner même aux vaincus. Adressons-nous plutôt à Calchas, l'interprète des dieux; s'ils demandent cette victime, je l'accorde.

Toi qui as ouvert la route à nos vaisseaux et levé les obstacles qui arrêtaient notre ardeur guerrière; toi dont l'art puissant découvre les secrets du ciel, explique les entrailles des victimes et le langage de la foudre; toi qui sais démêler dans une étoile à la longue chevelure enflammée les arrêts du destin, et dont les oracles m'ont déjà tant coûté, parle, dis-nous la volonté des dieux, ô Calchas, et inspire-nous par tes conseils.

CALCHAS.

Les destins mettent au départ des Grecs le prix accoutumé. « Il faut immoler cette vierge sur la tombe du roi de Thessalie, mais dans l'appareil nuptial des vierges thessaliennes, ou des fiancées de Mycènes et d'Ionie. Que Pyrrhus se charge de livrer cette épouse à son père, afin que rien ne manque à la cérémonie du sacrifice. Toutefois, ce n'est pas le seul obstacle qui arrête nos vaisseaux. Un sang plus noble que celui de Polyxène doit couler aussi; les dieux l'exigent. Le petit-fils de Priam, le fils d'Hector, sera précipité d'une tour élevée; il mourra, et notre flotte alors pourra déployer ses mille voiles sur les eaux. »

SCENA III.

CHORUS TROADUM.

Verum est? an timidos fabula decipit,
Umbras corporibus vivere conditis?
Quum conjux oculis imposuit manum,
Supremusque dies solibus obstitit,
Et tristis cineres urna coercuit,
Non prodest animam tradere funeri,
Sed restat miseris vivere longius?
An toti morimur, nullaque pars manet
Nostri, quum profugo spiritus halitu
Immixtus nebulis cessit in aera,
Et nudum tetigit subdita fax latus?
Quidquid Sol oriens, quidquid et occidens
Novit: cæruleis Oceanus fretis
Quidquid vel veniens, vel fugiens lavat,
Ætas Pegaseo corripiet gradu.
Quo bis sena volant sidera turbine,
Quo cursu properat secula volvere
Astrorum dominus; quo properat modo
Obliquis Hecate currere flexibus;
Hoc omnes petimus fata : nec amplius,
Juratos Superis qui tetigit lacus,
Usquam est : ut calidis fumus ab ignibus
Vanescit spatium per breve sordidus;
Ut nubes gravidas, quas modo vidimus,

SCÈNE III.

CHOEUR DE TROYENNES.

Est-il vrai que les âmes survivent aux corps après la sépulture, ou n'est-ce qu'une fable inventée par la peur? Quand les mains d'une épouse ont fermé nos yeux, quand le dernier soleil s'est levé pour nous sans retour, et que l'urne funèbre s'est refermée sur nos cendres, faut-il reconnaître que ces derniers honneurs sont inutiles, et qu'il reste encore aux malheureux mortels une vie à vivre? ou mourons-nous tout entiers, et ne reste-t-il rien de nous, quand le souffle qui nous anime s'est échappé du corps et s'est exhalé dans l'air pour se mêler aux nuages, et que la torche funéraire a brûlé auprès de nos restes inanimés? Tout ce que le soleil levant, tout ce que le soleil couchant éclaire dans son cours; tout ce que l'océan, dans son mouvement éternel, baigne de ses eaux bleuâtres, tout cela est la proie du temps qui s'avance à grands pas pour la saisir. Le même tourbillon qui emporte les douze signes célestes, la même vitesse qui entraîne le roi des astres et les siècles après lui, la même force qui presse Hécate dans sa course oblique, nous poussent aussi vers la mort, et une fois que nous avons touché le fleuve qui garantit les sermens des dieux, rien de nous ne reste plus. Comme cette noire fumée qui se dégage du feu pour se perdre aussitôt dans l'air, comme ces nuées épaisses que le vent du

Arctoi Boreae disjicit impetus;
Sic hic, quo regimur, spiritus effluet.
Post mortem nihil est, ipsaque mors nihil,
Velocis spatii meta novissima.
Spem ponant avidi; solliciti metum.

Quaeris quo jaceas post obitum loco?
                    Quo non nata jacent.
Tempus nos avidum devorat, et chaos.
Mors individua est noxia corpori,
Nec parcens animae. Taenara, et aspero
Regnum sub domino, limen et obsidens
Custos non facili Cerberus ostio,
Rumores vacui, verbaque inania,
Et par sollicito fabula somnio.

nord dissipe et dérobe à nos regards, ainsi le souffle de vie qui nous anime sera dissipé.

Rien n'est plus après la mort; la mort elle-même n'est rien : c'est le dernier terme d'une course rapide. Plus de désirs, plus d'inquiétudes, là s'arrêtent l'espérance et la crainte.

Veux-tu savoir où tu seras après la mort? où sont toutes choses avant de naître. Le temps nous dévore, et l'avide chaos ressaisit sa proie. La mort est une loi fatale, inséparablement liée au corps, et qui n'épargne point l'âme. Les enfers, le royaume des Ombres et son impitoyable maître, le chien Cerbère qui en garde les portes et en défend l'entrée, ne sont que de faux bruits, des mots vides de sens, des fables aussi vaines que les illusions d'un rêve.

ACTUS TERTIUS.

SCENA I.

ANDROMACHA, SENEX, ULYSSES.

ANDROMACHA.
Quid mœsta, Phrygiæ, turba laceratis comas,
Miserumque tunsæ pectus, effuso genas
Fletu rigatis? levia perpessæ sumus,
Si flenda patimur. Ilium vobis modo,
Mihi cecidit olim, quum ferus curru incito
Mea membra raperet, et gravi gemeret sono
Peliacus axis pondere Hectoreo tremens.
Tunc obruta atque eversa, quodcumque accidit
Torpens malis rigensque, sine sensu fero.
Jam erepta Danais conjugem sequerer meum,
Nisi hic teneret : hic meos animos domat,
Morique prohibet : cogit hic aliquid Deos
Adhuc rogare : tempus ærumnæ addidit.
Hic mihi malorum maximum fructum abstulit,
Nihil timere : prosperis rebus locus
Ereptus omnis; dira, qua veniant, habent.
Miserrimum est timere, quum speres nihil.

ACTE TROISIÈME.

SCÈNE I.

ANDROMAQUE, UN VIEILLARD, ULYSSE.

ANDROMAQUE.

Pourquoi, malheureuses captives, lacérer vos cheveux et vous meurtrir le sein, en arrosant vos joues d'un torrent de larmes? Nos maux sont peu de chose, s'ils nous laissent la force de pleurer. Il n'y a qu'un moment que Troie est perdue pour vous, mais elle a péri pour moi depuis le jour où le vainqueur impitoyable traîna mes membres dans la poussière, et où j'entendis l'essieu de son char crier avec un bruit affreux sous le poids de mon Hector. Abattue et accablée de ce coup, tous les malheurs venus à la suite ont trouvé mon âme endurcie et mon cœur insensible. Il y a long-temps que je me serais dérobée au pouvoir des Grecs pour suivre mon époux, si cet enfant ne me retenait sur la terre : c'est lui qui maîtrise ma douleur et me défend de mourir; c'est lui qui me force d'avoir encore quelque chose à demander aux dieux, et qui prolonge le temps de mes souffrances; c'est lui enfin qui m'ôte le plus beau privilège du malheur, celui de n'avoir plus rien à redouter. Il n'y a plus

SENEX.
Quis te repens commovit afflictam metus?

ANDROMACHA.
Exoritur aliquod majus e magno malum.
Nondum ruentis Ilii fatum stetit.

SENEX.
Et quas reperiet, ut velit, clades Deus?

ANDROMACHA.
Stygis profundæ claustra, et obscuri specus
Laxantur : et, ne desit eversis metus,
Hostes ab imo conditi Dite exeunt.
Solisne retro pervium est Danais iter?
Certe æqua mors est : turbat atque agitat Phrygas
Communis iste terror : hic proprie meum
Exterret animum noctis horrendæ sopor.

SENEX.
Quæ visa portent, effer in medium, metus.
ANDROMACHA.
Partes fere nox alma transierat duas.
Clarumque septem verterant stellæ jugum :
Ignota tandem venit afflictæ quies,
Brevisque fessis somnus obrepsit genis;
Si somnus ille est mentis attonitæ stupor;

pour moi de bonheur possible, mais le malheur trouve encore une voie pour m'atteindre. Le comble de la misère, c'est de craindre encore, quand on espère plus.

LE VIEILLARD.

Quelle terreur soudaine est venue se joindre à vos douleurs ?

ANDROMAQUE.

Un grand malheur en amène toujours de plus grands. Troie n'a pas rempli encore la mesure de ses cruelles destinées.

LE VIEILLARD.

Et quand les dieux voudraient ajouter à nos maux, comment le pourraient-ils ?

ANDROMAQUE.

Les portes du Styx et ses profonds abîmes se sont ouverts, et nos ennemis morts sortent du sein des ténèbres infernales. Les Grecs ont-ils donc seuls le privilège de remonter vers la vie ? La nécessité de mourir est pourtant la même pour tous : c'est une loi commune qui fait trembler tous les Phrygiens ; mais moi en particulier, mon âme est troublée par un songe affreux dont seule je connais les terribles images.

LE VIEILLARD.

Racontez-nous cette vision qui cause votre effroi.

ANDROMAQUE.

C'était vers la deuxième veille de la nuit, et le char brillant de l'Ourse commençait à décliner ; le repos, qui me fuit depuis long-temps, est venu apporter quelque relâche à mes maux, et un court sommeil a fermé doucement mes paupières appesanties, si l'on peut appeler

Quum subito nostros Hector ante oculos stetit :
Non qualis utro bella in Argivos ferens,
Graias petebat facibus Idæis rates;
Nec cæde multa qualis in Danaos furens
Vera ex Achille spolia simulato tulit.
Non ille vultus flammeum intendens jubar,
Sed fessus ac dejectus, et fletu gravis,
Similisque nostro, squalida obtectus coma.

Juvat tamen vidisse : tum quassans caput :
« Dispelle somnos, inquit, et natum eripe,
« O fida conjux! lateat : hæc una est salus.
« Omitte fletus. Troja quod cecidit, gemis?
« Utinam jaceret tota? Festina : amove
« Quocumque nostræ parvulam stirpem domus. »
Mihi gelidus horror ac tremor somnum excutit,
Oculosque nunc huc pavida, nunc illuc ferens,
Oblita nati, misera quæsivi Hectorem.
Fallax per ipsos umbra complexus abit.

O nate, magni certa progenies patris,
Spes una Phrygibus; unica afflictæ domus,
Veterisque soboles sanguinis nimium inclyti,
Nimiumque patri similis : hos vultus meus
Habebat Hector : talis incessu fuit,
Habituque talis, sic tulit fortes manus.
Sic celsus humeris, fronte sic torva minax.
Cervice fusam dissipans lata comam.

sommeil cet engourdissement de l'âme accablée sous le poids de ses douleurs. Tout à coup mon Hector s'est dressé devant moi, non tel qu'on l'avait vu portant la guerre au milieu des rangs ennemis, incendier les vaisseaux des Grecs ; ou bien, ivre de sang et de carnage, rentrer dans Troie après avoir pris sur un faux Achille les véritables armes du fils de Pélée. Son visage n'avait plus cet éclat majestueux et terrible qui l'animait jadis ; mais la douleur, l'abattement, les larmes, l'avaient rendu tout semblable aux nôtres ; ses cheveux tombaient en désordre et souillés.

Cependant, tel qu'il est, sa vue me réjouit ; alors, secouant sa tête : « Réveille-toi, me dit-il, et sauve ton fils, ô ma fidèle épouse ! cache-le, c'est le seul moyen d'assurer sa vie. Essuie tes larmes. Est-ce la chute de Troie que tu déplores ? Plût au ciel qu'elle eût déjà péri tout entière ! Hâte-toi, cache où tu pourras le faible et dernier rejeton de notre famille. » Un frisson d'horreur m'arrache toute tremblante au sommeil ; je porte partout mes yeux effrayés, et, sans penser à mon fils, je cherche mon époux autour de moi ; je lui tends les bras, mais son ombre vaine échappe aux efforts que je fais pour l'arrêter.

O mon fils, enfant trop reconnaissable d'un glorieux père, unique espoir des Phrygiens, unique appui de ta famille déchue, dernier rejeton d'une race antique et d'un sang trop illustre, et trop semblable toi-même à ton père ! voilà bien le visage de mon Hector, voilà bien sa démarche et tout son maintien ; c'est ainsi qu'il portait ses mains courageuses, c'est ainsi qu'il levait fièrement sa noble tête et son front menaçant, ombragé d'une

O nate sero Phrygibus, at matri cito,
Eritne tempus illud, ac felix dies,
Quo Troici defensor et vindex soli,
Recidiva ponas Pergama, et sparsos fuga
Cives reducas? nomen et patriæ suum,
Phrygibusque reddas? Sed mei fati memor,
Tam magna timeo vota : quod captis sat est,
Vivamus. Heu me, quis locus fidus meo
Erit timori? quave te sede occulam?
Arx illa pollens opibus et muris Deûm,
Gentes per omnes clara, et invidiæ capax,
Nunc pulvis altus : strata sunt flamma omnia,
Superestque vasta ex urbe ne tantum quidem,
Quo lateat infans : quem locum fraudi legam?
Est tumulus ingens conjugis cari sacer,
Verendus hosti; mole quem immensa parens
Opibusque magnis struxit, in luctus suos
Rex non avarus : optime credam patri.
Sudor per artus frigidus totos cadit.
Omen tremisco misera feralis loci.

SENEX.

Hæc causa multos una ab interitu arcuit,
Credi periisse.

ANDROMACHA.

      Vix spei quidquam est super.
Grave pondus illum, magna nobilitas, premit.

chevelure flottante qui tombait en boucles sur ses larges épaules. O mon fils, né trop tard pour les Troyens, mais trop tôt pour ta mère, un temps plus heureux viendra-t-il pour nous? et te verra-t-on un jour prendre en main la cause et la vengeance de ton pays, relever Pergame, et ramener de l'exil ses habitans dispersés? rendras-tu jamais à ta patrie sa gloire, et aux Phrygiens leur nom? Mais, en considérant ma position présente, je tremble de former de pareils vœux. Je suis prisonnière, il ne m'est pas permis d'espérer plus que la vie. Hélas! où trouver un endroit assez sûr pour mes alarmes? Dans quel asile te cacher, ô mon fils? Cette citadelle puissante, dont les hautes murailles, fortifiées par les dieux, excitaient partout l'admiration et l'envie, n'est plus qu'un amas de cendres; la flamme a tout détruit, et, de cette ville immense, il ne reste pas de quoi cacher un enfant! Quelle retraite choisir? Il y a le tombeau de mon époux, sanctuaire vénérable, que l'ennemi même n'oserait violer; édifice pompeux que Priam a fait construire à grands frais pour élever à sa royale douleur un monument digne d'elle. Je ne puis mieux confier mon fils qu'à son père. Malheureuse! une sueur glacée découle de tous mes membres; je suis effrayée de l'affreux présage que m'offre ce lieu funèbre.

LE VIEILLARD.

Plusieurs ont dû la vie au mensonge qui avait répandu le bruit de leur mort.

ANDROMAQUE.

Je conserve peu d'espoir. La haute naissance de mon fils pèse d'un poids terrible sur sa tête.

SENEX.

Ne prodat aliquis, amove testes doli.

ANDROMACHA.

Si quæret hostis?

SENEX.

Urbe in eversa periit.

ANDROMACHA.

Quid proderit latuisse redituro in manus?

SENEX.

Victor feroces impetus primos habet.

ANDROMACHA.

Quid? quod latere sine metu magno nequit?

SENEX.

Miser occupet præsidia, securus legat.

ANDROMACHA.

Quis te locus, quæ regio seducta, invia,
Tuto reponet? quis feret trepidis opem?
Quis proteget? Qui semper, etiam nunc tuos,
Hector, tuere; conjugis furtum piæ
Serva, et fideli cinere victurum excipe.
Succede tumulo, nate : quid retro fugis,
Turpesque latebras spernis? agnosco indolem.
Pudet timere : spiritus magnos fuga,
Animosque veteres : sume quos casus dedit.
En intuere, turba quæ simus super,

LES TROYENNES. ACTE III.

LE VIEILLARD.

Pour éviter qu'on ne vous trahisse, éloignez tout témoin.

ANDROMAQUE.

Et si l'ennemi vient le réclamer?

LE VIEILLARD.

Répondez qu'il a péri dans la ruine de Troie.

ANDROMAQUE.

A quoi servira de l'avoir caché, s'il faut qu'il retombe entre leurs mains?

LE VIEILLARD.

Le vainqueur est cruel dans le premier feu de sa colère.

ANDROMAQUE.

Mais cette retraite même est loin d'être sans danger.

LE VIEILLARD.

Quand on n'a rien à craindre, on peut choisir un asile; mais dans le malheur, il faut prendre le premier qui se présente.

ANDROMAQUE.

O mon fils, dans quels lieux, dans quelle contrée inaccessible, inconnue, puis-je te déposer en sûreté? Qui protégera notre faiblesse à tous les deux? qui nous défendra? Toi qui fus toujours l'appui de ta famille, Hector, défends-nous; recèle aujourd'hui le pieux larcin de ton épouse, conserve la vie de notre enfant, je le confie à tes cendres. Viens, entre dans le tombeau de ton père, ô mon fils! Mais tu te rejettes en arrière, tu dédaignes cet asile honteux. Je reconnais ta noble nature. Tu rougis de ma peur. Laisse là cet orgueil, quitte ces

Tumulus, puer, captiva : cedendum est malis.
Sanctas parentis conditi sedes, age,
Aude subire : fata si miseros juvant,
Habes salutem : fata si vitam negant,
Habes sepulcrum.

SENEX.

Claustra commissum tegunt.
Quem ne tuus producat in medium timor,
Procul hinc recede, teque diversam amove.

ANDROMACHA.

Levius solet timere, qui propius timet.
Sed, si placet, referamus hinc alio pedem.

SENEX.

Cohibe parumper ora, questusque opprime.
Gressus nefandos dux Cephallenum admovet.

ANDROMACHA.

Dehisce tellus, tuque, conjux, ultimo
Specu revulsam scinde tellurem, et Stygis
Sinu profundo conde depositum meum.
Adest Ulysses; et quidem dubio gradu
Vultuque : nectit pectore astus callidos.

ULYSSES.

Duræ minister sortis, hoc primum peto,
Ut, ore quamvis verba dicantur meo,
Non esse credas nostra : Graiorum omnium
Procerumque vox est, petere quos seras domos

sentimens de ta fortune passée, prends ceux que t'impose la nécessité présente. Regarde, et vois ce qui reste de nous : un tombeau, un enfant, une captive. Il faut se soumettre à son malheur; allons, ose entrer dans la sainte demeure où repose ton père : si le destin a pitié de nos malheurs, tu y trouveras la vie; s'il te la refuse, tu y trouveras du moins un tombeau.

LE VIEILLARD.

Les portes du monument funèbre se sont refermées sur votre précieux dépôt. De peur que vos alarmes ne le trahissent, éloignez-vous d'ici, et retirez-vous en quelque autre lieu.

ANDROMAQUE.

La crainte est plus légère quand elle a son objet plus près d'elle : cependant, puisque vous le voulez, allons-nous-en d'ici.

LE VIEILLARD.

Faites silence un moment, et contenez votre douleur. Le cruel roi d'Ithaque vient de ce côté.

ANDROMAQUE.

O terre, ouvre tes abîmes; et toi, cher Hector, perce la voûte souterraine des enfers, et cache dans le lit profond du Styx le dépôt que je t'ai confié. Voici Ulysse qui s'avance; son air et sa démarche équivoques m'annoncent qu'il ourdit en son sein quelque trame perfide.

ULYSSE.

Ministre d'un oracle barbare, je vous supplie d'abord de croire que les paroles qui vont sortir de ma bouche ne viennent pas de moi. Je suis la voix de tous les Grecs et de leurs princes, à qui le fils d'Hector ferme le che-

Hectorea soboles prohibet : hanc fata expetunt.
Sollicita Danaos pacis incertæ fides
Semper tenebit, semper a tergo timor
Respicere coget, arma nec poni sinet,
Dum Phrygibus animos natus eversis dabit,
Andromacha.

ANDROMACHA.
Vester augur hoc Calchas canit?
ULYSSES.
Et si taceret augur hæc Calchas, tamen
Dicebat Hector, cujus et stirpem horreo.
Generosa in ortus semina exsurgunt suos.
Sic ille magni parvus armenti comes,
Primisque nondum cornibus findens cutem,
Cervice subito celsus, et fronte arduus,
Gregem paternum ducit, ac pecori imperat.
Quæ tenera cæso virga de trunco stetit,
Par ipsa matri tempore exiguo subit,
Umbrasque terris reddit, et cælo nemus.
Sic male relictus igne de magno cinis
Vires resumit. Est quidem injustus dolor
Rerum æstimator; si tamen tecum exigas,
Veniam dabis, quod bella post hiemes decem,
Totidemque messes jam senex miles timet,
Aliasque clades rursus, ac nunquam bene
Trojam jacentem. Magna res Danaos movet,
Futurus Hector : libera Graios metu.
Hæc una naves causa deductas tenet;
Hic classis hæret. Neve crudelem putes,

min tant désiré de la patrie : les destins réclament cet enfant. Jamais les Grecs ne croiront à la possession paisible de leur conquête ; toujours la crainte les forcera de regarder derrière eux, et les empêchera de poser les armes, tant que votre fils, ô Andromaque, entretiendra chez les Troyens l'espoir de se relever de leurs ruines.

ANDROMAQUE.

Est-ce là encore un oracle de votre Calchas ?

ULYSSE.

Quand même Calchas n'eût rien dit, Hector lui seul parlerait assez haut ; son fils même nous effraie. L'héritier d'un noble père porte le cachet de sa puissante origine. Voyez le jeune compagnon d'un taureau superbe ; il est faible d'abord, et ses cornes naissantes n'ont point encore brisé l'enveloppe qui les recouvre ; mais bientôt il dresse la tête, agite son front menaçant, et règne à son tour sur le troupeau dont son père lui a cédé l'empire. Un faible rameau détaché d'un grand arbre abattu s'élève en peu de temps à la hauteur de la tige maternelle, répand sur la terre la même ombre, et déploie dans les cieux le même feuillage. Ainsi se ranime souvent avec une nouvelle force la cendre mal éteinte d'un vaste embrasement. La douleur est peu propre à juger sainement des choses ; cependant soyez juste, et vous trouverez nos guerriers excusables, vieillis comme ils sont par dix hivers et dix étés de combats, de craindre le retour de la guerre et des désastres nouveaux, et Troie encore menaçante, après tant d'efforts pour l'abattre. Le danger qui nous trouble est grand ; il ne s'agit de rien moins qu'un nou-

Quod sorte jussus Hectoris natum petam :
Petissem Orestem : patere, quod victor tulit.

ANDROMACHA.

Utinam quidem esses, nate, materna in manu,
Nossemque quis te casus ereptum mihi
Teneret, aut quæ regio! non hostilibus
Confossa telis pectus, aut vinclis manus
Secantibus præstricta, non acri latus
Utrumque flamma cincta, maternam fidem
Unquam exuissem. Nate, quis te nunc locus,
Fortuna quæ possedit? errore avio
Vagus arva lustras? vastus an patriæ vapor
Corripuit artus? sævus an victor tuo
Lusit cruore? numquid immanis feræ
Morsu peremptus pascis Idæas aves?

ULYSSES.

Simulata remove verba : non facile est tibi
Decipere Ulyssem : vicimus matrum dolos,
Etiam Dearum : cassa consilia amove.
Ubi natus est?

ANDROMACHA.

Ubi Hector? ubi cuncti Phryges?
Ubi Priamus? unum quæris : ego quæro omnia.

vel Hector; délivrez-nous de cette crainte : c'est la seule cause qui arrête nos vaisseaux prêts à déployer leurs voiles, le seul obstacle qui enchaîne ici notre flotte. Ne me regardez pas comme un homme cruel, parce que le sort m'a choisi pour venir prendre le fils d'Hector. S'il le fallait, je demanderais Oreste même à son père; résignez-vous à souffrir ce que votre vainqueur a souffert avant vous.

ANDROMAQUE.

O mon fils! que n'es-tu dans les bras de ta mère! que ne puis-je connaître le malheur qui t'a séparé de moi, le lieu qui te dérobe à ma tendresse! Le sein déchiré de traits, les mains chargées de chaînes et meurtries par le fer, entourée de feux dévorans, je serais toujours ta mère aimante et dévouée! O mon fils, où es-tu? Quel est ton sort? tes pas se sont-ils égarés dans des lieux solitaires? ton faible corps a-t-il été consumé dans l'embrasement de Troie? le vainqueur s'est-il fait un jeu barbare de ton sang? ou mis à mort par quelque bête cruelle, sers-tu maintenant de pâture aux vautours de l'Ida?

ULYSSE.

Épargnez-vous cette feinte inutile : vous ne réussirez pas à tromper Ulysse. Plus d'une fois j'ai su déjouer ces ruses de mères, mortelles ou déesses; laissez là ce vain artifice; où est votre fils?

ANDROMAQUE.

Où est Hector? où sont tous les Troyens? où est Priam? Vous ne vous informez que d'un seul, et moi je m'enquiers de tout un peuple.

ULYSSES.
Coacta dices, sponte quod fari abnuis.

ANDROMACHA.
Tuta est, perire quæ potest, debet, cupit.

ULYSSES.
Magnifica verba mors prope admota excutit.

ANDROMACHA.
Si vis, Ulysse, cogere Andromacham metu,
Vitam minare : nam mori votum est mihi.

ULYSSES.
Verberibus, igni, morte, cruciatu, eloqui
Quodcumque celas, adiget invitam dolor,
Et pectore imo condita arcana eruet.
Necessitas plus posse, quam pietas, solet.

ANDROMACHA.
Propone flammas, vulnera, et diras mali
Doloris artes, et famem, et sævam sitim,
Variasque pestes undique, et ferrum inditum
Visceribus ustis, carceris cæci luem,
Et quidquid audet victor iratus, tumens :
Animosa nullos mater admittit metus.

ULYSSES.
Stulta est fides, celare quod prodas statim.
Hic ipse, quo nunc contumax perstas, amor,
Consulere parvis liberis Danaos monet.

ULYSSE.

On vous forcera bien de dire ce que vous ne voulez pas déclarer volontairement.

ANDROMAQUE.

Une femme ne craint rien, quand elle peut, doit et veut mourir.

ULYSSE.

Ce langage est fier, mais il ne tiendra pas contre les approches de la mort.

ANDROMAQUE.

Si vous voulez agir sur moi par la terreur, menacez-moi de la vie; car je ne forme qu'un vœu, c'est de mourir.

ULYSSE.

A force de coups, de feux, de tourmens et de souffrances, la douleur vous fera parler malgré vous, et arrachera du fond de votre cœur le secret que vous y cachez. La nécessité, d'ordinaire, est plus forte que l'amour.

ANDROMAQUE.

Apprêtez la flamme, les coups, tous les raffinemens de la barbarie, la faim, la soif, tous les fléaux imaginables, le fer brûlant plongé dans les entrailles, l'horreur d'un cachot ténébreux et infect, tout ce qu'un vainqueur féroce et impitoyable peut inventer de supplices, rien ne pourra jamais ébranler le courage d'une mère intrépide.

ULYSSE.

Il n'y a point de sagesse à cacher un secret que vous allez être bientôt forcée de trahir. Cet amour même, dans lequel vous vous retranchez si obstinément, doit réveiller

Post arma tam longinqua, post annos decem,
Minus timerem quos facit Calchas metus,
Si mihi timerem : bella Telemacho paras.

ANDROMACHA.

Invita Ulyssi gaudium ac Danais dabo.
Dandum est : fatere, quos premis luctus, dolor.
Gaudete, Atridæ; tuque lætifica, ut soles,
Refer Pelasgis : Hectoris proles obiit!

ULYSSES.

Et esse verum hoc qua probas Danais fide?

ANDROMACHA.

Ita quod minari maximum victor potest,
Contingat, et me fata maturo exitu
Facilique solvant, ac meo condant solo,
Et patria tellus Hectorem leviter premat;
Ut luce cassus inter exstinctos jacet,
Datusque tumulo debita exanimis tulit.

ULYSSES.

Expleta fata, stirpe sublata Hectoris,
Solidamque pacem lætus ad Danaos feram.

Quid agis, Ulysse? Danaidæ credent tibi?
Tu cui? parenti : fingit an quisquam hoc parens,

la tendresse des Grecs pour leurs enfans encore jeunes. Après une expédition si lointaine, après dix années de combats, je craindrais peu pour moi-même le danger dont Calchas nous menace. Mais je tremble pour mon fils Télémaque.

ANDROMAQUE.

Il m'en coûte de donner à Ulysse et aux Grecs un sujet de joie, mais il le faut. Laisse échapper, ô ma douleur, le secret que tu renfermes dans mon sein. Réjouissez-vous, Atrides! et vous, Ulysse, rapportez encore cette heureuse nouvelle aux Grecs : le fils d'Hector n'est plus.

ULYSSE.

Et quelle assurance nous donnez-vous de ce que vous avancez?

ANDROMAQUE.

Puisse le plus grand mal que j'aie à craindre du vainqueur se réaliser! puissé-je bientôt mourir, comme je l'espère, et trouver un tombeau sur le sol de Troie! puisse la terre de la patrie enfermer doucement les cendres d'Hector, comme il est vrai que mon fils, privé de la lumière, habite maintenant parmi les morts, et que, reçu dans la tombe, il est entré dans le repos de ceux qui ne sont plus!

ULYSSE.

Je suis heureux de pouvoir annoncer aux Grecs, que, par le trépas du fils d'Hector, les destins sont accomplis et la paix assurée.

Que vas-tu faire, Ulysse? Les Grecs te croiront-ils? Qui crois-tu toi-même? une mère. Mais quelle mère a

Nec abominandæ mortis auspicium pavet?
Auspicia metuunt, qui nihil majus timent.
Fidem alligavit jurejurando suam.
Si pejerat, timere quod gravius potest?
Nunc advoca astus, anime; nunc fraudes, dolos,
Et totum Ulyssem : veritas nunquam perit.
Scrutare matrem : mœret, illacrimat, gemit,
Et huc et illuc anxios gressus refert,
Missasque voces aure sollicita excipit.
Magis hæc timet, quam mœret : ingenio est opus.

Alios parentes alloqui in luctu decet :
Tibi gratulandum est, misera, quod nato cares,
Quem mors manebat sæva, præcipitem datum
E turre, lapsis sola quæ muris manet.

ANDROMACHA.
Me liquit animus, membra quatiuntur, labant,
Torpetque vinctus frigido sanguis gelu.
ULYSSES.
Intremuit : hac, hac parte quærenda est mihi.
Matrem timor detexit : iterabo metum.
Ite, ite, celeres, fraude materna abditum
Hostem Pelasgi nominis, pestem ultimam,
Ubicumque latitat, erutam in medium date.
Bene est : tenetur : perge, festina, attrahe.
Quid respicis, trepidasque? jam certe perit.

jamais inventé une pareille imposture, sans craindre l'effet d'un affreux présage de mort ? Quand on n'a rien de plus à craindre, on redoute au moins les présages. Elle a garanti par un serment la vérité de ses paroles, s'est-elle parjurée ? Mais que peut-elle craindre de plus terrible qu'un parjure ? Il faut ici déployer toutes tes ressources, ô mon esprit, toutes tes ruses, tous tes moyens, montrer Ulysse tout entier. La vérité ne peut jamais se perdre. Observe ici la mère : elle s'afflige, elle pleure, elle gémit, elle porte çà et là ses pas inquiets, et prête une oreille attentive à tous les sons qui la frappent. Il y a en elle plus de crainte que de douleur. C'est ici que j'ai besoin de tout mon génie.

Avec toute autre mère, il me faudrait employer le langage de la douleur ; mais vous, dans votre infortune, il faut vous féliciter d'avoir perdu un fils destiné à une mort cruelle, et qu'on eût précipité du haut de la tour qui seule subsiste encore sur les débris d'Ilion.

ANDROMAQUE.

Ah ! je me sens mourir ; tout mon corps tremble et chancelle ; un froid glacial fige mon sang dans mes veines.

ULYSSE.

Elle a tremblé ! Voilà, oui, voilà l'endroit par où je dois l'attaquer. La mère s'est trahie par cet effroi ; il faut frapper un second coup. Allez, courez, cherchez partout cet enfant caché par sa mère, ce dernier ennemi des Grecs, tirez-le de sa retraite, et l'amenez ici. C'est bien, vous le tenez, hâtez-vous de le prendre et de le faire sortir.

Pourquoi vous retourner ? pourquoi trembler ainsi ? Vous savez bien qu'il est mort.

ANDROMACHA.

Utinam timerem! solitus ex longo est metus.
Dediscit animus sero, quod didicit diu.

ULYSSES.

Lustrale quoniam debitum muris puer
Sacrum antecessit, nec potest vatem sequi
Meliore fato raptus, hoc Calchas ait
Modo piari posse redituras rates,
Si placet undas Hectoris sparsi cinis,
Ac tumulus imo totus æquetur solo.
Nunc ille quoniam debitam effugit necem,
Erit admovenda sedibus sacris manus.

ANDROMACHA.

Quid agimus? animum distrahit geminus timor:
Hinc natus, illinc conjugis cari cinis.
Pars utra vincet? testor immites Deos,
Deosque veros, conjugis manes mei,
Non aliud, Hector, in meo nato mihi
Placere, quam te : vivat, ut possit tuos
Referre vultus. Prorutus tumulo cinis
Mergetur? ossa fluctibus spargi sinam
Disjecta vastis? potius hic mortem oppetat.
Poteris nefandæ deditum mater neci
Videre? poteris celsa per fastigia
Missum rotari? potero : perpetiar, feram,
Dum non meus post fata victoris manu
Jactetur Hector. Hic suam pœnam potest
Sentire; at illum fata jam in tuto locant.
Quid fluctuaris? statue, quem pœnæ extrahas.

ANDROMAQUE.

Plût au ciel que je craignisse en effet! Ce n'est qu'un retour de mes terreurs passées : on finit par oublier ce qu'on a eu le malheur de trop bien savoir.

ULYSSE.

Puisque la victime expiatoire qui devait être immolée sur ces murs a prévenu le sacrifice, et qu'une mort plus heureuse l'empêche d'accomplir l'oracle, il est un autre moyen d'assurer le retour de notre flotte, et Calchas nous l'a fait connaître : c'est de jeter à la mer les cendres d'Hector, et de détruire son tombeau jusqu'en ses fondemens. Si donc votre fils a échappé au trépas qui l'attendait, nous allons porter nos mains sur ce monument vénérable.

ANDROMAQUE.

Que faire? Une double crainte partage mon âme : d'un côté mon fils, de l'autre la cendre de mon cher époux. Qui des deux l'emportera? J'en atteste les dieux impitoyables, et tes mânes sacrés, mes véritables dieux à moi, que je n'aime dans mon fils que toi-même, ô mon Hector! qu'il vive donc, pour me conserver ton image. Mais quoi! souffrir que ta cendre soit tirée de la tombe et dispersée! que tes os soient semés dans le vaste sein des mers! Non, meure plutôt mon fils. — Pourras-tu, malheureuse mère, supporter le spectacle de sa mort cruelle? pourras-tu le voir, lancé de si haut, tournoyer dans l'air jusqu'à ce qu'il se brise en tombant? Oui, je le pourrai, je le supporterai, je le souffrirai, pourvu que mon époux ne soit pas après sa mort le jouet d'un vainqueur outrageux. Mais cet enfant peut sentir son

Ingrata, dubitas? Hector est illic tuus.
Erras : utrinque est Hector : hic sensus potens,
Forsan futurus ultor exstincti patris.
Utrique parci non potest : quidnam facis?
Serva e duobus, anime, quem Danai timent.

ULYSSES.

Responsa peragam : funditus busta eruam.

ANDROMACHA.

Quæ vindidistis?

ULYSSES.

        Pergam, et e summo aggere
Traham sepulcra.

ANDROMACHA.

    Cælitum appello fidem,
Fidemque Achillis : Pyrrhe, genitoris tui
Munus tuere.

ULYSSES.

      Tumulus hic campo statim
Toto jacebit.

ANDROMACHA.

     Fuerat hoc prorsus nefas
Danais inausum : templa violastis, Deos
Etiam faventes : busta transierat furor.
Resistam : inermes offeram armatis manus.
Dabit ira vires : qualis Argolicas ferox
Turmas Amazon stravit; aut qualis Deo

malheur, tandis que son père a trouvé dans le trépas un asile contre la souffrance. Pourquoi balancer? Décide-toi; lequel veux-tu sauver? Tu hésites, ingrate épouse, quand ton Hector est là devant toi! Mais non : père ou fils, c'est toujours Hector; celui-ci est vivant, et peut-être un jour il vengera la mort de son père. Tu ne peux les sauver l'un et l'autre; que veux-tu faire? Il faut conserver celui des deux que les Grecs redoutent.

ULYSSE.

Je vais accomplir l'oracle, je vais détruire le tombeau d'Hector.

ANDROMAQUE.

Après l'avoir vendu?

ULYSSE.

Je vais faire ce que j'ai dit, je vais renverser de sa base ce monument funèbre.

ANDROMAQUE.

J'en appelle aux dieux, j'en appelle à Achille. Pyrrhus, venez garantir les bienfaits de votre père!

ULYSSE.

Dans un moment les débris de cet édifice auront couvert le sol.

ANDROMAQUE.

C'est un sacrilège que les Grecs n'avaient pas encore osé commettre; vous avez profané le sanctuaire des dieux, malgré leurs bontés pour vous; mais jusqu'ici votre fureur avait respecté les tombeaux. Je m'opposerai à vos efforts impies; mes mains désarmées iront au devant de vos armes. La colère me donnera des forces. Comme

Percussa Mænas, entheo silvas gradu
Armata thyrso terret, atque expers sui
Vulnus dedit, nec sensit; in medios ruam,
Tumuloque cineris socia defenso cadam.

ULYSSES.

Cessatis? et vos flebilis clamor movet,
Furorque cassus feminæ? jussa ocius
Peragite.

ANDROMACHA.

Me, me sternite hic ferro prius.
Repellor? heu me! rumpe fatorum moras.
Molire terras, Hector, ut Ulyssem domes.
Vel umbra satis est : arma concussit manu.
Jaculatur ignes : cernitis, Danai, Hectorem?
An sola video?

ULYSSES.

Funditus cuncta erue.

ANDROMACHA.

Quid agis? ruina mater et natum et virum
Prosternis una : forsitan Danaos prece
Placare poteris; conditum elidet statim
Immane busti pondus : intereat miser
Ubicumque potius, ne pater natum obruat,
Prematque patrem natus. Ad genua accido
Supplex, Ulysses, quamque nullius pedes
Novere dextram, pedibus admoveo tuis.
Miserere matris, et preces placidus pias

l'Amazone courageuse qui renversa les bataillons d'Argos, ou comme cette Ménade qui, dans sa fureur divine, brandissant le thyrse de Bacchus, portait la terreur au fond des bois, et, dans son emportement aveugle, donna la mort sans le savoir; je m'élancerai au milieu de vous, et mourrai sur cette cendre chérie en défendant le tombeau d'Hector.

ULYSSE.

Quoi! vous n'êtes pas à l'œuvre? Les cris plaintifs et la fureur impuissante d'une femme font impression sur vous? Allons, hâtez-vous de m'obéir.

ANDROMAQUE.

Moi, c'est moi qu'il faut renverser d'abord. On me repousse, ô malheur! Brise les liens du trépas, ô mon époux! perce la terre, et délivre-moi d'Ulysse! il suffit pour cela de ton ombre. Sa main agite ses armes et lance des feux! Le voyez-vous, Grecs, mon Hector, ou suis-je seule à le voir?

ULYSSE.

Renversez tout jusqu'à la base.

ANDROMAQUE.

Que fais-tu, malheureuse? tu veux envelopper dans la même ruine ton époux et ton fils! Tes prières peut-être attendriront les Grecs; mais certainement ton fils, caché dans ce tombeau, va périr sous la chute de cette masse énorme. Qu'il périsse plutôt, le malheureux, partout ailleurs qu'ici, où le père écraserait le fils, où le fils tomberait sur la cendre du père. Vous me voyez à vos pieds, Ulysse, et j'embrasse vos genoux de ces mains qui n'en ont jamais touché d'autres. Prenez pitié d'une mère,

Patiensque recipe; quoque te celsum altius
Superi levarunt, mitius lapsos preme :
Misero datur quodcumque, fortunæ datur.
Sic te revisat conjugis sanctæ torus,
Annosque, dum te recipit, extendat suos
Laerta! sic te juvenis excipiat tuus,
Et vota vincens vestra felici indole,
Ætate avum transcendat, ingenio patrem!
Miserere matris : unicum afflictæ mihi
Solamen hoc est.

ULYSSES.
Exhibe natum, et roga.

ANDROMACHA.
Huc e latebris procede tuis,
Flebile matris furtum miseræ.
Hic est, hic est, terror, Ulysse,
Mille carinis. Submitte manus,
Dominique pedes supplice dextra
Stratus adora : nec turpe puta,
Quidquid miseros Fortuna jubet.
Pone ex animo reges atavos,
Magnique senis jura per omnes
Inclita terras : excidat Hector.
Gere captivum; positoque genu,
Si tua nondum funera sentis,
Matris fletus imitare tuæ.
Vidit pueri regis lacrimas
Et Troja prior, parvusque minas
Trucis Alcidæ flexit Priamus.
Ille, ille ferox, cujus vastis

écoutez avec douceur et bonté ses prières timides, et mesurez à votre grandeur la compassion que vous devez à ceux que le ciel a mis à vos pieds. Toute grâce accordée à un malheureux est une avance faite à la fortune. Ainsi puissent les dieux vous garder pur le lit de Pénélope! puisse Laërte prolonger sa vie après vous avoir reçu dans ses bras! puisse votre fils vous revoir, et, comblant les vœux de ses parens, surpasser les années de son aïeul et l'intelligence de son père! Prenez pitié d'une mère, cet enfant est la seule consolation qui me reste dans mes malheurs.

ULYSSE.

Livrez-moi d'abord votre fils, et j'écouterai vos prières.

ANDROMAQUE.

Parais, sors de ta retraite, malheureux larcin de ta mère infortunée! Voilà donc, Ulysse, la terreur de vos mille vaisseaux! Joins tes mains, pauvre enfant, et embrasse les genoux de ton maître; ne regarde point comme une honte cet abaissement où la fortune réduit ceux qu'elle accable. Chasse de ta mémoire les rois tes ancêtres, et le sceptre glorieux de ton aïeul dont le nom remplissait la terre; oublie Hector, et ne sois plus qu'un captif; plie tes genoux, et si tu ne comprends pas encore le malheur qui t'attend, pleure au moins pour imiter ta mère. Troie a vu autrefois un de ses princes pleurer tout enfant, et le jeune Priam a trouvé grâce devant la colère d'Hercule. Ce héros impitoyable, dont la force a vaincu tous les monstres; qui, brisant les portes de l'enfer, s'ouvrit une voie pour remonter du séjour des morts, s'est laissé vaincre aux larmes de son faible en-

Viribus omnes cessere feræ;
Qui perfracto limine Ditis
Cæcum retro patefecit iter,
Hostis parvi victus lacrimis :
« Suscipe, dixit, rector, habenas,
Patrioque sede celsus solio,
Sed sceptra fide meliore tene. »
Hoc fuit illo victore capi.
Discite mites Herculis iras.
An sola placent Herculis arma?
Jacet ante pedes non minor illo
Supplice supplex, vitamque petit :
Regnum Trojæ, quocumque volet,
     Fortuna ferat.

SCENA II.

ULYSSES, ANDROMACHA, ASTYANAX.

ULYSSES.

Matris quidem me mœror attonitæ movet :
Magis Pelasgæ me tamen matres movent,
Quarum iste magnos crescit in luctus puer.

ANDROMACHA.

An has ruinas urbis in cinerem datas
Hic excitabit? hæ manus Trojam erigent?
Nullas habet spes Troja, si tales habet.
Non sic jacemus Troes, ut cuiquam metus

nemi, et lui a dit : « Reprends les rênes de ton empire, assieds-toi sur le trône de ton père, mais sois plus fidèle et plus juste que lui. » Tel fut le sort du prisonnier d'Hercule; imitez sa douceur dans la vengeance. Voudriez-vous ne lui ressembler que par la victoire? Un suppliant non moins auguste est à vos pieds, et vous demande la vie; ne la refusez pas, et que la fortune fasse de l'empire de Troie ce qu'elle voudra.

SCÈNE II.

ULYSSE, ANDROMAQUE, ASTYANAX.

ULYSSE.

Je suis sensible sans doute à la douleur d'une mère; mais je dois plus d'intérêt encore aux femmes de la Grèce, pour qui votre fils, en grandissant, deviendrait une source de maux.

ANDROMAQUE.

Croyez-vous qu'il relève un jour cette ville réduite en cendres? que ses faibles mains fassent sortir Ilion de ses ruines? Si Troie n'a d'espoir qu'en lui, elle n'a plus d'espoir. Nous ne sommes pas si peu abattus que nous

Possimus esse : spiritus genitor facit?
Sed nempe tractus : ipse post Trojam pater
Posuisset animos, magna quos frangunt mala.
Si pœna petitur, quæ peti gravior potest?
Famulare collo nobili subeat jugum.
Servire liceat : aliquis hoc regi negat?

ULYSSES.

Non hoc Ulysses, sed negat Calchas tibi.

ANDROMACHA.

O machinator fraudis, o scelerum artifex,
Virtute cujus bellica nemo occidit,
Dolis et astu maleficæ mentis jacent
Etiam Pelasgi; vatem et insontes Deos
Prætendis? hoc est pectoris facinus tui,
Nocturne miles, fortis in pueri necem.
Jam solus audes aliquid, et claro die.

ULYSSES.

Virtus Ulyssis Danaidis nota est satis,
Nimisque Phrygibus : non vacat vanis diem
Conterere verbis : ancoras classis legit.

ANDROMACHA.

Brevem moram largire, dum officium parens
Nato supremum reddo, et amplexu ultimo
Avidos dolores satio.

puissions encore inspirer la moindre crainte. Son père
enflerait-il son courage? Oui, traîné autour des murs,
peut-être : l'excès des maux brise l'âme; Hector lui-même
n'eût pas résisté à la chute de Troie. Est-ce votre vengeance, que vous voulez poursuivre sur cet enfant?
Mais n'est-ce pas assez, grands dieux! que sa noble tête
se courbe sous le joug de l'esclavage? que pouvez-vous
exiger de plus? Accordez-lui la servitude, c'est une faveur qu'on n'a jamais refusée à un roi.

ULYSSE.

Ce n'est pas Ulysse, mais Calchas qui vous la refuse.

ANDROMAQUE.

O homme plein d'artifice! ô artisan de crimes, dont
la valeur guerrière n'a jamais été funeste à aucun ennemi, mais dont les perfidies et les trames coupables
ont coûté la vie même à des Grecs! peux-tu faire servir
ainsi le nom de Calchas et des dieux de prétexte à ta
barbarie? Voilà bien un exploit digne de ton courage,
soldat de nuit, qui n'as de hardiesse que pour demander
la mort d'un enfant! Tu en es venu enfin à oser quelque
chose tout seul, et en plein jour!

ULYSSE.

La valeur d'Ulysse est suffisamment connue des
femmes de Troie, et plus encore de leurs époux. Nous
n'avons pas le temps de perdre tout un jour en plaintes
inutiles. On lève les ancres de nos vaisseaux.

ANDROMAQUE.

Je réclame du moins un court délai, le temps de
rendre à mon fils les devoirs suprêmes, et de rassasier ma
douleur dans un dernier embrassement.

ULYSSES.
Misereri tui
Utinam liceret! quod tamen solum licet,
Tempus moramque dabimus : arbitrio tuo
Implere lacrimis : fletus ærumnas levat.

ANDROMACHA.
O dulce pignus! o decus lapsæ domus!
Summumque Trojæ funus! o Danaûm timor!
Genitricis o spes vana! cui demens ego
Laudes parentis bellicas, annos avi
Medios precabar : vota destituit Deus.
Iliaca non tu sceptra regali potens
Gestabis aula; jura nec populis dabis,
Victasque gentes sub tuum mittes jugum :
Non Graia cædes terga : non Pyrrhum trahes;
Non arma tenera parva tractabis manu;
Sparsasque passim saltibus latis feras
Audax sequeris; nec stato lustri die
Solemne referens Troici lusus sacrum,
Puer citatas nobilis turmas ages :
Non inter aras, mobili velox pede,
Revocante flexo concitos cornu modos,
Barbarica prisco templa saltatu coles.
O morte dira tristius leti genus!
Flebilius aliquid Hectoris magni nece
Muri videbunt.

ULYSSES.
Rumpe jam fletus, parens.

ULYSSE.

Plût aux dieux que je pusse me laisser attendrir à vos plaintes ! Tout ce que je puis faire, c'est de vous accorder quelques momens : que vos pleurs s'épanchent librement, les larmes répandues soulagent la douleur.

ANDROMAQUE.

O toi, le tendre gage de mon amour! l'orgueil d'une famille déchue! ô toi, la dernière mort d'Ilion, la terreur des Grecs et la vaine espérance de ta mère, qui dans son aveuglement rêvait pour toi les triomphes de ton père et les florissantes années de ton aïeul! le ciel a condamné mes vœux. Tu ne porteras point le sceptre des rois sur le trône pompeux d'Ilion. Tu ne domineras point sur les peuples, et tu ne rangeras point de nations vaincues sous ton obéissance. Tu ne verras point les Grecs fuir tremblans devant toi ; tu ne traîneras point Pyrrhus derrière ton char. On ne te verra pas exercer tes jeunes mains aux jeux guerriers de l'enfance, ni poursuivre avec ardeur les animaux fuyant à travers les bois ; on ne te verra pas, le lustre accompli, célébrer la solennité sainte des jeux troyens, et commander à cheval l'élite brillante de la jeunesse. Jamais tes pas légers ne se mêleront, devant les autels, à ces danses mystiques des temples de Phrygie, dont les sons religieux de la flûte recourbée enflamment les mouvemens rapides. — O genre de mort plus cruel que la mort même, et qui fera voir à ces murailles un supplice plus affreux que celui d'Hector!

ULYSSE.

Cessez vos plaintes, pauvre mère! les grandes

Magnus sibi ipse non facit finem dolor.

ANDROMACHA.

Lacrimis, Ulysse (parva, quam petimus, mora est)
Concede, parvos ut mea condam manu
Viventis oculos. Occidis parvus quidem,
Sed jam timendus. Troja te exspectat tua :
I, vade liber; liberos Troas vide.

ASTYANAX.

Miserere, mater!

ANDROMACHA.

Quid meos retines sinus,
Manusque matris? cassa præsidia occupas.
Fremitu leonis qualis audito tener
Timidum juvencus applicat matri latus;
At ille sævus, matre summota, leo,
Prædam minorem morsibus vastis premens,
Frangit, vehitque : talis e nostro sinu
Te rapiet hostis. Oscula et fletus, puer,
Lacerosque crines excipe, et plenus mei
Occurre patri : pauca maternæ tamen
Perfer querelæ verba : « Si manes habent
Curas priores, nec perit flammis amor,
Servire Graio pateris Andromachen jugo,
Crudelis Hector? lentus et segnis jaces?
Rediit Achilles. » Sume nunc iterum comas,
Et sume lacrimas, quidquid e misero viri
Funere relictum est; sume, quæ reddas tuo
Oscula parenti : matri hanc solatio
Relinque vestem; tumulus hanc tetigit meus,

douleurs ne savent point s'arrêter d'elles-mêmes.

ANDROMAQUE.

Ulysse, je ne vous demande qu'un moment; laissez-moi fermer de mes mains les yeux de mon fils encore vivant. Tu meurs jeune, mon enfant, mais déjà redoutable. La destinée de ton pays t'entraîne. Va, meurs libre encore; va rejoindre les Troyens qui sont morts libres aussi.

ASTYANAX.

Ayez pitié de moi, ma mère!

ANDROMAQUE.

Pourquoi t'attacher à mon sein et à mes bras? C'est un vain refuge pour ta vie. Au cri terrible du lion, le jeune taureau se serre en tremblant contre sa mère; mais le ravisseur impitoyable repousse la mère, et, ouvrant sa large gueule, saisit le faible nourrisson, le déchire et l'emporte. Ainsi le vainqueur va te ravir de mes bras. Reçois mes baisers et mes larmes, cher enfant, et mes cheveux arrachés; prends de tout ce qui est à moi pour aller rejoindre ton père. Répète-lui cependant ce reproche de son épouse: « Si les mânes conservent encore les pensées de la vie; si l'amour ne s'éteint pas avec les flammes du bûcher, peux-tu bien, cruel Hector, laisser ton Andromaque soumise au joug des Grecs? Tu ne te réveilles pas? tu ne sors pas de la tombe? Achille en est pourtant sorti. » Reçois encore de mes cheveux, cher enfant; reçois encore de mes larmes; prends de tout ce que la mort de mon époux m'a laissé; prends de mes baisers, pour les rendre à ton père. Laisse-moi ce vêtement, comme une faible consolation dans ma douleur:

Manesque cari : quidquid hic cineris latet,
Scrutabor ore.

ULYSSES.
Nullus est flendi modus.
Abripite propere classis Argolicæ moram.

SCENA III.

CHORUS TROADUM.

Quæ vocat sedes habitanda captas?
Thessali montes, et opaca Tempe?
An viros tellus dare militares
Aptior Phthie? meliorque fetu
Fortis armenti lapidosa Trachin?
An maris vasti domitrix Iolcos?
Urbibus centum spatiosa Crete?
Parva Gortyne, sterilisque Tricce?
An frequens ruscis levibus Mothone,
Quæ sub OEtæis latebrosa silvis
Misit infestos Trojæ ruinis
   Non semel arcus?
Olenos tectis habitata raris?
Virginis Pleuron inimica Divæ?
An maris lati sinuosa Trœzen?
Pelion regnum Prothoi superbum,
Tertius cælo gradus? hic recumbens

il a touché les restes sacrés de mon Hector, et ses mânes chéris; mes lèvres recueilleront tout ce qui s'y est attaché de sa cendre.

ULYSSE.

La douleur ne sait point se modérer. Emportez cet enfant, qui seul enchaîne ici notre flotte.

SCÈNE III.

CHOEUR DE TROYENNES.

Quel sera le lieu de votre exil, pauvres captives? Les montagnes de Thessalie et les frais ombrages de Tempé? ou Phthie, contrée féconde en guerriers courageux? ou Trachine, dont l'âpre sol nourrit de sauvages troupeaux? ou Iolchos, régnant en souveraine sur une vaste mer? ou la Crète avec ses cent villes? ou la faible Gortyne et la stérile Triccé? ou Mothone, avec ses légères forêts de houx? ou la ville qui s'élève au pied des flancs caverneux de l'OEta, et qui deux fois envoya contre Ilion ses arcs redoutables? Olènes aux maisons rares? Pleuron, odieuse à la chaste Diane? Trézène, qui borde au loin le rivage sinueux de la mer? le Pélion, domaine de l'orgueilleux Prothoüs, et le dernier degré de l'échelle des Titans? C'est dans un antre de cette montagne, creusée par le temps, que Chiron instruisait la terrible enfance de son élève, et enflammait son ardeur guerrière par des récits de combats qu'il chantait sur sa lyre. Sera-ce

Montis excsi spatiosus antro,
Jam trucis Chiron pueri magister,
Tinnulas plectro feriente chordas,
Tunc quoque ingentes acuebat iras
        Bella canendo.
An ferax varii lapidis Carystos?
An premens litus maris inquieti
Semper Euripo properante Chalcis?
Quolibet vento faciles Calydnæ?
An carens nunquam Gonoessa vento?
Quæque formidat Borean Enispe?
Attica pendens Peparethos ora?
An sacris gaudens tacitis Eleusin?
Numquid Ajacis Salamina veram?
Aut fera notam Calydona sæva?
Quasque perfundit subiturus æquor
Segnibus terras Titaressos undis?
Bessan et Scarphen? Pylon an senilem?
Pharin? an Pisam, Jovis et coronis
        Elida claram?
Quolibet tristis miseras procella
Mittat, et donet cuicumque terræ,
Dum luem tantam Trojæ atque Achivis
Quæ tulit, Sparte procul absit: absit
Argos, et sævi Pelopis Mycenæ;
Neritos parva, brevior Zacyntho,
Et nocens saxis Ithace dolosis.
Quod manet fatum, dominusque quis te,
Aut quibus terris, Hecube, videndam
Ducet? in cujus moriere regno?

Caryste, célèbre par la beauté de ses marbres tachetés ? Chalcis, élevée sur le bord d'une mer orageuse, et qui voit l'Euripe ronger incessamment la terre sous ses pieds ? les îles Calydnes, où mènent tous les vents ? Gonoesse, toujours battue par leur souffle impétueux ? Énispe, qui redoute le souffle de Borée ? Péparèthe, qui semble attachée aux côtes de l'Attique ? Éleusis, révérée pour ses mystères ineffables ? Irons-nous à la ville d'Ajax, la vraie Salamine ? ou vers Calydon, connue par le monstre sauvage qui la désolait ? ou vers les terres que le Titaressus arrose de ses flots paresseux avant de se perdre dans la mer ? Quel sera le lieu de notre exil ? Bessa et Scarphé ? la vieille Pylos ? Pharis ? Pisa, et l'Élide, fameuse par les jeux qu'elle célèbre en l'honneur de Jupiter ?

Ah ! malheureuses ! que le vent de l'exil nous emmène où il voudra, peu nous importe la terre qui doit nous recevoir, pourvu que nous soyons loin de Sparte, qui a nourri dans ses murs le fléau des Troyens et des Grecs; loin d'Argos, loin de Mycènes, patrie du cruel Pélops; loin de la faible Nérite et de l'humble Zacynthe; loin d'Itaque et de ses écueils cachés sous les flots. Et vous, malheureuse Hécube, quel est le sort qui vous attend ? Quel sera votre maître, et dans quel pays vous emmènera-t-il pour vous donner en spectacle à ses peuples ? Dans quel royaume étranger devez-vous mourir ?

ACTUS QUARTUS.

SCENA I.

HELENA, ANDROMACHA, HECUBA, POLYXENA,
MUTA PERSONA.

HELENA.
Quicumque hymen funestus, illætabilis,
Lamenta, cædes, sanguinem, gemitus habet,
Est auspice Helena dignus. Eversis quoque
Nocere cogor Phrygibus : ego Pyrrhi toros
Narrare falsos jubeor; ego cultus dare,
Habitusque Graios : arte capietur mea,
Meaque fraude concidet Paridis soror.
Fallatur : ipsi levius hoc equidem reor.
Optanda mors est, sine metu mortis mori.
Quid jussa cessas agere? ad auctores redit
Sceleris coacti culpa.

                    Dardaniæ domus
Generosa virgo, melior afflictos Deus
Respicere cœpit; teque felici parat
Dotare thalamo : tale conjugium tibi

ACTE QUATRIÈME.

SCÈNE I.

HÉLÈNE, ANDROMAQUE, HÉCUBE, POLYXÈNE,
PERSONNAGE MUET.

HÉLÈNE.

Tout hymen détestable et funeste, source de pleurs et de carnage, de douleur et de sang, mérite d'être célébré sous les auspices d'Hélène. Même après leur défaite, il faut, malgré moi, que je fasse encore du mal aux Troyens. On m'ordonne de demander la fiancée pour le prétendu mariage de Pyrrhus, de lui donner la parure et le vêtement des femmes grecques; c'est moi enfin qui suis chargée d'abuser et de conduire adroitement à la mort la sœur de Pâris. Trompons-la donc : l'erreur même sera pour elle une voie plus douce. C'est un bonheur de mourir sans craindre la mort. Pourquoi différer d'accomplir ce message? Puisqu'on t'y contraint, l'odieux de ce crime doit retourner sur ceux qui l'ont ordonné.

Généreuse fille de Priam, un dieu plus doux a pris en pitié les malheurs de votre famille, et vous prépare un heureux hyménée; Troie elle-même, dans toute sa puissance, Priam, dans toute sa gloire, ne vous en offri-

Non ipsa sospes Troja, non Priamus daret.
Nam te Pelasgæ maximum gentis decus
Ad sancta lecti jura legitimi petit,
Cui regna campi lata Thessalici patent.
Te magna Tethys, teque tot pelagi Deæ,
Placidumque numen æquoris tumidi Thetis
Suam vocabunt : te datam Pyrrho socer
Peleus nurum vocabit, et Nereus nurum.
Depone cultus squalidos, festos cape.
Dedisce captam : deprime horrentes comas,
Crinemque docta patere distingui manu.
Hic forsitan te casus excelso magis
Solio reponet : profuit multis capi.

ANDROMACHA.

Hoc deerat unum Phrygibus eversis malum,
Gaudere? flagrant strata passim Pergama :
O conjugale tempus! an quisquam audeat
Negare? quisquam dubius ad thalamos eat,
Quos Helena suadet? Pestis, exitium, lues
Utriusque populi! cernis hos tumulos ducum?
Et nuda totis ossa quæ passim jacent
Inhumata campis? hæc hymen sparsit tuus.
Tibi fluxit Asiæ, fluxit Europæ cruor;
Quum dimicantes lenta prospiceres viros,
Incerta voti. Perge, thalamos appara.
Tædis quid opus est? quidve solemni face?
Quid igne? thalamis Troja prælucet novis.
Celebrate Pyrrhi, Troades, connubia;
Celebrate digne : planctus et gemitus sonent.

raient pas de plus brillant. Le plus noble des enfans de
la Grèce, le roi qui tient sous son empire les vastes plaines
de la Thessalie, vous appelle à serrer avec lui les nœuds
d'une légitime union. La grande Téthys, les divinités de
sa cour, et la nymphe Thétis, déesse paisible de l'immense Océan, vous recevront dans leur alliance; femme
de Pyrrhus, Pélée et Nérée vous donneront ensemble le
nom de fille. Quittez ces vêtemens lugubres pour des
parures de fête. Oubliez votre esclavage; ramenez ces
cheveux en désordre, et souffrez qu'une main savante
les sépare autour de votre front. Troie n'est peut-être
tombée que pour vous ménager l'accès d'un trône plus
élevé. Souvent l'esclavage fut une source de gloire.

ANDROMAQUE.

Il ne manquait aux maux des Troyens que cette joie!
Ilion renversé fume encore sous nos yeux; c'est un moment bien choisi pour la fête d'un mariage! Qui oserait
refuser? Qui hésiterait à accepter un hymen proposé par
Hélène? O toi le fléau, la ruine, le malheur de deux
peuples! vois-tu ces tombeaux des chefs? vois-tu ces
ossemens épars dans ces plaines, et jetés sans sépulture?
voilà les fruits de ton hymen. C'est pour toi que le sang
de l'Europe et de l'Asie a coulé, pendant que tu regardais
de loin tes maris combattre l'un contre l'autre, ne sachant auquel des deux tu devais souhaiter la victoire.
Allons, prépare cet hymen. Il n'est pas besoin de torches, de flambeaux solennels, ni de feux : Troie seule
éclairera cette union nouvelle. Troyennes! célébrez les
noces de Pyrrhus; célébrez-les dignement, c'est-à-dire
par des cris et des pleurs.

HELENA.

Ratione quamvis careat, et flecti neget
Magnus dolor, sociosque nonnunquam sui
Mœroris ipsos oderit; causam tamen
Possum tueri judice infesto meam,
Graviora passa. Luget Andromacha Hectorem,
Et Hecuba Priamum : solus occulte Paris
Lugendus Helenæ est. Durum et invisum et grave est,
Servitia ferre : patior hoc olim jugum,
Annis decem captiva. Prostratum Ilium est,
Versi penates : perdere est patriam grave;
Gravius timere. Vos levat tanti mali
Comitatus : in me victus et victor furit.
Quam quisque famulam traheret, incerto diu
Casu pependit : me meus traxit statim
Sine sorte dominus. Causa bellorum fui,
Tantæque Teucris cladis : hoc verum puta,
Spartana puppis vestra si secuit freta;
Sin rapta Phrygiis præda remigibus fui,
Deditque donum judici victrix Dea,
Ignosce Paridi : judicem iratum mea
Habitura causa est; ista Menelaum manent
Arbitria : nunc hanc, luctibus paulum tuis,
Andromacha, omissis, flecte. Vix lacrimas queo
Retinere.

ANDROMACHA.

Quantum est, Helena quod lacrimat, malum!

HÉLÈNE.

Quoique les grandes douleurs soient aveugles et intraitables, et que souvent même elles nous fassent haïr ceux qui partagent nos peines, je puis cependant plaider ma cause devant un juge irrité, car j'ai souffert plus de maux. Andromaque pleure son Hector, Hécube regrette Priam; seule il me faut cacher les larmes que je verse en secret pour Pâris. La servitude est cruelle, affreuse, insupportable : captive moi-même, voilà dix ans que j'en porte le poids. Ilion est renversé, vos demeures détruites ; mais si c'est un malheur de perdre sa patrie, c'en est un plus grand de la craindre. Vous êtes plusieurs à pleurer vos malheurs, qui deviennent ainsi plus légers. Pour moi, j'ai également à souffrir des vainqueurs et des vaincus. Les chances de votre esclavage ont été long-temps douteuses; mais moi, mon maître m'a prise avant que le sort eût parlé. J'ai été la cause de cette guerre et du malheur des Troyens, dites-vous. Cela serait vrai, si des vaisseaux de Sparte étaient venus les premiers dans vos mers; mais si, au contraire, j'ai été ravie comme une proie sur une flotte troyenne, et donnée par une déesse au juge qui lui avait décerné le prix de la beauté, pardonnez-moi la faute de Pâris. Songez que j'aurai à me défendre devant un juge sévère, et que c'est à Ménélas de prononcer sur mon sort. Maintenant, faites trêve à vos douleurs, ô Andromaque, et m'aidez à toucher le cœur de Polyxène. C'est à peine si je puis retenir mes larmes.

ANDROMAQUE.

Quel malheur, vraiment, de voir Hélène pleurer !

Cur lacrimat autem? Fare, quos Ithacus dolos,
Quæ scelera nectat : utrum ab Idæis jugis
Jactanda virgo est? arcis an celsæ edito
Mittenda saxo? num per has vastum in mare
Volvenda rupes, latere quas scisso levat
Altum vadosos Sigion spectans sinus?
Dic, fare, quidquid subdolo vultu tegis.
Leviora mala sunt cuncta, quam Priami gener
Hecubæque Pyrrhus : fare, quam pœnam pares.
Exprome, et unum hoc deme nostris cladibus,
Falli : paratas perpeti mortem vides.

HELENA.

Utinam juberet me quoque interpres Deûm
Abrumpere ense lucis invisæ moras,
Vel Achillis ante busta, furibunda manu
Occidere Pyrrhi, fata comitantem tua,
Polyxene miseranda; quam tradi sibi,
Cineremque Achilles ante mactari suum,
Campo maritus ut sit Elysio, jubet.

ANDROMACHA.

Vide, ut animus ingens lætus audierit necem.
Cultus decoros regiæ vestis petit,
Et admoveri crinibus patitur manum.
Mortem putabat illud, hoc thalamos putat.
At misera luctu mater audito stupet,
Labefacta mens succubuit. Assurge, alleva
Animum, et cadentem misera firma spiritum.
Quam tenuis anima vinculo pendet levi!
Minimum est, quod Hecubam facere felicem potest.

Mais pourquoi pleurerait-elle? Parlez, quel nouveau complot trame Ulysse? quelle nouvelle perfidie? Va-t-on précipiter Polyxène des cimes de l'Ida? ou la lancer du haut de la citadelle? ou la jeter dans la vaste mer du sommet de ces roches qui forment au dessus des eaux les flancs aigus du cap de Sigée? Parlez, dites-nous ce que vous cachez sous ce maintien hypocrite. Tout malheur nous semblera doux auprès de celui de voir Pyrrhus devenir le gendre de Priam et d'Hécube. Parlez, quel supplice préparez-vous? Faites-nous le connaître; nous ne vous demandons qu'une grâce, c'est de ne pas nous tromper. Vous voyez que nous sommes prêtes à mourir.

HÉLÈNE.

Plût au ciel que l'interprète des dieux m'ordonnât aussi de briser moi-même les liens d'une vie odieuse, ou de mourir sur la tombe d'Achille de la main barbare de Pyrrhus, en partageant votre sort, malheureuse Polyxène, vous qu'Achille réclame pour être immolée à sa cendre, et qu'il veut avoir pour épouse dans les enfers!

ANDROMAQUE.

Voyez avec quelle joie cette âme généreuse entend l'arrêt de sa mort! Elle demande avec empressement sa royale parure, et souffre la main qui dispose avec art les cheveux sur sa tête. L'hymen que vous lui proposiez, c'était la mort, et la mort que vous lui annoncez maintenant, c'est pour elle un joyeux hyménée. Mais sa pauvre mère succombe à ce nouveau malheur, ce dernier coup l'a tuée. Relevez-vous, reprenez vos sens, malheureuse reine, et recueillez votre âme prête à s'exhaler. Que le

Spirat; revixit : prima mors miseros fugit.

HECUBA.

Adhuc Achilles vivit in poenas Phrygum?
Adhuc rebellat? o manum Paridis levem!
Cinis ipse nostrum sanguinem ac tumulus sitit.
Modo turba felix latera cingebat mea.
Lassabar in tot oscula, in totum gregem
Dividere matrem : sola nunc haec est super,
Votum, comes, levamen, afflictae quies.
Haec totus Hecubae fetus; hac sola vocor
Jam voce mater. Dura et infelix, age,
Elabere, anima; denique hoc unum mihi
Remitte funus. Irrigat fletus genas,
Imberque victo subitus e vultu cadit.
Laetare, gaude, nata : quam vellet tuos
Cassandra thalamos, vellet Andromache tuos!

ANDROMACHA.

Nos, Hecuba, nos, nos, Hecuba, lugendae sumus,
Quas mota classis huc et huc sparsas feret.
Hanc cara tellus sedibus patriis teget.

HELENA.

Magis invidebis, si tuam sortem scias.

lien qui l'attache à la vie est faible, et qu'il faudrait peu
de chose pour rendre Hécube heureuse! — Elle respire,
elle revit : la mort fuit les infortunés.

HÉCUBE.

Quoi! Achille vit encore pour le malheur des Troyens!
il nous poursuit encore! Que les blessures de ta main
sont légères, ô Paris! Sa cendre même et sa tombe sont
altérées de notre sang. Naguère une foule d'heureux
enfans se pressait à mes côtés; je ne pouvais suffire à
leurs embrassemens, ni assez multiplier mes caresses de
mère pour ces fruits nombreux de ma fécondité. Il ne
m'en reste plus que celle-ci, dernier objet de tous mes
vœux, ma consolation, ma compagne, mon appui dans
le malheur. Voilà désormais tous les enfans d'Hécube; il
n'y a plus que celle-ci pour me donner le nom de mère!
O vie, don cruel et funeste, échappe-toi de mon sein;
fais-moi grâce au moins de ce dernier coup. — Des pleurs
inondent ses joues, la douleur a vaincu sa constance et
changé son visage. Réjouis-toi plutôt, ma fille, réjouis-
toi; Cassandre envie ton hymen, Andromaque est jalouse
de ton bonheur!

ANDROMAQUE.

C'est nous, Hécube, c'est nous, oui, nous, qui sommes
à plaindre, nous que les vaisseaux des Grecs vont em-
porter à travers les flots et disperser en divers lieux.
Polyxène, du moins, trouvera un tombeau sur la terre
chérie de ses aïeux.

HÉLÈNE.

Vous seriez plus jalouse de son destin, si vous con-
naissiez le vôtre.

ANDROMACHA.
An aliqua pœnæ pars meæ ignota est mihi?

HELENA.
Versata dominos urna captivis dedit.

ANDROMACHA.
Cui famula tradar, ede : quem dominum voco?

HELENA.
Te sorte prima Scyrius juvenis tulit.

ANDROMACHA.
Cassandra felix! quam furor sorte eximit,
Phœbusque.

HELENA.
Regum hanc maximus rector tenet.
HECUBA.
Estne aliquis, Hecubam qui suam dici velit?

HELENA.
Ithaco obtigisti præda nolenti brevis.

HECUBA.
Quis tam impotens ac dirus, et iniquæ ferus
Sortitor urnæ regibus reges dedit?
Quis tam sinister dividit captas Deus?
Quis arbiter crudelis, et miseris gravis,
Eligere dominos nescit? et sæva manu
Dat iniqua miseris fata? quis matrem Hectoris

ANDROMAQUE.

Y a-t-il donc dans ma destinée un malheur que j'ignore?

HÉLÈNE.

On a remué l'urne fatale, et les noms de vos maîtres en sont sortis.

ANDROMAQUE.

Quel est le mien? dites-le-moi; à qui faut-il que je donne ce nom?

HÉLÈNE.

Le premier arrêt du sort vous a mise au pouvoir du jeune roi de Scyros.

ANDROMAQUE.

Heureuse Cassandre! que sa fureur prophétique et la faveur d'Apollon préservent d'un pareil outrage.

HÉLÈNE.

Elle appartient au chef des rois de la Grèce.

HÉCUBE.

Est-il quelqu'un parmi eux qui veuille devenir le maître d'Hécube?

HÉLÈNE.

Ulysse vous a vue à regret tomber dans son partage, pour ne lui appartenir que peu de temps.

HÉCUBE.

Quel est l'homme assez cruel, assez barbare, assez impie, pour avoir ainsi partagé au sort entre les rois de royales captives? Quel dieu cruel a déterminé les chances de ce partage? Quel est cet arbitre implacable et outrageux qui, ne daignant pas choisir à chacune le maître qu'il lui faudrait, règle avec une aussi

Armis Achillis miscet? ad Ulyssem vocor!
Nunc victa, nunc captiva, nunc cunctis mihi
Obsessa videor cladibus : domini pudet,
Non servitutis. Hectoris spolium feret,
Qui tulit Achillis? sterilis, et sævis fretis
Inclusa tellus non capit tumulos meos.
Duc, duc, Ulysse; nil moror : dominum sequor.
Me mea sequentur fata : non pelago quies
Tranquilla veniet, sæviet ventis mare,
Et bella, et ignis, et mea, et Priami mala;
Dumque ista veniunt, interim hoc pœnæ loco est :
Sortem occupavi, præmium eripui tibi.

Sed incitato Pyrrhus accurrit gradu,
Vultuque torvo. Pyrrhe, quid cessas? age,
Reclude ferro pectus, et Achillis tui
Conjunge soceros : perge, mactator senum;
Et hic decet te sanguis : abreptam trahe.
Maculate superos cæde funesta Deos,
Maculate Manes. Quid precer vobis? precor
His digna sacris æquora : hoc classi accidat
Toti Pelasgæ, ratibus hoc mille accidat,
Meæ precabor, quum vehar, quidquid rati.

———

criante injustice nos destinées, et donne la mère d'Hector à celui qui possède les armes d'Achille? J'appartiens donc à Ulysse! Ah! c'est maintenant que je me sens vaincue, prisonnière, accablée de tous les maux à la fois! C'est mon maître qui me fait horreur, non l'esclavage. Le même homme aura donc tout ensemble la dépouille d'Hector et celle d'Achille? Mais son île, misérable et prisonnière au sein d'une mer orageuse, ne suffit pas même à ma sépulture. Partons, Ulysse, emmène-moi; je suis mon maître, et ma destinée me suivra. N'espère point de calme sur les mers; des vents furieux soulèveront les flots; tu trouveras partout la guerre et les feux; mes malheurs et ceux de Priam s'attacheront à tes pas. En attendant ces désastres, ma vengeance a déjà commencé : jetée dans ton partage par le sort, je te prive ainsi du prix meilleur que tu pouvais attendre.

Mais voici Pyrrhus qui accourt à grands pas, la fureur peinte sur son visage. Eh bien! Pyrrhus, qui t'arrête? Allons, voilà mon sein, frappe, réunis la belle-mère d'Achille à son beau-père. Toi qui tues les vieillards, achève ton œuvre. Le sang de cette vierge aussi est digne d'être versé par toi, entraîne-la donc. Allez, ô Grecs, outragez les dieux par cet horrible meurtre, et profanez la cendre des morts. Quelle vengeance faut-il appeler sur vous? J'appelle sur vous une mer affreuse comme le sacrifice que vous allez offrir. Puisse toute votre flotte, puissent vos mille vaisseaux éprouver tous les malheurs que je vais demander aux dieux pour celui qui m'emportera moi-même!

SCENA II.

CHORUS TROADUM.

Dulce mœrenti populus dolentum,
Dulce lamentis resonare gentes.
Lentius luctus lacrimæque mordent,
Turba quas fletu simili frequentat.
Semper, ah! semper dolor est malignus:
Gaudet in multos sua fata mitti,
Seque non solum placuisse pœnæ.
Ferre, quam sortem patiuntur omnes.
     Nemo recusat.
Nemo se credet miserum, licet sit,
Tolle felices: removeto multo
Divites auro: removeto centum
Rura qui scindunt opulenta bubus;
Pauperi surgent animi jacentes.
Est miser nemo, nisi comparatus.
Dulce in immensis posito ruinis
Neminem lætos habuisse vultus.
Ille deplorat, queriturque fatum,
Qui secans fluctum rate singulari
Nudus in portus cecidit petitos:
Æquior casum tulit, et procellas,
Mille qui ponto pariter carinas
Obrui vidit, tabulaque litus
Naufraga spargi, mare quum coactis
Fluctibus Corus prohibet reverti.

SCÈNE II.

CHOEUR DE TROYENNES.

Il est doux pour un affligé de voir la douleur de tout un peuple, et d'entendre autour de soi les cris plaintifs d'une nation entière. Nos chagrins sont moins cuisans et nos pleurs moins amers, quand beaucoup d'hommes souffrent et pleurent avec nous. Il n'est que trop vrai, la douleur nous rend cruels ; c'est un bonheur pour nous de voir nos misères partagées par d'autres, et de savoir que nous ne sommes pas seuls malheureux. Nul ne se refuse à porter sa part d'une calamité générale : quoique réellement à plaindre alors, on ne croit pas l'être. Retranchez du monde les heureux, ôtez aux riches leurs amas d'or et leurs terres fécondes avec les cent bœufs qui les fertilisent, et vous verrez à l'instant le pauvre relever sa tête abattue. On n'est misérable que par comparaison. Il est doux pour l'homme plongé dans l'abîme de tous les maux de ne voir autour de lui que des visages chagrins. Celui-là se désole et accuse la destinée, qui, naviguant seul, est jeté nu par la tempête sur le rivage qu'il voulait atteindre. Mais on trouve plus de force pour supporter le naufrage quand on voit périr en même temps mille vaisseaux, et le rivage semé de leurs débris que lancent au loin les vagues soulevées par un vent furieux. Phryxus pleura la mort d'Hellé, quand le bélier à la toison d'or, emportant sur les flots le frère et la sœur, laissa tomber celle-ci dans l'abîme. Mais Deu-

Questus est Hellen cecidisse Phryxus,
Quum gregis ductor, radiante villo,
Aureo fratrem simul et sororem
Sustulit tergo, medioque jactum
Fecit in ponto. Tenuit querelas
Et vir, et Pyrrhe, mare quum viderent,
Et nihil præter mare quum viderent,
Unici terris homines relicti.
Solvet hunc cœtum lacrimasque nostras
Sparget huc illuc agitata classis,
Et tuba jussi dare vela nautæ,
Quum, simul ventis properante remo,
Prenderint altum, fugietque litus.

Quis status mentis miseris, ubi omnis
Terra decrescet, pelagusque crescet?
Celsa quum longe latitabit Ide?
Tum puer matri, genitrixque nato,
Troja qua jaceat regione monstrans,
Dicet, et longe digito notabit:
Ilium est illic, ubi fumus alte
Scrpit in cælum, nebulæque turpes.
Troes hoc signo patriam videbunt.

calion et Pyrrha ne firent entendre aucune plainte lorsque la mer les entourait, et qu'ils ne voyaient plus autour d'eux que l'immense étendue, restés seuls des habitans du monde.

Hélas! cette société du malheur va cesser; la flotte des Grecs, en se dispersant, portera nos larmes en divers lieux, lorsque la trompette aura donné aux matelots le signal pour déployer les voiles, et que les vents, secondant l'effort des rames, auront poussé les vaisseaux en pleine mer et fait fuir derrière nous ce rivage.

Dans quel état serons-nous, malheureuses! quand nous verrons la terre s'abaisser toujours et la mer monter toujours? quand les hauts sommets de l'Ida se cacheront à nos yeux dans le lointain? quand, se montrant l'un à l'autre les lieux où fut Troie, la mère dira au fils, et le fils à la mère, le doigt tourné vers un point obscur à l'horizon : Troie est là-bas où tu vois ces nuages noirâtres et cette fumée qui monte en spirale vers le ciel. C'est à ce signe que les Phrygiens reconnaîtront le lieu de la patrie.

ACTUS QUINTUS.

SCENA I.

NUNTIUS, ANDROMACHA, HECUBA.

NUNTIUS.

O dira fata, sæva, miseranda, horrida,
Quod tam ferum, tam triste bis quinis scelus
Mars vidit annis? quid prius referens gemam?
Tuosne potius, an tuos luctus, anus?

HECUBA.

Quoscumque luctus fleveris, flebis meos.
Sua quemque tantum, me omnium clades premit.
Mihi cuncta pereunt : quisquis est, Hecubæ est, miser.

NUNTIUS.

Mactata virgo est : missus e muris puer.
Sed uterque letum mente generosa tulit.

ANDROMACHA.

Expone seriem cædis, et duplex nefas

ACTE CINQUIÈME.

SCÈNE I.

UN ENVOYÉ, ANDROMAQUE, HÉCUBE.

L'ENVOYÉ.

O destinée cruelle, affreuse, digne d'horreur et de pitié! Les dix années de combats qui viennent de s'écouler n'ont rien vu d'égal à cet excès de barbarie. Mais par où commencer ce récit funeste? raconterai-je d'abord votre malheur, Andromaque, ou le vôtre, épouse de Priam?

HÉCUBE.

Quelque malheur que vous puissiez pleurer, c'est le mien que vous pleurerez. Les autres n'ont à porter le poids que de leur propre misère; mais moi, je suis accablée des misères de tous. Tous les coups portent sur moi, je suis frappée dans tous les malheureux qui périssent.

L'ENVOYÉ.

Polyxène est égorgée, le fils d'Hector précipité du haut des murs; mais ces deux victimes ont subi leur sort avec un égal courage.

ANDROMAQUE.

Faites-nous le récit de ces deux meurtres, donnez-

Prosequere : gaudet magnus ærumnas dolor
Tractare totas : ede, et enarra omnia.

NUNTIUS.

Est una magna turris e Troja super,
Assueta Priamo; cujus e fastigio
Summisque pinnis arbiter belli sedens
Regebat acies : turre in hac blando sinu
Fovens nepotem, quum metu versos gravi
Danaos fugaret Hector et ferro et face,
Paterna puero bella monstrabat senex.
Hæc nota quondam turris, et muri decus,
Nunc sæva cautes, undique affusa ducum
Plebisque turba cingitur : totum coit
Ratibus relictis vulgus : his collis procul
Aciem patenti liberam præbet loco;
His alta rupes, cujus e cacumine
Erecta summos turba libravit pedes.
Hunc pinus, illum laurus, hunc fagus gerit,
Et tota populo silva suspenso tremit.
Extrema montis ille prærupti petit,
Semiusta at ille tecta, vel saxum imminens
Muri cadentis pressit : atque aliquis (nefas!)
Tumulo ferus spectator Hectoreo sedet.

Per spatia late plena sublimi gradu
Incedit Ithacus, parvulum dextra trahens
Priami nepotem : nec gradu segni puer
Ad alta pergit mœnia. Ut summa stetit

nous les détails de ce double attentat. Les grandes douleurs aiment à toucher toutes leurs blessures. Parlez, nous voulons tout savoir.

L'ENVOYÉ.

Il reste de Troie une énorme tour, au sommet de laquelle Priam avait coutume d'aller s'asseoir pour diriger du haut de ses créneaux le mouvement des batailles. C'est là que, pressant avec amour son petit-fils dans ses bras, il lui montrait Hector, qui, le fer et la flamme à la main, renversait les bataillons des Grecs, et le rendait ainsi témoin des hauts faits de son père. Cette tour, autrefois célèbre et l'ornement de nos murailles, n'est plus qu'un rocher funeste autour duquel se pressent les chefs et l'armée des Grecs. C'est là que, désertant les vaisseaux, la foule des soldats s'est rassemblée. Les uns ont pris place sur la colline, d'où la vue s'étend en liberté sur la plaine; d'autres, sur une roche élevée, du haut de laquelle ils peuvent tout voir en se dressant sur la pointe de leurs pieds. D'autres ont escaladé les pins, les lauriers et les hêtres, et toute la forêt tremble sous le poids de cette foule suspendue en l'air. Celui-ci occupe les dernières crêtes de la montagne escarpée; celui-là s'appuie sur nos toits à moitié consumés par la flamme, ou se pose sur les plus hautes pierres de la muraille en ruines. On en voit même d'assez avides de ce spectacle cruel pour oser s'asseoir sur le tombeau d'Hector.

A travers cet espace inondé de spectateurs, le roi d'Ithaque s'avance avec orgueil, tenant par la main le petit-fils de Priam, qui le suit d'un pas ferme jusqu'au plus haut des murailles. Arrivé au sommet de la tour, il

Pro turre, vultus huc et huc acres tulit,
Intrepidus animo : qualis ingentis feræ
Parvus tenerque fetus, et nondum potens
Sævire dente, jam tamen tollit minas,
Morsusque inanes tentat, atque animis tumet :
Sic ille dextra prensus hostili puer
Ferox, superne moverat vulgum ac duces,
Ipsumque Ulyssem : non flet e turba omnium,
Qui fletur : ac dum verba fatidici et preces
Concipit Ulysses vatis, et sævos ciet
Ad sacra Superos, sponte desiluit sua
   In media Priami regna.

ANDROMACHA.

Quis Colchus hoc, quis sedis incertæ Scytha
Commisit? aut quæ Caspium tangens mare
Gens juris expers ausa? Non Busiridis
Puerilis aras sanguis aspersit feri ;
Nec parva gregibus membra Diomedes suis
Epulanda posuit. Quis tuos artus teget,
Tumuloque tradet?

NUNTIUS.

    Quos enim præceps locus
Reliquit artus? ossa disjecta et gravi
Elisa casu, signa clari corporis,
Et ora, et illas nobiles patris notas
Confudit imam pondus ad terram datum.
Soluta cervix : silicis impulsu caput
Ruptum, cerebro penitus expresso : jacet
Deforme corpus.

porte de tous côtés ses yeux vifs et hardis, sans éprouver dans son cœur la moindre émotion. Comme un jeune lionceau, faible, et dont les dents ne peuvent faire encore aucune blessure, menace déjà néanmoins, et montre son courage par des morsures impuissantes, ainsi cet enfant, captif sous une main ennemie, étonne, par son air intrépide, l'armée, et les chefs, et Ulysse même. Lui seul ne pleure pas au milieu de cette foule que son malheur attendrit. Et pendant que le roi d'Ithaque prononce à haute voix la réponse de Calchas, et prie les dieux cruels d'agréer la victime, il se précipite de lui-même au milieu des débris de l'empire de Priam.

ANDROMAQUE.

Les peuples de Colchos et les Scythes errans ont-ils jamais fait rien de semblable? Les barbares sans lois, répandus sur les bords de la mer Caspienne, ont-ils jamais commis un pareil attentat? Non. Busiris lui-même n'était pas assez féroce pour arroser ses autels du sang d'un enfant; et jamais Diomède n'a donné une semblable pâture à ses chevaux. Qui recueillera tes membres, ô mon fils, et qui te donnera un tombeau?

L'ENVOYÉ.

Que pourrait-il rester de lui, tombé de si haut? rien que des os dispersés et broyés sur la pierre; sa lourde chute a détruit l'élégance de son corps, et défiguré ses nobles traits et cette rare beauté qu'il tenait de son père : sa tête a volé en éclats; la rencontre du roc l'a brisée et en a fait jaillir la cervelle. Ce n'est plus qu'un débris méconnaissable et sans forme.

ANDROMACHA.
Sic quoque est similis patri.
NUNTIUS.
Præceps ut altis cecidit e muris puer,
Flevitque Achivum turba, quod fecit, nefas;
Idem ille populus aliud ad facinus redit,
Tumulumque Achillis. Hujus extremum latus
Rhœtea leni verberant fluctu vada.
Aversa cingit campus, et clivo levi
Erecta medium vallis includens locum
Crescit theatri more. Concursus frequens
Implevit omne litus. Hi classis moras
Hac morte solvi rentur; hi stirpem hostium
Gaudent recidi : magna pars vulgi levis
Odit scelus, spectatque : nec Troes minus
Suum frequentant funus, et pavidi metu
Partem ruentis ultimam Trojæ vident.

Quum subito, thalami more, præcedunt faces.
It pronuba illic Tyndaris, mœstum caput
Demissa : tali nubat Hermione modo,
Phryges precantur : sic viro turpis suo
Reddatur Helene. Terror attonitos tenet
Utrosque populos : ipsa dejectos gerit
Vultus pudore; sed tamen fulgent genæ,
Magisque solito splendet extremus decor :
Ut esse Phœbi dulcius lumen solet
Jam jam cadentis, astra quum repetunt vices,

ANDROMAQUE.

C'est une ressemblance de plus avec son père.

L'ENVOYÉ.

A peine Astyanax est-il tombé du haut des murs, que tous les Grecs, déplorant ce crime qu'ils ont commis, se hâtent de courir vers le tombeau d'Achille pour en commettre un autre. La partie postérieure de ce monument est baignée par les flots de la mer, qui vient expirer sur les flancs du cap de Rhétus; au devant il domine une vaste plaine, dont la pente s'élève doucement et s'arrondit en amphithéâtre. Le concours des Grecs a bientôt rempli ce nouvel espace. Les uns s'applaudissent de voir lever les obstacles qui ferment la route à leurs vaisseaux; les autres se plaisent à voir couler le sang de leurs ennemis. Mais la plus grande partie de cette multitude légère et insensée maudit cette exécution cruelle, et veut cependant y assister. Les Troyens eux-mêmes se pressent pour contempler leur propre malheur, et viennent tout tremblans pour voir tomber ce dernier reste de la puissance troyenne.

Soudain le cortège s'avance, précédé de flambeaux comme pour la cérémonie d'un mariage. Triste, et la tête baissée, Hélène conduit la jeune épouse; à sa vue les Troyens souhaitent de pareilles noces à sa fille Hermione, et qu'elle-même soit rendue à Ménélas dans le même état où Polyxène doit être livrée à Achille. Les deux peuples sont glacés d'une égale terreur. La victime s'avance; la pudeur incline son front; mais ses joues brillent d'un vif éclat, et jamais sa beauté ne parut plus éblouissante qu'à ce dernier moment : comme on voit

Premiturque dubius nocte vicina dies.

Stupet omne vulgus; et fere cuncti magis
Peritura laudant : hos movet formæ decus,
Hos mollis ætas, hos vagæ rerum vices.
Movet animus omnes fortis, et leto obvius.
Pyrrhum antecedit : omnium mentes tremunt :
Mirantur, ac miserantur. Ut primum ardui
Sublime montis tetigit, atque alte edito
Juvenis paterni vertice in busti stetit,
Audax virago non tulit retro gradum,
Conversa ad ictum stat truci vultu ferox.
Tam fortis animus omnium mentes ferit :
Novumque monstrum est, Pyrrhus ad cædem piger.
Ut dextra ferrum penitus exacta abdidit,
Subitus, recepta morte, prorupit cruor
Per vulnus ingens : nec tamen, moriens, adhuc
Deponit animos; cecidit, ut Achilli gravem
Factura terram, prona, et irato impetu.

Uterque flevit cœtus : at timidum Phryges
Misere gemitum : clarius victor gemit.
Hic ordo sacri : non stetit fusus cruor,
Humove summa fluxit : obduxit statim,
Sævusque totum sanguinem tumulus bibit.

la lumière du soleil plus douce à l'heure de son coucher, lorsque les étoiles du soir vont paraître, et que les premières ombres de la nuit se mêlent aux derniers feux du jour.

Tous les cœurs sont émus à cet aspect. L'homme toujours admire davantage ce que la mort va ravir. Les uns sont attendris par les charmes de Polyxène, d'autres par sa jeunesse, d'autres enfin par la pensée des vicissitudes humaines; mais tous sont également frappés de son courage et de son mépris de la mort. Elle devance Pyrrhus. Chacun tremble; on se sent pris d'admiration et de pitié. Lorsque arrivé au sommet de la montagne le fils d'Achille eut monté sur le tombeau de son père, cette vierge intrépide ne fait pas un seul mouvement en arrière, mais elle se tourne vers Pyrrhus, et lui présente son sein à frapper. Ce fier courage étonne tous les assistans; mais ce qui les surprend plus encore, c'est la lenteur de Pyrrhus à consommer le sacrifice. A peine son glaive s'est-il plongé tout entier dans le sein de la victime que le sang coule à flots de la blessure profonde et mortelle : à ce moment même, Polyxène garde encore tout son courage; elle tombe, mais en s'appuyant sur la terre avec force, et de manière à la rendre pesante pour Achille.

Les deux nations pleurent sur elle : mais les Troyens ne font entendre que des sanglots timides et étouffés, tandis que les Grecs donnent une expression plus libre à leur douleur. Voilà tout le détail de ce sacrifice. Le sang de la victime n'est pas demeuré sur la terre, mais il a disparu au même instant, et le cruel tombeau l'a bu tout entier.

HECUBA.

Ite, ite, Danai; petite jam tuti domos,
Optata velis maria diffusis secet
Secura classis : concidit virgo, ac puer.
Bellum peractum est : quo meas lacrimas feram?
Ubi hanc anilis exspuam leti moram?
Natam an nepotem, conjugem an patriam fleam?
An omnia? an me? Sola mors votum meum.
Infantibus violenta, virginibus venis,
Ubicumque properas, sæva : me solam times,
Vitasque : gladios inter ac tela et faces
Quæsita tota nocte, cupientem fugis.
Non hostis, aut ruina, non ignis meos
Absumsit artus : quam prope a Priamo steti?

NUNTIUS.

Repetite celeri maria, captivæ, gradu.
Jam vela puppis laxat, et classis movet.

HÉCUBE.

Allez, Grecs, allez; retournez heureusement dans votre patrie; déployez toutes vos voiles, et que vos vaisseaux impatiens voguent sans crainte sur les flots; vous avez mis à mort une jeune fille et un enfant, la guerre est terminée. — Mais moi, où faut-il porter mes larmes? où jeter ce faible et dernier souffle qui m'attache encore à la vie? sur qui dois-je pleurer? Sur ma fille ou sur mon petit-fils, sur ma patrie ou sur mon époux, sur tous à la fois ou sur moi-même? Il ne me reste plus de vœux que pour la mort. O toi qui tues les enfans et qui frappes les vierges, Mort, qui moissonnes si cruellement ceux que tu peux atteindre avant l'âge, il n'y a donc que moi que tu craignes et que tu évites! En vain je te cherche au milieu des épées, des glaives et des feux pendant une nuit tout entière, tu me fuis toujours. Ni l'ennemi, ni la chute de mon palais, ni l'embrasement de Troie, n'ont pu m'ôter la vie; et j'étais si près de mon époux quand il est mort!

L'ENVOYÉ.

Hâtez-vous, pauvres captives, de courir au rivage; les voiles sont déployées, et la flotte se met en mouvement.

MÉDÉE.

DRAMATIS PERSONÆ.

MEDEA.
JASON.
CREON.
NUTRIX.
CHORUS CORINTHIORUM.
NUNTIUS.

PERSONNAGES.

MÉDÉE.
JASON.
CRÉON.
LA NOURRICE DE MÉDÉE.
CHOEUR DE CORINTHIENS.
UN ENVOYÉ.

ARGUMENTUM.

Jason cum uxore et liberis post interfectum Peliam Corinthi exsulabat. Ubi quum Creon rex illum generum elegisset, Medea res suas sibi habere a marito, ab rege aliud exsilium quaerere jubetur. Illa, unius diei impetrata mora, Creusae sponsae pallam et monile magicis infecta venenis mittit : quibus indutis, ignem corripuit palla, misereque nova nupta, una cum patre in natae auxilium accurrente, combusta est; Medea denique, filiis, quos Jasoni pepererat, in patris conspectu trucidatis, per aera aufugit.

ARGUMENT.

Après le meurtre de Pélias, Jason vivait en exil à Corinthe, avec sa femme et ses enfans. Créon l'ayant choisi pour gendre, Médée reçoit de son mari une déclaration de divorce, et du roi l'ordre de chercher un autre asile. Elle obtient un jour de délai, et envoie à Créuse, la fiancée de Jason, une robe et un collier infectés des poisons de la plus noire magie. A peine Créuse a-t-elle mis sur elle ces présens, que la robe s'enflamme, et la jeune épouse est misérablement brûlée, ainsi que son père, qui s'empresse de la secourir. Pour compléter sa vengeance, Médée égorge, sous les yeux de leur père, les enfans qu'elle avait eus de Jason, et s'enfuit à travers les airs.

L. ANNÆI SENECÆ MEDEA.

ACTUS PRIMUS.

SCENA I.

MEDEA.

Dii conjugales, tuque genialis tori
Lucina custos, quæque domituram freta
Tiphyn novam frenare docuisti ratem,
Et tu profundi sæve dominator maris,
Clarumque Titan dividens orbi diem,
Tacitisque præbens conscium sacris jubar,
Hecate triformis, quosque juravit mihi
Deos Jason, quosque Medeæ magis
Fas est precari, noctis æternæ chaos,
Aversa Superis regna, Manesque impios,
Dominumque regni tristis, et dominam fide
Meliore raptam, voce non fausta precor:
Nunc, nunc adeste sceleris ultrices Deæ,
Crinem solutis squalidæ serpentibus,
Atram cruentis manibus amplexæ facem,

MÉDÉE
DE L. A. SÉNÈQUE.

ACTE PREMIER.

SCÈNE I.

MÉDÉE.

Dieux de l'Hymen, et toi, Lucine, gardienne du lit conjugal; Minerve, qui enseignas à Tiphys l'art de diriger le navire nouveau sur les flots obéissans; redoutable roi des profondes mers; Soleil, qui distribues le jour au monde; triple Hécate, qui prêtes à de mystérieux sacrifices ta lumière favorable; vous tous, dieux nommés par Jason, et vous, divinités que Médée a droit d'invoquer, chaos de l'éternelle nuit, régions souterraines de l'enfer, Ombres impies, souverain de ce royaume funeste, et toi, son épouse, enlevée par un séducteur plus fidèle, je vous invoque d'une voix sinistre : venez, déesses qui punissez les crimes, venez avec votre chevelure de serpens en désordre, et des torches funèbres dans vos mains sanglantes, venez telles que vous parûtes autrefois à mes noces; apportez-moi la mort pour cette nouvelle épouse,

Adeste; thalamis horridæ quondam meis
Quales stetistis. Conjugi letum novæ,
Letumque socero et regiæ stirpi date :
Mihi pejus aliquid, quod precer sponso malum :
Vivat : per urbes erret ignotas egens,
Exsul, pavens, invisus, incerti laris :
Me conjugem optet; limen alienum expetat,
Jam notus hospes : quoque non aliud queam
Pejus precari, liberos similes patri,
Similesque matri : parta jam, parta ultio est :
Peperi. Querelas, verbaque incassum sero,
Non ibo in hostes? manibus excutiam faces,
Cæloque lucem? spectat hoc nostri sator
Sol generis! et spectatur, et curru insidens
Per solita puri spatia decurrit poli !
Non redit in ortus, et remetitur diem ?
Da, da per auras curribus patriis vehi :
Committe habenas, genitor, et flagrantibus
Ignifera loris tribue moderari juga.
Gemino Corinthos litori opponens moras,
Cremata flammis maria committet duo.
Hoc restat unum : pronubam thalamo feram
Ut ipsa pinum; postque sacrificas preces
Cædam dicatis victimas altaribus.
Per viscera ipsa quære supplicio viam,
Si vivis, anime : si quid antiqui tibi
Remanet vigoris, pelle femineos metus,
Et inhospitalem Caucasum mente indue.
Quodcumque vidit Phasis aut Pontus nefas,
Videbit Isthmos : effera, ignota, horrida,

la mort pour son père et pour toute cette race royale, et laissez-moi vous demander un supplice plus terrible pour l'époux. Qu'il vive, mais pour errer dans des villes inconnues, pauvre, exilé, tremblant, détesté, sans asile; réduit à regretter mon amour, à frapper deux fois à une porte étrangère comme un hôte fatal; et, ce qui est le vœu le plus cruel que je puis former contre lui, qu'il ait des enfans semblables à lui-même, semblables à leur mère! Je suis, oui, je suis déjà vengée, j'ai des enfans. Mais c'est trop de plaintes et de paroles inutiles. N'irai-je pas contre mes ennemis? n'éteindrai-je pas les torches nuptiales et la clarté du jour? Le Soleil, père de ma famille, voit un pareil spectacle! Il se laisse voir lui-même, et, monté sur son char, suit sa route accoutumée dans l'azur d'un ciel sans nuages! Il ne recule pas, il ne ramène pas le jour en arrière! Laisse-moi, laisse-moi traverser les airs sur ton char, ô mon père; confie-m'en la conduite, et remets en mes mains les rênes brûlantes de tes coursiers enflammés. L'incendie de Corinthe réunira les deux mers qu'elle sépare. C'est le seul parti qui me reste : je porterai comme ma rivale une torche d'hyménée, je réciterai les prières sacramentelles, et j'immolerai des victimes sur les autels consacrés pour ce grand jour. Cherche dans leurs entrailles mêmes le chemin de la vengeance, ô mon âme; si tu sais encore oser, et s'il te reste quelque chose de ta vigueur première, bannis toute crainte de femme, et revêts-toi de toutes les fureurs du Caucase. Tous les crimes qu'ont vus le Phase et le Pont, Corinthe les verra : je roule dans mon esprit des projets affreux, inouïs, abominables, qui doivent épou-

Tremenda cælo pariter ac terris mala,
Mens intus agitat; vulnera, et cædem, et vagum
Funus per artus : levia memoravi nimis.
Hæc virgo feci; gravior exsurgat dolor :
Majora jam me scelera post partus decent.
Accingere ira, teque in exitium para
Furore toto : paria narrentur tua
Repudia thalamis. Quo virum linquis modo?
Hoc, quo secuta es : rumpe jam segnes moras :
Quæ scelere parta est, scelere linquenda est domus.

SCENA II.

CHORUS.

Ad regum thalamos numine prospero,
Qui cælum Superi, quique regunt fretum,
Adsint, cum populis rite faventibus.
Primus sceptriferis colla Tonantibus
Taurus celsa ferat tergore candido.
Lucinam nivei femina corporis
Intentata jugo placet : et, asperi
Martis sanguineas quæ cohibet manus,
Quæ dat belligeris fœdera gentibus,
Et cornu retinet divite copiam,
Donetur tenera mitior hostia.
Et tu, qui facibus legitimis ades,

vanter à la fois le ciel et la terre. Blessures, meurtre, membres épars et sans sépulture, qu'est-ce que cela? mes premiers essais de jeune fille. Je veux que ma colère aujourd'hui soit plus terrible; femme et mère, il me faut de plus grands forfaits. Arme-toi de fureur, et prépare tout ce que tu as de rage et de puissance pour détruire; que le souvenir de ta répudiation soit sanglant comme celui de tes noces. Comment vas-tu quitter ton époux? comme tu l'as suivi. Abrège ces vains retards; tu es entrée dans ce palais par un crime, c'est par un crime qu'il faut en sortir.

SCÈNE II.

LE CHOEUR.

Dieux du ciel et de la mer, daignez favoriser ce royal hymen; et vous, peuples, apportez vos prières et vos vœux. D'abord, qu'un taureau blanc vienne présenter sa tête superbe aux autels de Jupiter et de Junon, dans les mains desquels résident le sceptre et la foudre. Sacrifions à Lucine, pour nous la rendre propice, une génisse blanche comme la neige, et qui n'ait jamais subi le joug. Immolons ensuite une victime plus tendre à la déesse qui enchaîne les mains sanglantes et les fureurs de Mars, qui dicte des traités d'alliance aux nations belliqueuses, et verse l'abondance de sa corne fertile. Et toi, qui marches précédé de flambeaux légitimes, et dont la main

Noctem discutiens auspice dextera,
Huc incede gradu marcidus ebrio,
Præcingens rosco tempora vinculo.
Et tu, quæ gemini prævia temporis
Tarde stella redis semper amantibus :
Te matres avidæ, te cupiunt nurus,
Quamprimum radios spargere lucidos.
  Vincit virgineus decor
 Longe Cecropias nurus :
 Et quas Taygeti jugis
 Exercet juvenum modo,
 Muris quod caret, oppidum :
 Et quas Aonius latex,
 Alpheosque sacer lavat.
 Si forma velit aspici,
 Cedent Æsonio duci,
 Proles fulminis improbi,
 Aptat qui juga tigribus :
 Nec non qui tripodas movet,
 Frater virginis asperæ.
 Cedet Castore cum suo
 Pollux cæstibus aptior.
 Sic, sic, Cælicolæ, precor,
 Vincat femina conjuges,
 Vir longe ut superat viros.
Hæc quum femineo constitit in choro,
Unius facies prænitet omnibus.
Sic cum sole perit sidereus decor;
Et densi latitant Pleiadum greges,
Quum Phœbe solidum lumine non suo

écarte doucement les ténèbres de la nuit, viens, ô Hyménée, la tête et les pieds appesantis par le vin, et le front ceint d'une couronne de roses. Et toi, qui précèdes le jour et la nuit, étoile de Vénus, toujours trop lente au gré des amans, lève-toi, les mères avides et les vierges impatientes soupirent après tes douces clartés.

La jeune princesse de Corinthe surpasse en beauté les vierges d'Athènes, et celles que la ville sans murailles voit se livrer, sur les sommets du Taygète, à de mâles exercices, et celles qui baignent leurs pieds blancs dans la fontaine d'Aonie ou dans les eaux saintes de l'Alphée. De même le noble fils d'Éson l'emporte, par les grâces de son visage, sur le fils de Sémélé, qui attèle des tigres à son char; sur le dieu qui anime le trépied des oracles, Apollon, frère de la chaste Diane; sur Pollux, qui se plaît aux combats du ceste, et sur son frère Castor.

Puissent-ils demeurer toujours, Créuse la plus belle des femmes, Jason le plus beau des époux!

Quand elle paraît au milieu de nos chœurs, ses charmes effacent toutes les beautés qui l'environnent. Ainsi la lumière des étoiles pâlit en présence du soleil, ainsi les astres nombreux des Pléiades se cachent à nos yeux quand la lune arrondit son croissant, et présente un

Orbem circuitis cornibus alligat.
Ostro sic niveus puniceo color
Perfusus rubuit : sic nitidum jubar
Pastor luce nova roscidus aspicit.

Ereptus thalamis Phasidos horridis,
Effrenæ solitus pectora conjugis
Invita trepidus prendere dextera,
Felix Æoliam corripe virginem,
Nunc primum soceris, sponse, volentibus.

Concesso, juvenes, ludite jurgio.
Hinc illinc, juvenes, mittite carmina :
Rara est in dominos justa licentia.

Candida thyrsigeri proles generosa Lyæi,
Multifidam jam tempus erat succendere pinum.
Excute solemnem digitis marcentibus ignem.
Festa dicax fundat convicia Fescenninus.
Solvat turba jocos. Tacitis eat illa tenebris,
Si qua peregrino nubit fugitiva marito.

cercle parfait de lumière empruntée. La blancheur de la neige, unie à l'éclat de la pourpre, compose le teint de notre jeune princesse, et l'incarnat de ses joues est pareil à celui de l'aurore que le pasteur, secouant la rosée du matin, voit paraître à l'horizon.

O vous, jeune héros, échappé de la couche horrible de la fille du Phase, de cette épouse cruelle dont vous ne caressiez les charmes qu'avec dégoût et d'une main tremblante, jouissez de votre bonheur, et recevez avec amour cette nouvelle épouse que ses parens du moins vous donnent avec joie.

Jeunes gens, livrez-vous à ces jeux folâtres qu'autorise la liberté des noces, lancez de tous côtés les couplets malins et joyeux. Rarement les sujets peuvent se permettre cette licence envers leurs princes.

Généreux fils du dieu qui porte le thyrse, charmant Hyménée, il est temps d'embraser le pin fendu en plusieurs parts; il est temps de ranimer tes doigts engourdis, et de secouer tes flambeaux solennels. Que le fescennin éclate avec sa verve piquante et maligne! C'est un jour de noces et de fêtes, livrez-vous aux transports d'une joie bruyante et animée : laissons le silence et la nuit à ces femmes qui se dérobent furtivement aux bras d'un étranger.

ACTUS SECUNDUS.

SCENA I.

MEDEA, NUTRIX.

MEDEA.

Occidimus : aures pepulit Hymenæus meas.
Vix ipsa tantum, vix adhuc, credo malum.
Hæc facere Jason potuit? erepto patre,
Patria atque regno, sedibus solam exteris
Deserere? durus merita contemsit mea,
Qui scelere flammas viderat vinci, et mare?
Adeone credit omne consumtum nefas?

Incerta, vecors, mente vesana feror
Partes in omnes, unde me ulcisci queam.
Utinam esset illi frater! est conjux : in hanc
Ferrum exigatur : hoc meis satis est malis?
Si quod Pelasgæ, si quod urbes barbaræ
Novere facinus, quod tuæ ignorant manus,
Nunc est parandum : scelera te hortentur tua;
Et cuncta redeant : inclitum regni decus
Raptum; et nefandæ virginis parvus comes

ACTE SECOND.

SCÈNE I.

MÉDÉE, SA NOURRICE.

MÉDÉE.

Je me meurs ; des chants d'hymen ont frappé mon oreille. C'est à peine encore si je puis croire à mon malheur. Jason a-t-il pu en venir là? Après m'avoir ôté mon père, ma patrie, mon royaume, m'abandonner ainsi seule sur une terre étrangère! Le cruel a-t-il donc oublié mes bienfaits? a-t-il oublié ma coupable puissance, qui a vaincu pour lui les flammes et les flots? pense-t-il que j'ai épuisé tous les crimes, et qu'il ne m'en reste plus à commettre?

Incertaine, égarée, je me tourne de tous côtés dans le transport qui m'agite, et cherche un moyen de me venger. Ah! s'il avait un frère! Mais il a une épouse : c'est elle qu'il faut frapper. — Est-ce donc assez pour le tourment que je souffre? S'il est dans la Grèce, s'il est chez les nations barbares un crime que tes mains ne connaissent pas encore, apprête-toi à le commettre : tes crimes passés t'y excitent; il faut les rappeler tous : la toison d'or enlevée; ton frère, malheureux compagnon

Divisus ense, funus ingestum patri;
Sparsumque ponto corpus; et Peliæ senis
Decocta aheno membra : funestum impie
Quam sæpe fudi sanguinem! at nullum scelus
Irata feci : sævit infelix amor.

Quid tamen Jason potuit, alieni arbitrii
Jurisque factus? debuit ferro obvium
Offerre pectus : melius, ah melius, dolor
Furiose, loquere : si potest, vivat meus,
Ut fuit, Jason; sin minus, vivat tamen,
Memorque nostri muneri parcat meo.
Culpa est Creontis tota, qui sceptro impotens
Conjugia solvit; quique genitricem abstrahit
Natis, et arcto pignore adstrictam fidem
Dirimit : petatur solus hic; pœnas luat,
Quas debet : alto cinere cumulabo domum.
Videbit atrum vorticem flammis agi
Malea, longas navibus flectens moras.

NUTRIX.

Sile, obsecro, questusque secreto abditos
Manda dolori : gravia quisquis vulnera
Patiente et æquo mutus animo pertulit,
Referre potuit : ira, quæ tegitur, nocet.
Professa perdunt odia vindictæ locum.

de ta fuite, mis en pièces; sa dépouille jetée sur la route de son père, et les débris de son corps semés sur le sol de son royaume; les membres du vieux Pélias brûlés dans la chaudière qui devait le rajeunir, que de meurtres commis! que de sang répandu! Et pourtant aucun de ces crimes ne fut l'effet de ma colère; aujourd'hui je sens toute la rage d'un amour dédaigné.

Mais que pouvait Jason, dominé comme il était par une volonté et une puissance étrangères? Il devait offrir son cœur au fer homicide. Non, modère ces transports, ô ma douleur, et parle plus sagement. Que Jason vive, et qu'il soit toujours à moi, s'il est possible; sinon, qu'il vive encore, qu'il garde le souvenir de mes bienfaits, et conserve cette vie que je lui ai donnée. La faute en est tout entière à Créon, qui abuse de sa puissance pour briser les nœuds de notre hymen, pour enlever une mère à ses enfans, et séparer deux époux si étroitement unis. C'est de lui seul qu'il faut me venger, c'est lui seul qu'il faut punir. Je réduirai son palais en cendres, et le promontoire de Malée, si redoutable aux vaisseaux égarés parmi ses écueils, verra monter vers le ciel de noirs tourbillons de fumée.

LA NOURRICE.

Calmez-vous, de grâce, et renfermez au fond de votre cœur ces plaintes funestes. Il faut dévorer patiemment et en silence les plus sanglans outrages, si l'on veut pouvoir s'en venger. C'est la colère concentrée qui est à craindre, tandis que la haine qui parle s'ôte à elle-même tout moyen de vengeance.

MEDEA.

Levis est dolor, qui capere consilium potest,
Et clepere sese : magna non latitant mala.
Libet ire contra.

NUTRIX.

Siste furialem impetum,
Alumna : vix te tacita defendit quies.

MEDEA.

Fortuna fortes metuit, ignavos premit.

NUTRIX.

Tunc est probanda, si locum virtus habet.

MEDEA.

Nunquam potest non esse virtuti locus.

NUTRIX.

Spes nulla monstrat rebus afflictis viam.

MEDEA.

Qui nil potest sperare, desperet nihil.

NUTRIX.

Abiere Colchi : conjugis nulla est fides,
Nihilque superest opibus e tantis tibi.

MEDEA.

Medea superest : hic mare et terras vides,
Ferrumque, et ignes, et Deos, et fulmina.

MÉDÉE. ACTE II.

MÉDÉE.

C'est une légère douleur, que celle qui peut user de sagesse et se replier sur elle-même : les grandes souffrances ne se cachent pas; il faut qu'elles éclatent librement.

LA NOURRICE.

Arrêtez cette fougue impétueuse, ma fille; le silence même n'est déjà pas trop sûr pour vous.

MÉDÉE.

La fortune, qui opprime les lâches, recule devant les âmes courageuses.

LA NOURRICE.

J'approuve le courage, mais quand il a lieu de se montrer.

MÉDÉE.

Il n'est pas de moment où il soit mal-à-propos de montrer du courage.

LA NOURRICE.

Il ne vous reste aucun espoir dans le malheur qui vous accable.

MÉDÉE.

Quand on n'espère plus, c'est alors qu'on ne doit pas désespérer.

LA NOURRICE.

Colchos est loin d'ici, votre perfide époux vous abandonne, et de toute votre puissance il ne vous reste rien.

MÉDÉE.

Il me reste Médée : tu vois en elle la terre et les mers, le fer et le feu, les dieux et la foudre.

NUTRIX.
Rex est timendus.

MEDEA.
Rex meus fuerat pater.

NUTRIX.
Non metuis arma?

MEDEA.
Sint licet Terra edita.

NUTRIX.
Moriere.

MEDEA.
Cupio.

NUTRIX.
Profuge.

MEDEA.
Pœnituit fugæ.
Medea fugiam?

NUTRIX.
Mater es.

MEDEA.
Cui sim, vides.

NUTRIX.
Profugere dubitas?

MEDEA.
Fugiam : at ulciscar prius.

NUTRIX.
Vindex sequetur.

MEDEA.
Forsan inveniam moras.

NUTRIX.
Compesce verba; parce jam demens minis,

LA NOURRICE.

Vous devez craindre la puissance du roi.

MÉDÉE.

Mon père était roi aussi.

LA NOURRICE.

Vous ne redoutez pas ses guerriers?

MÉDÉE.

Non, quand ils seraient fils de la Terre.

LA NOURRICE.

Vous mourrez.

MÉDÉE.

C'est ce que je désire.

LA NOURRICE.

Fuyez.

MÉDÉE.

Non; je me repens d'avoir fui déjà. Que je fuie encore, moi Médée!

LA NOURRICE.

Vous êtes mère.

MÉDÉE.

Tu vois par qui je le suis.

LA NOURRICE.

Pouvez-vous hésiter à fuir?

MÉDÉE.

Je fuirai; mais avant de fuir je serai vengée.

LA NOURRICE.

Votre ennemi vous poursuivra.

MÉDÉE.

Je trouverai peut-être un moyen de l'arrêter.

LA NOURRICE.

Faites silence, je vous en prie, et cessez vos folles

Animosque minue : tempori aptari decet.

MEDEA.

Fortuna opes auferre, non animum, potest.
Sed cujus ictu regius cardo strepit?
Ipse est Pelasgo tumidus imperio Creon.

SCENA II.

CREON, MEDEA.

CREON.

Medea, Colchi noxium Æetæ genus,
Nondum meis exportat e regnis pedem?
Molitur aliquid : nota fraus, nota est manus.
Cui parcit illa? quemve securum sinit?
Abolere propere pessimam ferro luem
Equidem parabam; precibus evicit gener.
Concessa vita est : liberet fines metu;
Abeatque tuta. Fert gradum contra ferox,
Minaxque nostros propius affatus petit.
Arcete, famuli, tactu et accessu procul.
Jubete, sileat : regium imperium pati
Aliquando discat : vade veloci via,
Monstrumque sævum, horribile jamdudum, avehe.

MEDEA.

Quod crimen, aut quæ culpa mulctatur fuga?

menaces. Calmez ce vain emportement, et pliez-vous aux circonstances.

MÉDÉE.

La fortune peut m'ôter ma puissance; mon courage, non. Mais qui fait crier sur ses gonds la porte du palais? C'est Créon lui-même, le maître orgueilleux de ce pays.

SCÈNE II.

CRÉON, MÉDÉE.

CRÉON.

Quoi! Médée, cette fille coupable du roi de Colchos ne songe pas encore à sortir de mes états? Elle médite quelque nouveau crime: on connaît son âme, on connaît ses coups. Qui peut-elle épargner? et qui trouvera le repos auprès d'elle? Je voulais d'abord employer le fer pour purger mon royaume de ce fléau; mais j'ai cédé aux prières de mon gendre, et je lui ai laissé la vie. Qu'elle nous délivre de sa fatale présence et qu'elle se retire en paix. Mais elle s'avance fièrement vers moi, et ose m'aborder d'un air menaçant. Gardes, repoussez-la; je ne veux pas qu'elle s'approche de moi, ni qu'elle me touche. Dites-lui de se taire, et qu'elle apprenne enfin à plier sous l'autorité royale. Retire-toi vite, malheureuse, et délivre-nous d'un monstre cruel et abominable.

MÉDÉE.

Pour quel crime, ou pour quelle faute me condamnez-vous à l'exil?

CREON.
Quæ causa pellat, innocens mulier rogat.
MEDEA.
Si judicas, cognosce : si regnas, jube.

CREON.
Æquum atque iniquum regis imperium feras.

MEDEA.
Iniqua nunquam regna perpetuo manent.
CREON.
I, querere Colchis.
MEDEA.
    Redeo : qui advexit, ferat.

CREON.
Vox constituto sera decreto venit.

MEDEA.
Qui statuit aliquid parte inaudita altera,
Æquum licet statuerit, haud æquus fuit.

CREON.
Auditus a te Pelia supplicium tulit?....
Sed fare : causæ detur egregiæ locus.
MEDEA.
Difficile quam sit animum ab ira flectere
Jam concitatum; quamque regale hoc putet,
Sceptris superbas quisquis admovit manus,
Qua cœpit, ire; regia didici mea.

CRÉON.

Cette honnête femme demande pourquoi on la chasse.

MÉDÉE.

Si vous prononcez comme juge, il faut m'entendre ; si c'est comme tyran, vous n'avez qu'à ordonner.

CRÉON.

Juste ou injuste, il faut obéir au commandement d'un roi.

MÉDÉE.

Un pouvoir tyrannique ne peut subsister long-temps.

CRÉON.

Va porter tes plaintes à Colchos.

MÉDÉE.

J'y retourne ; que celui qui m'en a fait sortir m'y ramène.

CRÉON.

J'ai prononcé ton arrêt, il n'est plus temps de réclamer.

MÉDÉE.

Celui qui juge sans avoir entendu les deux parties, quand même il rendrait une sentence équitable, commet une injustice.

CRÉON.

As-tu écouté Pélias avant de le tuer? Mais parle ; je veux bien te laisser plaider une aussi belle cause.

MÉDÉE.

Je sais par moi-même combien il est difficile d'apaiser le feu de la colère, et combien ceux dont l'orgueilleuse main porte le sceptre regardent comme une vertu royale de ne jamais revenir sur leurs pas : c'est une vérité que

Quamvis enim sim clade miseranda obruta,
Expulsa, supplex, sola, deserta, undique
Afflicta ; quondam nobili fulsi patre,
Avoque clarum Sole deduxi genus.
Quodcumque placidis flexibus Phasis rigat;
Pontusque quidquid Scythicus a tergo videt,
Palustribus qua maria dulcescunt aquis;
Armata peltis quidquid exercet cohors
Inclusa ripis vidua Thermodontiis :
Hoc omne noster genitor imperio regit.
Generosa, felix, decore regali potens
Fulsi : petebant tunc meos thalamos proci,
Qui nunc petuntur : rapida Fortuna ac levis,
Præcepsque, regno eripuit, exsilio dedit.
Confide regnis; quum levis magnas opes
Huc ferat et illuc casus : hoc reges habent
Magnificum et ingens, nulla quod rapiat dies,
Prodesse miseris, supplices fido lare
Protegere : solum hoc Colchico regno extuli;
Decus illud ingens, Græciæ florem inclitum,
Præsidia Achivæ gentis, et prolem Deûm
Servasse memet : munus est Orpheus meum,
Qui saxa cantu mulcet, et silvas trahit;
Geminumque munus Castor et Pollux meum est;
Satique Borea ; quique trans Pontum quoque
Summota Lynceus lumine immisso videt;
Omnesque Minyæ : nam ducum taceo ducem :
Pro quo nihil debetur : hunc nulli imputo :
Vobis revexi ceteros, unum mihi.

j'ai apprise dans le palais de mon père; car, tout accablée que je suis sous le poids des maux, bannie, suppliante, seule, délaissée, en butte à tous les coups, j'ai eu cependant pour père un roi puissant, et ma naissance est glorieuse, puisque j'ai le Soleil pour aïeul. Tous les pays que le Phase, en ses détours, baigne de ses eaux tranquilles; tous ceux que la mer de Scythie borne à l'Occident, aux lieux où l'eau des fleuves forme de vastes marais qui adoucissent l'amertume des ondes salées; toutes les terres que fatiguent de leurs courses les guerrières aux boucliers échancrés, qui se condamnent au veuvage sur les bords du Thermodon; toute cette étendue forme le royaume de mon père. J'ai eu mes beaux jours de gloire, de bonheur et de royale puissance; j'ai vu des amans, dont les rois recherchent aujourd'hui l'alliance, briguer l'honneur de ma main. Mais la fortune, inconstante et légère, m'a arrachée du trône pour me livrer à l'exil. Fiez-vous donc à la puissance, quand il ne faut qu'un moment pour détruire tant de gloire et de bonheur. Le plus grand, le plus beau privilège des rois, celui que nul coup du sort ne leur peut ravir, c'est d'assister les malheureux, de donner un sûr asile aux supplians; voilà le seul trésor que j'aie emporté de Colchos. J'ai cette gloire immense d'avoir sauvé moi-même la fleur des guerriers de la Grèce, tous ces héros enfans des dieux et le soutien de leur patrie. C'est à moi qu'elle doit Orphée, ce chantre admirable qui attendrit les rochers et traîne les forêts à sa suite; c'est à moi qu'elle doit Castor et Pollux, et les enfans de Borée, et Lyncée, dont la vue perçante découvre les objets placés

Incesse nunc, et cuncta flagitia ingere;
Fatebor : obici crimen hoc solum potest,
Argo reversa : virgini placeat pudor,
Paterque placeat; tota cum ducibus ruet
Pelasga tellus : hic tuus primum gener
Tauri ferocis ore flammanti occidet.

Fortuna causam, quæ volet, nostram premat :
Non pœnitet servasse tot regum decus.
Quodcumque culpa præmium ex omni tuli,
Hoc est penes te : si placet, damna ream;
Sed redde crimen : sum nocens, fateor, Creo.
Talem sciebas esse, quum genua attigi,
Fidemque supplex præsidis dextra petii.
Terra hac miseriis angulum et sedem rogo,
Latebrasque viles : urbe si pelli placet,
Detur remotus aliquis in regnis locus.

CREON.

Non esse me, qui sceptra violenter geram,
Nec qui superbo miserias calcem pede,
Testatus equidem videor haud clare parum,
Generum exsulem legendo, et afflictum, et gravi

au delà des mers; et tous les Argonautes, sans parler du chef de ces chefs conquérans, pour lequel vous ne me devez aucune reconnaissance, et pour lequel aussi je n'en demande pas. J'ai sauvé tous les autres pour vous; celui-là seulement, je l'ai sauvé pour moi-même.

Accusez-moi maintenant, et reprochez-moi tous mes crimes; je les avouerai. Le seul qu'on puisse me reprocher, c'est le retour des Argonautes. Mais si j'avais écouté la voix de la pudeur et de l'amour filial, c'en était fait de la Grèce entière et de ses princes, et votre gendre devenait la première victime du taureau qui vomissait des flammes.

Quelque malheur que le destin me réserve, je ne me repens pas d'avoir sauvé la vie à tous ces fils de rois. Le seul prix que j'aie reçu pour tous mes crimes, vous l'avez en votre puissance. Condamnez-moi comme coupable si vous voulez, mais rendez-moi celui qui m'a rendue coupable : je le suis en effet, Créon, je le confesse; mais vous saviez déjà que je l'étais, quand j'ai embrassé vos genoux, et que mes mains suppliantes ont réclamé votre protection auguste. Je ne vous demande qu'un asile dans ce royaume, un misérable coin de terre, une retraite obscure où me cacher. Si vous me bannissez de cette ville, ne me refusez pas au moins un abri éloigné dans l'étendue de vos états.

CRÉON.

Je ne suis point un roi cruel, ni capable de repousser outrageusement la prière d'un malheureux, et je crois l'avoir assez clairement prouvé, en prenant pour gendre un fugitif en proie à tous les maux, et qui avait tout à

Terrore pavidum : quippe te pœnæ expetit
Letoque Acastus, regna Thessalica obtinens.
Senio trementem debili atque ævo gravem
Patrem peremtum queritur, et cæsi senis
Discissa membra; quum dolo captæ tuo
Piæ sorores impium auderent nefas.
Potest Iason, si tuam causam amoves,
Suam tueri : nullus innocuum cruor
Contaminavit : abfuit ferro manus,
Proculque vestro purus a cœtu stetit.
Tu, tu malorum machinatrix facinorum,
Cui feminea nequitia, ad audendum omnia
Virile robur, nulla famæ memoria est,
Egredere, purga regna; letales simul
Tecum aufer herbas : libera cives metu.
Alia sedens tellure sollicita Deos.

MEDEA.

Profugere cogis? redde fugienti ratem,
Vel redde comitem : fugere cur solam jubes?
Non sola veni : bella si metuis pati,
Utrumque regno pelle : cur sontes duos
Distinguis? illi Pelia, non nobis jacet.
Fugam, rapinasque adice; desertum patrem,
Lacerumque fratrem; quidquid etiamnum novas
Docet maritus conjuges; non est meum.
Toties nocens sum facta, sed nunquam mihi.

craindre de ses ennemis : car Acaste, roi de Thessalie, cherche à vous faire périr en punition de vos crimes ; il poursuit contre vous la vengeance de son père, ce vieillard chargé d'années dont les membres ont été mis en pièces par ses propres filles, égarées dans leur amour filial, et poussées à ce forfait par vos cruels artifices. En séparant sa cause de la vôtre, Jason peut se justifier ; le sang de Pélias n'a point souillé ses mains innocentes ; il ne s'est point armé du fer ; il s'est gardé pur de ce qui s'est fait en votre présence. Malheureuse ouvrière des crimes les plus odieux, qui avez pour les concevoir la méchanceté d'une femme, et l'audace d'un homme pour les exécuter, et qui craignez si peu la honte qui s'attache aux actions infâmes, partez, délivrez ce pays de votre présence ; emportez avec vous vos funestes poisons, dissipez nos craintes ; allez ailleurs fatiguer les dieux de vos noirs sacrifices.

MÉDÉE.

Vous me forcez de partir ? eh bien ! rendez-moi le navire qui m'a portée ici ; rendez-moi le compagnon de ma fuite. Pourquoi me contraindre à partir seule ? je ne suis pas venue seule, pourtant. Si vous craignez d'avoir une guerre à soutenir, chassez-nous tous les deux. Pourquoi cette distinction entre deux coupables ? C'est pour lui seul que j'ai tué Pélias, non pour moi. Ainsi, de ma fuite, de mon larcin, de mon père trahi, de mon frère mis en pièces, tous ces crimes qu'un mari peut inspirer à de nouvelles épouses ne sont point mon ouvrage. Je les ai commis tous, il est vrai, mais aucun d'eux pour moi-même.

CREON.
Jam exisse decuit : quid seris fando moras?

MEDEA.
Supplex recedens illud extremum precor,
Ne culpa natos matris insontes trahat.

CREON.
Vade, hos paterno, ut genitor, excipiam sinu.

MEDEA.
Per ego auspicatos regii thalami toros,
Per spes futuras, perque regnorum status,
Fortuna varia dubia quos agitat vice,
Precor, brevem largire fugienti moram,
Dum extrema natis mater infigo oscula,
Fortasse moriens.

CREON.
Fraudibus tempus petis.

MEDEA.
Quæ fraus timeri tempore exiguo potest?

CREON.
Nullum ad nocendum tempus angustum est malis.

MEDEA.
Parumne miseræ temporis lacrimis negas?

CRÉON.

Vous devriez être partie. Pourquoi ces délais et ces vains discours?

MÉDÉE.

Je pars, mais je vous demande à genoux une dernière faveur, c'est de ne point punir mes fils innocens du crime de leur mère.

CRÉON.

Allez, je les traiterai comme mes propres enfans, et leur servirai de père.

MÉDÉE.

Par ce royal hymen que vous formez sous de si heureux auspices, par les espérances qu'il vous donne, par le destin des empires, dont la fortune inconstante se joue au gré de ses caprices, je vous en conjure, accordez-moi un court délai pour partir, le temps de prodiguer à mes enfans les derniers embrassemens d'une mère, peut-être, hélas! prête à mourir.

CRÉON.

Vous demandez le temps de commettre quelque nouveau crime.

MÉDÉE.

Quel mal pouvez-vous craindre de moi, en si peu de temps?

CRÉON.

Ce n'est jamais le temps qui manque aux scélérats pour mal faire.

MÉDÉE.

Refuserez-vous à une malheureuse quelques momens pour pleurer?

CREON.

Etsi repugnat precibus infixus timor,
Unus parando dabitur exsilio dies.

MEDEA.

Nimis est; recidas aliquid ex isto licet.
Et ipsa propero.

CREON.

Capite supplicium lues,
Clarus priusquam Phœbus attollat diem,
Nisi cedis Isthmo. Sacra me thalami vocant,
Vocat precari festus Hymenæo dies.

SCENA III.

CHORUS.

Audax nimium, qui freta primus
Rate tam fragili perfida rupit;
Terrasque suas post terga videns,
Animam levibus credidit auris;
Dubioque secans æquora cursu,
Potuit tenui fidere ligno,
Inter vitæ mortisque vias
Nimium gracili limite ducto.
Nondum quisquam sidera norat;
Stellisque, quibus pingitur æther,
Non erat usus : nondum pluvias

CRÉON.

Malgré la terreur involontaire qui me porte à vous refuser, je veux bien vous laisser un jour pour préparer votre départ.

MÉDÉE.

C'est trop, vous pouvez abréger ce délai ; moi-même je me sens pressée de partir.

CRÉON.

Il y va de votre vie, si vous n'avez quitté l'isthme avant que le soleil de demain se lève sur mes états. Mais la cérémonie du mariage m'appelle ; je dois aux dieux pour ce grand jour des vœux et des sacrifices.

SCÈNE III.

LE CHOEUR.

Il fut hardi, le premier navigateur qui osa fendre les flots perfides sur un fragile vaisseau, et laisser derrière lui sa terre natale, confier sa vie au souffle capricieux des vents, et poursuivre sur les mers sa course aventureuse, n'ayant pour barrière entre la vie et la mort que l'épaisseur d'un bois mince et léger! On ne connaissait point alors le cours des astres, et l'on ne savait point encore se régler sur la position des étoiles qui brillent dans l'espace. Les vaisseaux ne pouvaient éviter ni les Hyades pluvieuses, ni l'influence de la Chèvre d'Olène, ni celle du Chariot glacé que suit et dirige à pas lents le vieux

Hyadas poterant vitare rates :
Non Oleniæ sidera Capræ :
Non quæ sequitur flectitque senex
Arctica tardus Plaustra Bootes :
Nondum Boreas, nondum Zephyrus
    Nomen habebant.
Ausus Tiphys pandere vasto
Carbasa ponto, legesque novas
Scribere ventis : nunc lina sinu
Tendere toto : nunc prolato
Pede transversos captare Notos :
Nunc antennas medio tutas
Ponere malo : nunc in summo
Religare loco, quum jam totos
Avidus nimium navita flatus
Optat, et alto rubicunda tremunt
    Suppara velo.
Candida nostri secula patres
Videre, procul fraude remota.
Sua quisque piger litora tangens,
Patrioque senex factus in arvo,
Parvo dives, nisi quas tulerat
Natale solum, non norat opes.
Bene dissepti fœdera mundi
Traxit in unum Thessala pinus,
Jussitque pati verbera pontum;
Partemque metus fieri nostri
Mare sepositum : dedit illa graves
Improba pœnas, per tam longos
Ducta timores : quum duo montes,

Bouvier. Zéphyre et Borée n'avaient pas encore de nom.

Tiphys le premier osa déployer des voiles sur le grand abîme, et dicter aux vents de nouvelles lois. Il sut tantôt les ouvrir tout entières, tantôt les étendre au pied du mât pour recevoir le vent de côté ; abaisser prudemment les antennes à moitié du mât, ou les élever jusqu'à son sommet lorsque l'ardeur des matelots appelle toute la force des vents, et que la banderolle de pourpre s'agite vivement au haut du navire.

Nos pères vivaient dans des siècles d'innocence et de pureté. Chacun alors demeurait tranquille sur le rivage qui l'avait vu naître, et vieillissait sur la terre de ses aïeux, riche de peu, ne connaissant de trésors que ceux du pays natal.

Le vaisseau de Thessalie rapprocha les mondes que la nature avait sagement séparés, soumit la mer au mouvement des rames, et joignit à nos misères les périls d'un élément étranger. Ce malheureux navire paya chèrement son audace par cette longue suite de dangers qu'il lui fallut courir, entre les deux montagnes qui ferment l'entrée de l'Euxin, et qui se heurtaient l'une contre

Claustra profundi, hinc atque illinc
Subito impulsu, velut ætherio
Gemerent sonitu; spargeret astra
Nubesque ipsas mare deprensum.
Palluit audax Tiphys, et omnes
Labente manu misit habenas:
Orpheus tacuit torpente lyra;
Ipsaque vocem perdidit Argo.
Quid! quum Siculi virgo Pelori,
Rabidos utero succincta canes,
Omnes pariter solvit hiatus,
Quis non totos horruit artus,
Toties uno latrante malo?
Quid! quum Ausonium diræ pestes
Voce canora mare mulcerent;
Quum Pieria resonans cithara
Thracius Orpheus solitam cantu
Retinere rates pæne coegit
Sirena sequi?
    Quod fuit hujus
Pretium cursus? aurea pellis;
Majusque mari Medea malum,
Merces prima digna carina.
Nunc jam cessit pontus, et omnes
Patitur leges: non Palladia
Compacta manu; regum referens
Inclita remos quæritur Argo.
Quælibet altum cymba pererrat;
Terminus omnis motus, et urbes
Muros terra posuere nova.

l'autre, avec le retentissement de la foudre, tandis que la mer, prise entre elles, lançait jusqu'aux nues ses vagues écumantes. Le courageux Tiphys pâlit à cette vue, et laissa le gouvernail échapper à sa main défaillante; Orphée se tut, et sa lyre resta muette sous ses doigts; Argo lui-même perdit l'usage de la parole. Eh! quand la vierge du Pélore de Sicile, entourée de ses chiens furieux, les faisait aboyer tous à la fois, qui des navigateurs ne trembla de tous ses membres en entendant tous ces cris poussés par un seul monstre? Quelle dut être aussi leur terreur aux chants harmonieux des cruelles syrènes, entendues sur la mer d'Ausonie, et qui, accoutumées à retenir les vaisseaux par le charme de leur voix, se laissèrent presque entraîner aux doux accens de la lyre d'Orphée?

Quel fut le prix de ce hardi voyage? une toison d'or, et Médée, plus cruelle que les flots mêmes, digne récompense des premiers navigateurs. Maintenant la mer est soumise, et se courbe sous nos lois : plus n'est besoin d'un navire construit par Minerve, et monté par des rois; la moindre barque peut s'aventurer sur les flots : les bornes antiques sont renversées, et les peuples vont bâtir des villes sur des terres nouvelles. Le monde est ouvert en tout sens, et rien plus n'est à sa place.

Nil, qua fuerat sede, reliquit
    Pervius orbis.
Indus gelidum potat Araxem :
Albim Persæ, Rhenumque bibunt.
Venient annis secula seris,
Quibus Oceanus vincula rerum
Laxet, et ingens pateat tellus,
Tethysque novos detegat orbes,
Nec sit terris ultima Thule.

L'Indien boit l'eau glacée de l'Araxe, le Perse boit celle de l'Elbe et du Rhin. Un temps viendra, dans le cours des siècles, où l'Océan élargira la ceinture du globe, pour découvrir à l'homme une terre immense et inconnue; la mer nous révélera de nouveaux mondes, et Thulé ne sera plus la borne de l'univers.

ACTUS TERTIUS.

SCENA I.

NUTRIX, MEDEA.

NUTRIX.

Alumna, celerem quo rapis tectis pedem?
Resiste, et iras comprime, ac retine impetum.
Incerta qualis entheos cursus tulit,
Quum jam recepto Mœnas insanit Deo,
Pindi nivalis vertice, aut Nysæ jugis;
Talis recursat huc et huc motu effero,
Furoris ore signa lymphati gerens.
Flammata facies spiritum ex alto citat.
Proclamat : oculos uberi fletu rigat.
Renidet : omnis specimen affectus capit;
Hæret, minatur, æstuat, queritur, gemit.
Quo pondus animi verget? ubi ponet minas?
Ubi se iste fluctus franget, exundat furor.
Non facile secum versat aut medium scelus.
Se vincet : iræ novimus veteres notas.
Magnum aliquid instat, efferum, immane, impium.
Vultum furoris cerno. Dii fallant metum!

ACTE TROISIÈME.

SCÈNE I.

LA NOURRICE, MÉDÉE.

LA NOURRICE.

Princesse, où courez-vous d'un pas si rapide? Arrêtez, modérez votre colère, et calmez ce fougueux emportement. Comme une Ménade furieuse dans le désordre qui l'agite, et pleine du dieu qu'elle porte en son sein, se précipite au hasard à travers les sommets neigeux du Pinde ou les coteaux de Nysa, Médée va et vient, avec des mouvemens désordonnés, portant sur tous ses traits l'expression de la rage et de la fureur : son visage enflammé se gonfle par l'effort de sa respiration profonde. Elle crie ; ses yeux sont baignés d'un torrent de larmes : elle sourit d'un air satisfait; tous les sentimens paraissent tour-à-tour sur son visage. Elle hésite, elle menace, elle s'emporte, elle se plaint, elle gémit. Sur qui va tomber le poids de sa fureur? quel but vont frapper ses menaces? où le flot de sa colère doit-il se briser ? sa rage déborde : ce n'est pas un crime facile, un forfait ordinaire qu'elle médite; elle va se surpasser elle-même. J'ai vu autrefois les signes de la

MEDEA.

Si quæris odio, misera, quem statuas modum,
Imitare amorem. Regias egon' ut faces
Inulta patiar? segnis hic ibit dies,
Tanto petitus ambitu, tanto datus?
Dum terra cælum media libratum feret;
Nitidusque certas mundus evolvet vices;
Numerusque arenis deerit; et solem dies,
Noctem sequentur astra; dum siccas polus
Versabit Arctos; flumina in pontum cadent;
Nunquam meus cessabit in pœnas furor,
Crescetque semper. Quæ ferarum immanitas,
Quæ Scylla, quæ Charybdis, Ausonium mare
Siculumque sorbens, quæque anhelantem premens
Titana, tantis Ætna fervescit minis?
Non rapidus amnis, non procellosum mare,
Pontusque Coro sævus, aut vis ignium
Adjuta flatu, possit inhibere impetum
Irasque nostras: sternam et evertam omnia.

Timuit Creontem, ac bella Thessalici ducis?
Amor timere neminem verus potest:
Sed cesserit coactus, et dederit manus;
Adire certe, et conjugem extremo alloqui

colère sur ses traits; il se prépare quelque chose de grand, d'affreux, de cruel, d'abominable, d'impie, car c'est la fureur que je vois en ce moment sur son visage. Puisse le ciel tromper mes pressentimens!

MÉDÉE.

Si tu veux savoir, malheureuse, combien tu dois haïr, rappelle-toi combien tu as aimé. Je souffrirais ce royal hymen sans vengeance? je perdrais sans profit ce jour si instamment demandé, si difficilement obtenu? tant que la terre se balancera au milieu de l'air par son propre poids, tant que le cours des astres lumineux déploiera les saisons dans l'ordre accoutumé, tant qu'il sera impossible de compter les sables de la mer, tant que le jour suivra le soleil, et que la nuit ramènera les étoiles, tant que l'Ourse du pôle restera suspendue au dessus des flots, tant que les fleuves iront se jeter dans la mer, la soif de vengeance qui me dévore, loin de s'éteindre, ne fera que s'irriter davantage. Ni la rage des bêtes féroces, ni Scylla ni Charybde dont les gouffres engloutissent les mers d'Ausonie et de Sicile, ni l'Etna, qui de son poids écrase la poitrine d'Encelade, ne peuvent égaler la violence de ma fureur. Le fleuve le plus rapide, la mer la plus orageuse, l'Euxin soulevé par le souffle du Corus, la flamme excitée par le vent le plus fort, n'arrêteront point le cours impétueux de ma colère. Je renverserai tout, je briserai tout.

Jason dira-t-il qu'il redoutait Créon, et les armes du roi de Thessalie? mais le véritable amour ne peut rien craindre. En admettant même qu'il ait cédé à la force et obéi par faiblesse, il pouvait au moins venir trouver

Sermone potuit, hoc quoque extimuit ferox.
Laxare certe tempus immitis fugæ
Genero licebat : liberis unus dies
Datus duobus : non queror tempus breve;
Multum patebit : faciet, hic faciet dies,
Quod nullus unquam taceat : invadam Deos,
Et cuncta quatiam.

NUTRIX.

Recipe turbatum malis,
Hera, pectus : animum mitiga.

MEDEA.

Sola est quies,
Mecum ruina cuncta si video obruta.
Mecum omnia abeant : trahere, quum pereas, libet.

NUTRIX.

Quam multa sint timenda, si perstas, vide.
Nemo potentes aggredi tutus potest.

SCENA II.

JASON, MEDEA.

JASON.

O dura fata semper, et sortem asperam,
Quum sævit, et quum parcit, ex æquo malam!

son épouse, et se ménager avec elle un dernier entretien. Cet homme si fier ne l'a peut-être pas osé; il pouvait sans aucun doute obtenir de son beau-père de reculer l'instant de mon départ funeste. On me laisse un jour pour embrasser mes enfans. C'est peu, mais je ne m'en plains pas, car j'aurai de reste le temps qu'il me faut; ce jour, cet unique jour verra s'accomplir des choses qui feront l'entretien de tous les jours à venir. J'attaquerai les dieux mêmes, j'ébranlerai la nature entière.

LA NOURRICE.

Le malheur a troublé votre raison, princesse, calmez-vous, reprenez vos esprits égarés.

MÉDÉE.

Je n'aurai de repos que quand j'aurai vu toute chose s'abîmer avec moi; que tout l'univers périsse : il est doux de mourir en l'entraînant dans sa ruine.

LA NOURRICE.

Songez à tout ce que vous avez à craindre, si vous persistez dans ce fatal projet; il n'y a point de sûreté possible à attaquer ceux qui ont la force entre leurs mains.

SCÈNE II.

JASON, MÉDÉE.

JASON.

O destinée cruelle, ô sort impitoyable, et toujours également cruel dans sa faveur et dans sa haine! les dieux

Remedia toties invenit nobis Deus
Periculis pejora? si vellem fidem
Præstare meritis conjugis, leto fuit
Caput offerendum : si mori nolim, fide
Misero carendum est. Non timor vincit virum,
Sed trepida pietas : quippe sequeretur necem
Proles parentum. O sancta, si cælum incolis,
Justitia, numen invoco ac testor tuum !
Nati patrem vicere : quin ipsam quoque,
Etsi ferox est corde, nec patiens jugi,
Consulere natis malle, quam thalamis, reor.
Constituit animus precibus iratam aggredi.
Atque ecce, viso memet, exsiluit, furit.
Fert odia præ se, totus in vultu est dolor.

MEDEA.

Fugimus, Iason, fugimus : hoc non est novum,
Mutare sedes : causa fugiendi nova est.
Pro te solebam fugere : discedo, exeo.
Penatibus profugere quam cogis tuis,
Ad quos remittis ? Phasin et Colchos petam,
Patriumque regnum, quæque fraternus cruor
Perfudit arva? quas peti terras jubes?
Quæ maria monstras? Pontici fauces freti?
Per quas revexi nobiles regum manus,
Adulterum secuta per Symplegadas?
Parvamne Iolcon, Thessala an Tempe petam?
Quascumque aperui tibi vias, clusi mihi.
Quo me remittis? exsuli exsilium imperas,

ne savent-ils donc trouver à mes malheurs que des remèdes pires que les maux? si je veux garder la foi conjugale et la reconnaissance que je dois à mon épouse, il me faut dévouer ma tête à la mort; si je ne veux pas mourir, je suis forcé de devenir parjure. Ce n'est pas la crainte pourtant qui me fait oublier mes engagemens d'époux, c'est ma tendresse alarmée; car la mort de mes enfans suivrait de près la nôtre. Si tu habites le ciel, sainte justice, je t'invoque, et te prends à témoignage! c'est à mes enfans que je me dévoue; leur mère elle-même, j'en suis sûr, malgré sa violence et son humeur intraitable, tient plus à ses enfans qu'à son époux. Je viens essayer l'effet de mes prières sur son âme irritée. Voici qu'à ma vue, elle s'agite et bondit de fureur; la haine respire sur tous ses traits, et son visage exprime toute la colère qui bouillonne dans son cœur.

MÉDÉE.

Je fuis, Jason, je fuis; l'exil n'est pas nouveau pour moi; c'est la cause de l'exil qui est nouvelle. C'est pour toi que j'ai fui, jusqu'à ce jour; maintenant.... je quitte ces lieux, je pars. Mais en me chassant de ton palais, où veux-tu que j'aille? vers le Phase, à Colchos, dans le royaume de mon père, dans ces plaines arrosées du sang de mon frère? en quel pays m'ordonnes-tu de porter mes pas? quelles mers faut-il que je traverse encore? le détroit de l'Euxin, par où j'ai ramené toute une armée de héros, en suivant un amant adultère à travers les Symplégades? est-ce l'humble Iolchos, la Thessalie ou Tempé que tu me donnes pour séjour? toutes les voies que je t'ai ouvertes, je me les suis fermées à moi-même.

Nec das : eatur; regius jussit gener.
Nihil recuso : dira supplicia ingere;
Merui : cruentis pellicem pœnis premat
Regalis ira, vinculis oneret manus,
Clusamque saxo noctis æternæ obruat;
Minora meritis patiar. Ingratum caput!
Revolvat animus igneos tauri halitus,
Interque sævos gentis indomitæ metus,
Armifero in arvo flammeum Æetæ pecus,
Hostique subiti tela : quum jussu meo
Terrigena miles mutua cæde occidit.
Adice expetita spolia Phrixei arietis,
› Somnoque jussum lumina ignoto dare
Insomne monstrum : traditum fratrem neci;
Et scelere in uno non semel factum scelus;
Jussasque natas, fraude deceptas mea,
Secare membra non revicturi senis.
Aliena quærens regna, deserui mea.

Per spes tuorum liberum, et certum larem,
Per victa monstra, per manus, pro te quibus
Nunquam peperci, perque præteritos metus,
Per cælum, et undas, conjugii testes mei,
Miserere : redde supplici felix vicem.
Ex opibus illis, quas procul raptas Scythæ
Usque a perustis Indiæ populis petunt,

Où me renvoies-tu? tu m'imposes l'exil, mais tu ne m'en indiques pas le lieu; il faut partir, voilà ce qu'ordonne le gendre de Créon. Je consens à tout ; accable-moi des plus cruels traitemens, je les ai tous mérités ; que le roi dans sa colère épuise toutes les cruautés contre la rivale de sa fille, qu'il charge mes mains de chaînes, qu'il me plonge dans l'éternelle nuit d'un cachot affreux, c'est moins encore que je ne mérite. Homme ingrat! souviens-toi donc de ces taureaux à la brûlante haleine, de ces monstres effrayans qui glaçaient de terreur tes compagnons et toi-même, dans cette plaine d'où sortait une moisson furieuse de soldats armés, ces ennemis inattendus, nés de la terre, et qui, à mon commandement, périrent tous de la main les uns des autres. Rappelle-toi encore le bélier de Phryxus dont tu venais conquérir la riche dépouille, et le dragon vigilant forcé, pour la première fois, de céder à la puissance du sommeil ; et mon frère mis à mort, et tous les crimes résumés par moi en un seul crime, et les filles de Pélias abusées par mes artifices jusqu'à mettre en pièces le corps de leur vieux père qui ne devait point revivre. N'oublie pas non plus que, pour chercher sur tes pas un autre royaume, j'ai abandonné le mien.

Par les enfans que tu espères d'une nouvelle épouse, par le repos que tu vas trouver dans le palais de Créon, par les monstres que j'ai vaincus, par ces mains toujours dévouées à te servir, par les périls dont je t'ai délivré, par le ciel et la mer témoins de nos sermens, prends pitié de ma misère, je t'en supplie, et rends-moi aux jours de ton bonheur le prix de mes bienfaits. De toutes

Quas quia referta vix domus gazas capit,
Ornamus auro nemora, nil exsul tuli,
Nisi fratris artus : hos quoque impendi tibi.
Tibi patria cessit, tibi pater, frater, pudor.
Hac dote nupsi : redde fugienti sua.

JASON.

Perimere quum te vellet infestus Creo,
Lacrimis meis evictus, exsilium dedit.

MEDEA.

Pœnam putabam; munus, ut video, est fuga.

JASON.

Dum licet abire, profuge, teque hinc eripe.
Gravis ira regum est semper.

MEDEA.

       Hoc suades mihi,
Præstas Creusæ : pellicem invisam amoves.

JASON.

Medea amores obicit?

MEDEA.

     Et cædem, et dolos.

JASON.

Objicere crimen quod potes tandem mihi?

MEDEA.

Quodcumque feci.

ces richesses que les Scythes vont ravir si loin, et rapportent des brûlantes plaines de l'Inde, de ces amas d'or, si considérables que nos palais ne peuvent les contenir, et que nous en faisons l'ornement de nos bois, je n'en ai rien emporté dans ma fuite, rien que les membres de mon frère; encore était-ce pour toi. Ma patrie, mon père, mon frère, ma pudeur, je t'ai tout sacrifié : ce fut ma dot; rends-moi tous ces biens puisque tu me renvoies.

JASON.

Créon, dans sa colère, voulait vous ôter la vie; mes larmes l'ont apaisé, il borne sa vengeance à un ordre d'exil.

MÉDÉE.

Je regardais l'exil comme un châtiment; il me faut, à ce que je vois, le recevoir comme une faveur.

JASON.

Tandis que vous le pouvez encore, fuyez, sauvez-vous de ces lieux. Les rois sont terribles dans leur colère.

MÉDÉE.

Ce que tu me conseilles, c'est pour Créuse que tu penses l'obtenir. Tu veux l'affranchir d'une rivale odieuse.

JASON.

Médée me reproche mes amours?

MÉDÉE.

Oui, et tes meurtres, et tes perfidies.

JASON.

Mais de quels crimes enfin pouvez-vous m'accuser?

MÉDÉE.

De tous ceux que j'ai commis.

JASON.
                    Restat hoc unum insuper,
Tuis ut etiam sceleribus fiam nocens.

MEDEA.
Tua illa, tua sunt illa : cui prodest scelus,
Is fecit : omnes conjugem infamem arguant;
Solus tuere, solus insontem voca.
Tibi innocens sit, quisquis est pro te nocens.

JASON.
Ingrata vita est, cujus acceptæ pudet.

MEDEA.
Retinenda non est, cujus acceptæ pudet.

JASON.
Quin potius ira concitum pectus doma.
Placare natis.

MEDEA.
                 Abdico, ejuro, abnuo.
Meis Creusa liberis fratres dabit?

JASON.
Regina natis exsulum, afflictis potens.

MEDEA.
Non veniat unquam tam malus miseris dies,
Qui prole fœda misceat prolem inclitam;
Phœbi nepotes Sisyphi nepotibus.

JASON.
Quid, misera, meque teque in exitium trahis?
Abscede, quæso.

JASON.

Il ne reste plus qu'à me déclarer coupable même de tous vos forfaits.

MÉDÉE.

Ces forfaits sont les tiens, oui les tiens; le crime est à celui qui en recueille les fruits. Quand je serais infâme pour tous les autres, toi seul devrais me défendre, et soutenir mon innocence. Celui qui se rend coupable pour ton service, doit être pur à tes yeux.

JASON.

La vie est un supplice quand on rougit de celui dont on l'a reçue.

MÉDÉE.

On ne la conserve pas, quand on rougit de l'avoir reçue.

JASON.

Que ne calmez-vous plutôt ces mouvemens de fureur? vous êtes mère, songez à vos enfans.

MÉDÉE.

Je n'en veux plus, je les renie, je les repousse de moi, si Créuse doit leur donner des frères.

JASON.

Elle est reine pour offrir un asile à des fils d'exilés, et puissante pour les protéger dans leur infortune.

MÉDÉE.

Que les dieux m'épargnent ce malheur affreux, de voir un sang illustre mêlé au sang d'une race infâme, et les descendans du Soleil, unis aux enfans de Sisyphe.

JASON.

Pourquoi cette obstination cruelle à vouloir nous perdre ainsi tous les deux? partez, je vous en conjure.

MEDEA.
Supplicem audivit Creo.
JASON.
Quid facere possim, eloquere.
MEDEA.
Pro me? vel scelus.
JASON.
Hinc rex, et illinc.
MEDEA.
Est et his major metus,
Medea : nos conflige : certemus; sine,
Sit pretium Iason.
JASON.
Cedo defessus malis :
Et ipsa casus sæpe jam expertos time.
MEDEA.
Fortuna semper omnis infra me stetit.

JASON.
Acastus instat, propior est hostis Creo.

MEDEA.
Utrumque profuge : nolo ut in socerum manus
Armes; nec ut te cæde cognata inquines,
Medea cogit : innocens mecum fuge.

JASON.
Et quis resistet, gemina si bella ingruant ?
Creo atque Acastus arma si jungant sua ?

MÉDÉE.
Créon lui-même a écouté mes prières.

JASON.
Que puis-je faire pour vous, dites-le moi?

MÉDÉE.
Pour moi? tout, jusqu'au crime.

JASON.
Je suis entre deux rois qui me pressent.

MÉDÉE.
Tu as aussi Médée plus puissante qu'eux, et plus redoutable. Faisons-en l'épreuve, laisse-moi les combattre, et que Jason soit le prix de la victoire.

JASON.
Le malheur a brisé mon courage, vous-même craignez le retour des maux qui déjà vous ont accablée.

MÉDÉE.
Dans tous les temps je suis restée maîtresse de la fortune.

JASON.
Acaste s'avance; Créon, plus proche encore, est aussi plus redoutable.

MÉDÉE.
Il faut les fuir tous les deux : je n'exige pas que tu prennes les armes contre ton beau-père; Médée ne veut pas que tu souilles tes mains du sang de ta famille : conserve ta vertu, mais suis-moi.

JASON.
Et qui nous défendra, si nous avons à soutenir une double guerre? si Créon et Acaste réunissent leurs armées contre nous?

MEDEA.

His adice Colchos, adjice Æeten ducem,
Scythas Pelasgis junge : demersos dabo.

JASON.

Alta extimesco sceptra.

MEDEA.

Ne cupias, vide.

JASON.

Suspecta ne sint, longa colloquia amputa.

MEDEA.

Nunc summe toto Jupiter cælo tona.
Intende dextram : vindices flammas para,
Omnemque ruptis nubibus mundum quate :
Nec diligenti tela librentur manu.
Vel me, vel istum : quisquis e nobis cadet,
Nocens peribit : non potest in nos tuum
Errare fulmen.

JASON.

Sana meditari incipe,
Et placida fare : si quid ex soceri domo
Potest fugam levare, solamen pete.

MEDEA.

Contemnere animus regias, ut scis, opes
Potest, soletque : liberos tantum fugæ
Habere comites liceat, in quorum sinu
Lacrimas profundam : te novi nati manent.

MÉDÉE.

Ajoute à leurs armées celles de Colchos, sous la conduite d'Éeta, joins les Scythes aux Grecs, et tu verras tous ces ennemis périr au sein des flots.

JASON.

L'éclat du sceptre m'inspire de l'effroi.

MÉDÉE.

Prends garde plutôt qu'il n'excite tes désirs.

JASON.

Cet entretien pourrait devenir suspect, ne le prolongeons pas plus long-temps.

MÉDÉE.

Puisqu'il en est ainsi, puissant maître des dieux, fais retentir le ciel du bruit de ton tonnerre, arme tes mains, et prépare tes flammes vengeresses. Que tes carreaux ébranlent le monde en déchirant les nuages. Tu n'as pas besoin de choisir la place où tu dois frapper ; lui ou moi, n'importe ; qui que ce soit de nous deux qui meure, ce sera toujours un coupable ; et ta foudre ne s'égarera pas en tombant sur nous.

JASON.

Revenez à des pensées plus sages, et parlez avec moins de fureur. S'il y a dans le palais de mon beau-père quelque chose qui puisse adoucir l'amertume de votre exil, vous n'avez qu'à le demander.

MÉDÉE.

Je sais mépriser les trésors des rois, et c'est, tu ne l'ignores pas, ce que j'ai toujours fait. Seulement laisse-moi prendre mes enfans, pour qu'ils m'accompagnent dans mon exil, et que je puisse répandre mes larmes dans leur

JASON.

Parere precibus cupere me, fateor, tuis;
Pietas vetat : namque istud ut possim pati,
Non ipse memet cogat et rex et socer.
Hæc causa vitæ est, hoc perusti pectoris
Curis levamen : spiritu citius queam
Carere, membris, luce.

MEDEA.

     Sic natos amat?
Bene est : tenetur; vulneri patuit locus.
Suprema certe liceat abeuntem loqui
Mandata : liceat ultimum amplexum dare.
Gratum est et illud. Voce jam extrema peto,
Ne si qua noster dubius effudit dolor,
Maneant in animo verba : melioris tibi
Memoria nostri subeat : hæc iræ data
Obliterentur.

JASON.

   Omnia ex animo expuli;
Precorque, et ipsa fervidam ut mentem regas,
Placideque tractes : miserias lenit quies.

MEDEA.

Discessit : itan' est? vadis oblitus mei,
Et tot meorum facinorum? excidimus tibi?
Nunquam excidemus. Hoc age, omnes advoca
Vires et artes : fructus est scelerum tibi,

sein : toi, ta nouvelle épouse te donnera d'autres enfans.

JASON.

Je voudrais pouvoir consentir à ce que vous me demandez, je l'avoue, mais l'amour paternel me le défend ; Créon lui-même, tout roi qu'il est, et mon beau-père, n'obtiendrait jamais de moi un pareil sacrifice. Mes enfans sont les seuls liens qui m'attachent à la vie, la seule consolation de mes cuisantes peines ; je renoncerais plutôt à l'air que je respire, à mes propres membres, à la lumière du jour.

MÉDÉE.

Voilà donc comme il aime ses enfans ! c'est bien, il est en ma puissance, j'ai un endroit où le frapper. Permettez au moins qu'en partant je leur parle une dernière fois, que je leur donne mes derniers baisers de mère : vous ne pouvez me refuser cette faveur ; ce sont les dernières paroles que vous entendrez de moi ; oubliez tout ce que j'ai pu vous dire dans le désordre de la colère : conservez de moi un souvenir plus favorable, et que ces paroles furieuses sortent de votre mémoire.

JASON.

Je les ai toutes oubliées ; ce que je vous demande seulement, c'est de modérer l'excès de votre douleur, et de rendre la paix à votre âme : la résignation dans le malheur en adoucit l'amertume.

MÉDÉE.

Il s'en va ! quoi ! tu me quittes ainsi, oubliant et moi-même, et tous mes bienfaits ! ne te souvient-il plus de moi ? il faut qu'il t'en souvienne à jamais. Maintenant, à l'œuvre, Médée ; déploie toute ta puissance, et

Nullum scelus putare. Vix fraudi est locus :
Timemur. Hac aggredere, qua nemo potest
Quidquam timere : perge : nunc aude, incipe,
Quidquid potes, Medea, quidquid non potes.

Tu, fida nutrix, socia mœroris mei,
Variique casus, misera consilia adjuva.
Est palla nobis, munus ætheriæ domus,
Decusque regni, pignus Æetæ datum
A Sole generis : est et auro textili
Monile fulgens; quodque gemmarum nitor
Distinguit aurum, quo solent cingi comæ.
Hæc nostra nati dona nubenti ferant,
Sed ante diris illita ac tincta artibus.
Vocetur Hecate : sacra luctifica appara.
Statuantur aræ, flamma jam tectis sonet.

SCENA III.

CHORUS.

Nulla vis flammæ, tumidique venti
Tanta, nec teli metuenda torti,
Quanta, quum conjux viduata tædis
        Ardet et odit.

toutes tes ressources. Le fruit de tant de crimes pour toi, c'est de ne plus connaître de crimes ; la ruse ne servirait de rien ici, on te craint. Frappe à l'endroit où l'on ne peut songer à se défendre; allons, il faut oser, il faut exécuter ce qui est en ta puissance, et même ce qui est au dessus de tes forces.

Et toi, ma fidèle nourrice, la confidente de mes peines, la compagne de ma vie agitée, viens seconder mes tristes résolutions. Il me reste un manteau précieux, don céleste, consacré dans ma famille, et le plus bel ornement du trône de Colchos, donné par le Soleil à mon père, comme une marque de sa haute origine ; j'ai de plus un beau collier d'or, et un peigne d'or étincelant de pierreries, qui me sert à parer ma tête : je veux que mes enfans les offrent de ma part à la nouvelle épouse, mais après que je les aurai moi-même imprégnés d'un poison magique par la force de mes enchantemens. Il faut invoquer Hécate, et préparer l'affreux sacrifice; dressons l'autel, et que le feu s'allume.

SCÈNE III.

LE CHOEUR.

Ni la violence des flammes, ni la force des vents, ni les flèches rapides, ne sont redoutables comme la fureur d'une femme répudiée, qui aime et qui hait tout ensemble.

Non, ubi hibernos nebulosus imbres
Auster advexit; properatque torrens
Ister, et junctos vetat esse pontes,
     Ac vagus errat.
Non, ubi impellit Rhodanus profundum;
Aut ubi in rivos, nivibus solutis
Sole jam forti, medioque vere,
     Tabuit Hæmus.
Cæcus est ignis stimulatus ira,
Nec regi curat, patiturve frenos.
Haud timet mortem : cupit ire in ipsos
     Obvius enses.
Parcite, o Divi : veniam precamur,
Vivat ut tutus, mare qui subegit.
Sed furit vinci dominus profundi
     Regna secunda.
Ausus æternos agitare currus
Immemor metæ juvenis paternæ,
Quos polo sparsit, furiosus ignes
     Ipse recepit.
Constitit nulli via nota magno.
Vade, qua tutum populo priori :
Rumpe nec sacro, violente, sancta
     Fœdera mundi.

Quisquis audacis tetigit carinæ
Nobiles remos, nemorisque sacri
Pelion densa spoliavit umbra :
Quisquis intravit scopulos vagantes,
Et tot emensus pelagi labores,

Moins terrible est le vent d'ouest, quand il déchaîne les tempêtes de l'hiver, et le Danube quand il se précipite comme un torrent, brise les ponts qui joignent ses rives, et se déborde à travers les campagnes.

Moins terrible est le Rhône quand il repousse les flots de la mer, et moins terribles sont les torrens formés par les neiges de l'Hémus quand elles se fondent aux regards brûlans du soleil, vers le milieu du printemps.

Le feu de l'amour, attisé par la haine, est aveugle et furieux; rien ne peut l'apaiser, ni régler ses emportemens : la mort même ne l'effraie pas, il va lui-même au devant de l'épée.

Grâce! dieux tout puissans; nous implorons votre clémence : protégez les jours du héros dont le courage a soumis la mer! Mais hélas! le roi des flots brûle de venger l'outrage fait à son empire.

Le jeune téméraire qui voulut guider le char éternel du dieu du jour, oubliant les limites que son père avait tracées, fut, pour prix de son imprudence, atteint des feux qu'il avait jetés à travers le monde.

Ce n'est jamais sans péril qu'on se lance dans des voies inconnues : suivez la route sûre, tracée par les premiers hommes, et gardez-vous de porter une main violente et sacrilège sur les barrières vénérables qui séparent les mondes.

Tous ceux qui ont manié les rames célèbres du hardi vaisseau, et dépouillé le Pélion de l'épais ombrage de sa forêt sacrée; tous ceux qui se sont jetés à travers les rochers mouvans; qui, après des périls sans nombre, ont abordé aux côtes d'un pays barbare, pour en rapporter

Barbara funem religavit ora,
Raptor externi rediturus auri ;
Exitu diro temerata ponti
                Jura piavit.
Exigit poenas mare provocatum.
Tiphys in primis domitor profundi
Liquit indocto regimen magistro,
Litore externo procul a paternis
Occidens regnis, tumuloque vili
Tectus, ignotas jacet inter umbras.
Aulis amissi memor inde regis
Portubus lentis retinet carinas
                Stare querentes.
Ille vocali genitus Camoena,
Cujus ad chordas, modulante plectro,
Restitit torrens, siluere venti ;
Cui suo cantu volucris relicto
Adfuit, tota comitante silva,
Thracios sparsus jacuit per agros ;
At caput tristi fluitavit Hebro :
Contigit notam Styga, Tartarumque,
                Non rediturus.
Stravit Alcides Aquilone natos.
Patre Neptuno genitum necavit,
Sumere innumeras solitum figuras.
Ipse post terræ pelagique pacem,
Post feri Ditis patefacta regna,
Vivus ardenti recubans in Œta,
Præbuit sævis sua membra flammis,
Tabe consumtus gemini cruoris
                Munere nuptæ.

l'or qu'allaient saisir leurs mains avides, ont dû périr, et expier leur sacrilège audace par un trépas cruel.

La mer, outragée par eux, a vengé ses droits méconnus. Tiphys, le premier des navigateurs, a dû céder le gouvernail à des mains moins habiles; il est mort loin des états paternels, sur une plage étrangère, et repose maintenant sous une tombe inconnue, parmi des ombres sans gloire; et l'Aulide, avertie par le malheur de son roi, retient aujourd'hui dans ses ports les navires impatiens du calme qui les arrête.

Le noble fils de Calliope, dont la lyre harmonieuse suspendait le cours des fleuves, et faisait taire les vents, dont la douce mélodie faisait oublier aux oiseaux leurs chants, et forçait les forêts à le suivre, a été mis en pièces dans les plaines de Thrace, et sa tête a roulé sur les ondes glacées de l'Hèbre; il a revu les bords du Styx et les ténèbres du Tartare, pour n'en plus remonter.

Alcide a vaincu les enfans de Borée; il a mis à mort le fils de Neptune, qui avait reçu de son père le don de prendre plusieurs formes. Lui-même, après avoir pacifié la terre et l'onde, après avoir brisé les portes du sombre empire, s'est couché vivant sur le bûcher de l'OEta, et livrant son corps aux flammes dévorantes, est mort brûlé par cette robe sanglante de Nessus, que sa nouvelle épouse lui avait donnée.

Stravit Ancæum violentus ictu
Setiger : fratres, Meleagre, matris
Impius mactas; morerisque dextra
Matris iratæ : meruere cuncti.
Morte quod crimen tener expiavit
Herculi magno puer irrepertus,
Raptus heu! tutas puer inter undas?
Ite nunc fortes; perarate pontum
              Fonte timendo.
Idmonem, quamvis bene fata nosset,
Condidit serpens Libycis arenis.
Omnibus verax, sibi falsus uni
Concidit Mopsus, caruitque Thebis.
Ille si vere cecinit futura,
Exsul erravit Thetidis maritus.
Igne fallaci nociturus Argis
Nauplius præceps cadet in profundum.
Crimini pœnas patrio pependit
Fulmine et ponto moriens Oilcus.
Conjugis fatum redimens Pheræi
Uxor impendit animam marito.
Ipse, qui prædam spoliumque jussit
Aureum prima revehi carina,
Ustus accenso Pelias aheno
Arsit angustas vagus inter undas.
Jam satis, Divi, mare vindicastis.
              Parcite jusso.

Ancée a péri sous la dent cruelle d'un sanglier; tes mains impies, ô Méléagre, ont détruit les frères de ta mère qui a vengé leur mort par la tienne. Tous ces héros, du moins, avaient mérité leur sort; mais quel crime avait commis le tendre enfant que le grand Hercule n'a pu retrouver, et qui périt, hélas! entraîné dans le cours d'une eau tranquille? Allez donc maintenant, héros magnanimes, braver la mer, quand une simple fontaine vous offre tant de périls!

Idmon était savant dans la science de l'avenir, toutefois un serpent l'a dévoré, dans les sables de Libye. Mopsus, qui a fait ces prédictions véritables à tous ses compagnons, a seul démenti ses propres oracles; il est mort loin de Thèbes. S'il faut en croire ses prophétiques récits, l'époux de Thétis a mené dans l'exil une vie errante et misérable. Nauplius, qui doit allumer des feux trompeurs, pour se venger des Grecs, se précipitera lui-même au fond des mers. Le fils d'Oïlée a péri, frappé de la foudre et noyé dans les flots, en expiation des crimes de son père. Alceste, se sacrifiant pour son époux, meurt pour racheter les jours du roi de Thessalie. Enfin celui même qui ordonna de rapporter, sur le premier navire, les dépouilles de l'Asie, et la riche toison du bélier de Phryxus, Pélias a été plongé dans une chaudière bouillante, et son corps, mis en pièces, a été consumé dans cet espace étroit et brûlant. Dieux puissans! vous avez assez vengé la mer, épargnez Jason, qui n'a pris part que malgré lui à cette entreprise!

ACTUS QUARTUS.

SCENA I.

NUTRIX.

Pavet animus, horret; magna pernicies adest.
Immane quantum augescit, et semet dolor
Accendit ipse, vimque præteritam integrat.
Vidi furentem, sæpe et aggressam Deos,
Cælum trahentem : majus his, majus parat
Medea monstrum : namque ut attonito gradu
Evasit, et penetrale funestum attigit,
Totas opes effudit, et quidquid diu
Etiam ipsa timuit, promit; atque omnem explicat
Turbam malorum; arcana, secreta, abdita.
Et triste læva comprecans sacrum manu,
Pestes vocat, quascumque ferventis creat
Arena Libyæ, quasque perpetua nive
Taurus coercet frigore Arctoo rigens;
Et omne monstrum : tracta magicis cantibus
Squammifera latebris turba desertis adest.
Hic sera serpens corpus immensum trahit,
Trifidamque linguam exsertat, et quærens, quibus
Mortifera veniat, carmine audito stupet,

ACTE QUATRIÈME.

SCÈNE I.

LA NOURRICE.

Mon âme est saisie d'horreur et d'effroi ; un malheur affreux se prépare. Le courroux de Médée s'augmente et s'enflamme d'une manière effrayante, et ses fureurs passées renaissent. Je l'ai vue souvent, dans ses transports, attaquer les dieux, et forcer le ciel même à lui obéir ; mais ce qu'elle médite en ce moment doit être plus terrible encore et plus étrange : car à peine s'est-elle échappée d'ici, d'un pas furieux, pour se renfermer dans son funeste sanctuaire, qu'elle a déployé toute sa puissance, et mis en œuvre des secrets qu'elle-même avait toujours redoutés, et tout ce qu'elle connaît de maléfices cachés, mystérieux, inconnus. Puis, étendant la main gauche sur son autel funeste, elle appelle tous les fléaux qu'enfantent les sables brûlans de la Libye, et ceux que les cimes glacées du Taurus tiennent enchaînés sous la neige éternelle ; elle appelle tous les monstres : attirés par ses évocations magiques, des reptiles sans nombre s'élancent de leurs retraites. Un vieux serpent s'avance, traînant avec effort sa masse énorme ; il allonge les

Tumidumque nodis corpus aggestis plicat,
Cogitque in orbes. Parva sunt, inquit, mala,
Et vile telum est, ima quod tellus creat :
Cælo petam venena : jam nunc tempus est
Aliquid movere fraude vulgari altius.
Huc ille vasti more torrentis jacens
Descendat anguis, cujus immensos duæ,
Major minorque, sentiunt nodos feræ;
Major Pelasgis, apta Sidoniis minor.
Pressasque tandem solvat Ophiuchus manus,
Virusque fundat : adsit ad cantus meos
Lacessere ausus gemina Python numina.
Et hydra, et omnis redeat Herculea manu
Succisa serpens, cæde se reparans sua.
Tu quoque relictis pervigil Colchis ades,
Sopite primum cantibus serpens meis.

Postquam evocavit omne serpentum genus,
Congerit in unum frugis infaustæ mala :
Quæcumque generat invius saxis Eryx;
Quæ fert opertis hieme perpetua jugis
Sparsus cruore Caucasus Promethei;
Et queis sagittas divites Arabes linunt,
Pharetraque pugnax Medus, aut Parthus levis;
Aut quos sub axe frigido succos legunt
Lucis Suevi nobiles Hercyniis.
Quodcumque tellus vere nidifico creat,

trois dards de sa langue, et cherche des yeux la proie qu'il doit dévorer; mais les paroles magiques le troublent, il replie ses anneaux, et ramène tout son corps en spirales. « C'est peu de chose, dit Médée, que ces monstres nés dans les parties basses de la terre : c'est au ciel même qu'il faut demander ses poisons. Le temps est venu de m'élever au dessus des enchantemens vulgaires; il faut qu'à ma voix descende le serpent monstrueux qui s'étend comme un vaste fleuve dans l'étendue du ciel, et presse dans ses nœuds immenses les deux monstres, dont le plus grand favorise les Grecs, et le plus petit les Tyriens. Le Serpentaire ouvrira ses bras qui enchaînent l'immense reptile, et le forcera d'épancher ses poisons. Je veux aussi, par mes enchantemens, attirer Python, qui osa combattre contre deux divinités; je veux avoir en ma puissance l'hydre de Lerne, avec toutes ses têtes hideuses qui renaissaient toujours sous le bras victorieux d'Alcide. Et toi aussi, viens, dragon vigilant de Colchos, qui t'endormis pour la première fois à mes accens magiques. »

Après avoir évoqué tous ces monstres, elle mêle ensemble les herbes funestes qui naissent sur les sommets inaccessibles de l'Éryx et parmi les éternels frimas du Caucase, arrosé du sang de Prométhée; et celles qui servent à empoisonner les flèches des guerriers de l'Arabie Heureuse, des archers mèdes ou des Parthes légers; et celles que, sous un ciel glacé, les Suèves recueillent dans la célèbre forêt Hercynienne. Tous les poisons que la terre produit au printemps de l'année quand les oiseaux font leurs nids, ceux qu'elle

Aut rigida quum jam bruma decussit decus
Nemorum, et nivali cuncta constrinxit gelu;
Quodcumque gramen flore mortifero viret,
Dirusve tortis succus in radicibus
Causas nocendi gignit, attrectat manu.
Hæmonius illas contulit pestes Athos;
Has Pindus ingens; illa Pangæi jugis
Teneram cruenta falce deposuit comam;
Has aluit altum gurgitem Tigris premens;
Danubius illas; has per arentes plagas
Tepidis Hydaspes gemmifer currens aquis,
Nomenque terris qui dedit Bætis suis,
Hesperia pulsans maria languenti vado;
Hæc passa ferrum est, dum parat Phœbus diem;
Illius alta nocte succisus frutex;
At hujus ungue secta cantato seges.

Mortifera carpit gramina, ac serpentium
Saniem exprimit, miscetque et obscœnas aves;
Mœstique cor bubonis, et raucæ strigis
Exsecta vivæ viscera : hæc scelerum artifex
Discreta ponit : his rapax vis ignium,
His gelida pigri frigoris glacies inest.
Addit venenis verba, non istis minus
Metuenda. Sonuit ecce vesano gradu,
Canitque : mundus vocibus primis tremit.

engendre en hiver quand les frimas ont dépouillé les forêts de leur verte parure, et que la force du froid a resserré toutes choses; toutes les plantes dont le poison mortel est caché dans la fleur, toutes celles dont il faut tordre les racines pour en extraire les sucs malfaisans, Médée les tient entre ses mains. Cette herbe vient du mont Athos en Thessalie, cette autre du Pinde orgueilleux; c'est sur les sommets du Pangée que celle-ci a laissé tomber sa tête encore tendre sous le tranchant de la faux. Une partie de ces plantes a été cueillie sur les bords du Tigre aux eaux rapides et profondes; une autre, sur les rives du Danube; une autre dans ces plaines arides où l'Hydaspe roule ses flots tièdes et pleins de diamans, et sur les rivages du Bétis qui donne son nom à la contrée qu'il arrose avant de décharger ses eaux tranquilles dans la mer d'Hespérie. Les unes ont été coupées avec le fer avant le lever du soleil; les autres dans les ténèbres de la nuit la plus profonde; celles-ci enfin sont tombées sous l'ongle enchanté de la magicienne.

Elle prend tous ces végétaux mortels, exprime le venin des serpens, y mêle le sang d'oiseaux funestes, le cœur du triste hibou et les entrailles vivantes de la chouette au cri lugubre. La cruelle magicienne réunit ces élémens divers, pénétrés du feu le plus actif et du froid le plus rigoureux. Elle ajoute à leurs poisons des paroles non moins redoutables. Mais j'entends le bruit de ses pas furieux; elle prononce les évocations magiques, et le monde s'ébranle à ses premiers accens.

SCENA II.

MEDEA.

Comprecor vulgus silentum, vosque ferales Deos,
Et Chaos cæcum, atque opacam Ditis umbrosi domum,
Tartari ripis ligatos squalidæ Mortis specus,
Suppliciis, animæ, remissis currite ad thalamos novos.
Rota resistat membra torquens; tangat Ixion humum.
Tantalus securus undas hauriat Pirenidas.
Gravior uni pœna sedeat conjugis socero mei:
Lubricus per saxa retro Sisyphum solvat lapis.
Vos quoque, urnis quas foratis irritus ludit labor,
Danaides, coite; vestras hic dies quærit manus.
Nunc meis vocata sacris, noctium sidus, veni,
Pessimos induta vultus, fronte non una minax.

 Tibi, more gentis vinculo, solvens comam,
Secreta nudo nemora lustravi pede.
Et evocavi nubibus siccis aquas;
Egique ad imum maria, et Oceanus graves
Interius undas æstibus victis dedit.
Pariterque mundus lege confusa ætheris
Et solem et astra vidit; et vetitum mare
Tetigistis, Ursæ. Temporum flexi vices:
Æstiva tellus floruit cantu meo,
Messem coacta vidit hibernam Ceres.

SCÈNE II.

MÉDÉE.

Je vous invoque, ombres silencieuses, divinités funèbres, aveugle Chaos, ténébreux palais du roi des enfers, cavernes de la mort défendues par les fleuves du Tartare! Ames coupables, arrachez-vous un instant à vos supplices, et venez assister à ce nouvel hymen! Que la roue qui déchire les membres d'Ixion s'arrête et le laisse toucher la terre; que Tantale puisse enfin boire au gré de son envie les eaux de Pyrène. Il me faut pour le beau-père de mon époux le plus affreux de vos tourmens. Que le rocher roulant de Sisyphe cesse de fatiguer ses bras; et vous, Danaïdes, qui vous consumez en vain à remplir vos tonneaux, venez toutes, l'œuvre qui doit s'accomplir en ce jour est digne de vous! Et toi, qu'appellent mes enchantemens, astre des nuits, descends sur la terre sous la forme la plus sinistre, et avec toutes les terreurs qu'inspirent tes trois visages!

C'est pour toi que, suivant l'usage de mon pays, brisant les nœuds qui retiennent ma chevelure, j'ai erré pieds nus dans les forêts solitaires, fait tomber la pluie par un ciel sans nuages, abaissé les mers, et contraint l'Océan de refouler ses vagues impuissantes jusque dans ses plus profonds abîmes. J'ai, par ma puissance, troublé l'harmonie des mondes, fait luire en même temps le flambeau du jour et les astres de la nuit, et forcé l'Ourse du pôle à se plonger dans les flots qu'elle ne doit jamais toucher. J'ai changé l'ordre des saisons; j'ai fait naître

Violenta Phasis vertit in fontem vada;
Et Ister, in tot ora divisus, truces
Compressit undas, omnibus ripis piger.
Sonuere fluctus, tumuit insanum mare
Tacente vento : nemoris antiqui domus
Amisit umbram vocis imperio meæ.
Die relicto Phœbus in medio stetit :
Hyadesque nostris cantibus motæ labant.
Adesse sacris tempus est, Phœbe, tuis.
Tibi hæc cruenta serta texuntur manu,
  Novena quæ serpens ligat :
Tibi hæc, Typhoeus membra quæ discors tulit,
  Qui regna concussit Jovis.
Vectoris istic perfidi sanguis inest,
  Quem Nessus exspirans dedit.
OEtæus isto cinere defecit rogus,
  Qui virus Herculeum bibit.
Piæ sororis, impiæ matris facem,
  Ultricis Althææ vides.
Reliquit istas invio plumas specu
  Harpyia, dum Zeten fugit.
His adice pennas sauciæ Stymphalidos,
  Lernæa passæ spicula.

Sonuistis, aræ : tripodas agnosco meos,
  Favente commotos Dea.
Video Triviæ currus agiles,
Non quos pleno lucida vultu
Pernox agitat; sed quos facie
Lurida mœsta, quum Thessalicis

les fleurs du printemps parmi les feux de l'été, et montré des moissons inconnues sous les glaces de l'hiver. J'ai forcé les flots impétueux du Phase à remonter vers leur source; j'ai arrêté le cours du Danube et enchaîné ses ondes menaçantes qui s'écoulent par tant de bras; j'ai fait gronder les flots, j'ai soulevé les mers sans le secours des vents. Au seul bruit de ma voix, une antique et sombre forêt a perdu son ombrage; le soleil, interrompant sa carrière, s'est arrêté au milieu du ciel; les Hyades s'ébranlent à mes terribles accens. Il est temps, Hécate, de venir assister à tes noirs sacrifices. C'est pour toi que, d'une main sanglante, j'ai formé cette couronne qu'entoure neuf fois le serpent qui fut un des membres du géant Typhée dont la révolte ébranla le trône de Jupiter. C'est ici le sang d'un perfide ravisseur que Nessus donna en mourant à Déjanire; c'est ici la cendre du bûcher de l'OEta; elle est imprégnée du poison qui consuma le corps d'Hercule. Tu vois ici le tison d'Althée, sœur tendre autant que mère impie dans sa vengeance. Voici les plumes des Harpyes laissées par elles dans un antre inaccessible, en fuyant la poursuite de Zétès; en voici d'autres arrachées aux oiseaux du Stymphale, blessés par les flèches trempées dans le sang de l'hydre de Lerne.

Mais l'autel retentit : je reconnais mes trépieds qu'agite une déesse favorable. Je vois le char rapide d'Hécate, non celui qu'elle guide à travers les nuits quand son visage forme un cercle parfait de lumière argentée, mais celui qu'elle monte quand, vaincue par les enchantemens des magiciennes de Thessalie, elle prend une figure

Vexata minis, cælum freno
Propiore legit : sic face tristem
Pallida lucem funde per auras;
Horrore novo terre populos;
Inque auxilium, Dictynna, tuum
Pretiosa sonent æra Corinthi.
Tibi sanguineo cespite sacrum
Solemne damus : tibi de medio
Rapta sepulcro fax nocturnos
Sustulit ignes : tibi mota caput
Flexa voces cervice dedi.
Tibi funereo de more jacens
Passos cingit vitta capillos.
Tibi jactatur tristis Stygia
Ramus ab unda : tibi nudato
Pectore Mænas sacro feriam
    Brachia cultro.
Manet noster sanguis ad aras.
Assuesce, manus, stringere ferrum,
Carosque pati posse cruores.
Sacrum laticem percussa dedi.
Quod si nimium sæpe vocari
Quereris, votis ignosce, precor.
Causa vocandi, Persei, tuos
Sæpius arcus, una atque eadem
Semper, Iason : tu nunc vestes
Tingue Creusæ, quas quum primum
Sumserit, imas urat serpens
Flamma medullas. Ignis fulvo
Clusus in auro latet obscurus;

sombre et effrayante, et resserre la courbe qu'elle doit décrire dans le ciel. J'aime cette lumière pâle et blafarde que tu verses dans les airs, ô déesse; frappe les nations d'une horreur inconnue; le son des cymbales corinthiennes va venir à ton secours; je t'offre un sacrifice solennel sur des gazons sanglans, et j'en allume le feu nocturne avec cette torche retirée du milieu des tombeaux. C'est pour toi qu'en tournant ainsi ma tête, je prononce les paroles sacrées; c'est pour toi que mes cheveux épars sont à peine retenus par une bandelette flottante, comme dans la cérémonie des funérailles; c'est pour toi que je secoue ce rameau de cyprès trempé dans les eaux du Styx; c'est pour toi que, découvrant mon sein jusqu'à la ceinture, je vais me percer les bras avec ce couteau sacré, et répandre mon sang sur l'autel. Accoutume-toi, ma main, à tirer le glaive, et à faire couler un sang qui m'est cher. Je me suis frappée, et la liqueur sacrée s'est répandue. Si tu trouves que je t'invoque trop souvent, pardonne à mes prières importunes. Aujourd'hui, comme toujours, c'est Jason qui me force d'implorer ton assistance. Pénètre d'un venin puissant cette robe que je destine à Créuse; et qu'aussitôt qu'elle l'aura revêtue, il en sorte une flamme active qui dévore jusqu'à la moelle de ses os. J'ai enfermé dans ce collier d'or un feu invisible que j'ai reçu de Prométhée, si cruellement puni pour le vol qu'il a fait au ciel, et qui m'a enseigné l'art d'en combiner la puissance funeste. Vulcain aussi m'a donné un autre feu caché sous une mince enveloppe de soufre. J'ai de plus des feux vivans de la foudre, tirés du corps de Phaëton, enfant du Soleil ainsi que moi,

Quem mihi, cæli qui furta luit
Viscere feto, dedit, et docuit
Condere vires arte Prometheus.
Dedit et tenui sulfure tectos
Mulciber ignes : et vivacis
Fulgura flammæ de cognato
Phaethonte tuli : habeo mediæ
    Dona Chimæræ.
Habeo flammas usto tauri
Gutture raptas; quas, permixto
Felle Medusæ, tacitum jussi
    Servare malum.
Adde venenis stimulos, Hecate,
Donisque meis semina flammæ
Condita serva : fallant visus,
Tactusque ferant : meet in pectus
Venasque calor : stillent artus,
Ossaque fument; vincatque suas
Flagrante coma nova nupta faces.
Vota tenentur; ter latratus
Audax Hecate dedit, et sacros
Edidit ignes face luctifera.
 Peracta vis est omnis : huc natos voca,
Pretiosa per quos dona nubenti feras.
Ite, ite, nati, matris infaustæ genus,
Placate vobis munere et multa prece
Dominam et novercam : vadite, et celeres domum
Referte gressus, ultimo amplexu ut fruar.

J'ai des flammes de la Chimère; j'en ai d'autres qui viennent de la poitrine embrasée du taureau de Colchos; je les ai mêlées avec le fiel de Méduse, pour leur conserver toute leur vertu.

Augmente l'énergie de ces poisons, divine Hécate! nourris les semences de feu que recèlent ces présens que je veux offrir; fais qu'elles échappent à la vue et résistent au toucher; que la chaleur entre dans le sein et dans les veines de ma rivale; que ses membres se décomposent, que ses os se dissipent en fumée, et que la chevelure embrasée de cette nouvelle épouse jette plus de flammes que les torches de son hymen!

Mes vœux sont exaucés : l'audacieuse Hécate a fait entendre un triple aboiement; les feux de sa torche funèbre ont donné le signal.

Le charme est accompli : il faut appeler mes enfans, qui porteront de ma part ces dons précieux à ma rivale. Allez, allez, tristes enfans d'une mère infortunée. Par des présens et par des prières, tâchez de gagner le cœur d'une maîtresse et d'une marâtre. Allez, et revenez vite, afin que je puisse encore jouir de vos embrassemens.

SCENA III.

CHORUS.

Quonam cruenta mænas
Præceps amore sævo
Rapitur? quod impotenti
Facinus parat furore?
Vultus citatus ira
Riget, et caput feroci
Quatiens superba motu
Regi minatur ultro.
Quis credat exsulantem?
Flagrant genæ rubentes,
Pallor fugat ruborem.
Nullum vagante forma
Servat diu colorem.
Huc fert pedes et illuc,
Ut tigris orba natis,
Cursu furente lustrat
Gangeticum nemus. Sic
Frenare nescit iras
Medea, non amores.
Nunc ira amorque causam
Junxere: quid sequetur?
Quando efferet Pelasgis
Nefanda Colchis arvis
Gressum, metuque solvet
Regnum, simulque reges?

SCÈNE III.

LE CHOEUR.

Où court cette ménade furieuse, dans l'égarement de son amour cruel? Quel nouveau crime nous prépare la violence de ses transports? Son visage est crispé de colère; elle agite fièrement sa tête avec des gestes effrayans, et menace le roi lui-même. Croirait-on, à la voir, que c'est une exilée? A l'ardente rougeur qui colorait ses joues succède une horrible pâleur; toutes les teintes paraissent tour-à-tour sur sa figure changeante. Elle porte ses pas de tous côtés, comme une tigresse à qui on a dérobé ses petits parcourt dans sa fureur les forêts du Gange.

Ainsi Médée ne sait maîtriser ni sa rage ni son amour. L'amour et la rage conspirent ensemble dans son cœur : que va-t-il en résulter? quand cette furie de la Colchide quittera-t-elle ce pays? quand délivrera-t-elle notre royaume et nos rois de la terreur qu'elle inspire?

Nunc, Phœbe, mitte currus
Nullo morante loro.
Nox condat alma lucem :
Mergat diem timendum
Dux noctis Hesperugo.

O Soleil, ne retiens plus les rênes de ton char! que la nuit bienfaisante vienne à grands pas éteindre ta lumière, et que l'astre brillant qui la précède se hâte de terminer ce jour si plein d'alarmes!

ACTUS QUINTUS.

SCENA I.

NUNTIUS, CHORUS, NUTRIX, MEDEA, JASON.

NUNTIUS.
Periere cuncta : concidit regni status.
Nata atque genitor cinere permixto jacent.
CHORUS.
Qua fraude capti?
NUNTIUS.
    Qua solent reges capi;
Donis.
CHORUS.
  In illis esse quis potuit dolus?
NUNTIUS.
Et ipse miror; vixque jam facto malo
Potuisse fieri credo.
CHORUS.
   Quis cladis modus?
NUNTIUS.
Avidus per omnem regiæ partem furit,
Ut jussus, ignis : jam domus tota occidit,
Urbi timetur.

ACTE CINQUIÈME.

SCÈNE I.

UN ENVOYÉ, LE CHOEUR, LA NOURRICE, MÉDÉE, JASON.

L'ENVOYÉ.

Tout a péri; cette royale famille n'est plus; le père et la fille sont morts, et leurs cendres se sont mêlées.

LE CHOEUR.

Quelle a été la cause de leur ruine?

L'ENVOYÉ.

Celle qui perd tous les rois, des présens.

LE CHOEUR.

Et quel piège pouvaient-ils cacher?

L'ENVOYÉ.

J'en suis moi-même surpris; c'est à peine si, maintenant que le malheur est arrivé, je puis le croire possible.

LE CHOEUR.

Comment la chose s'est-elle passée?

L'ENVOYÉ.

Un feu dévorant s'est allumé soudain comme à un signal donné, et s'est répandu dans tout le palais, qui n'est plus qu'un monceau de cendres, et l'on craint pour la ville.

CHORUS.
Unda flammas opprimat.
NUNTIUS.
Et hoc in ista clade mirandum accidit;
Alit unda flammas, quoque prohibetur magis,
Magis ardet ignis : ipsa praesidia occupat.

NUTRIX.
Effer citatum sede Pelopeia gradum,
Medea : praeceps quas libet terras pete.
MEDEA.
Egon'ut recedam ? si profugissem prius,
Ad hoc redirem : nuptias specto novas.
Quid, anime, cessas? sequere felicem impetum.
Pars ultionis ista, qua gaudes, quota est?
Amas adhuc, furiosa, si satis est tibi
Caelebs Iason : quaere poenarum genus
Haud usitatum ; jamque sic temet para.
Fas omne cedat : abeat expulsus pudor.
Vindicta levis est, quam ferunt purae manus.

Incumbe in iras, teque languentem excita,
Penitusque veteres pectore ex imo impetus
Violentus hauri. Quidquid admissum est adhuc,
Pietas vocetur : hoc age : et faxo, sciant,
Quam levia fuerint, quamque vulgaris notae,
Quae commodavi scelera : prolusit dolor
Per ista noster : quid manus poterant rudes

LE CHŒUR.

Il faut éteindre cet incendie.

L'ENVOYÉ.

Ce qu'il y a de plus incompréhensible dans ce malheur, c'est que l'eau même ne fait qu'irriter la flamme ; plus on veut l'arrêter, plus on étend ses ravages ; elle se fortifie par les obstacles mêmes qu'on lui oppose.

LA NOURRICE.

Hâtez-vous, princesse, de quitter ce séjour des Pélopides ; fuyez, cherchez un asile partout où vous pourrez.

MÉDÉE.

Moi, fuir ! Si j'étais partie d'abord, je reviendrais pour ce spectacle. J'aime à voir la cérémonie de ce nouvel hymen. O mon âme, pourquoi t'arrêter ? Poursuis, après un si heureux commencement. Cette joie que tu goûtes n'est qu'une faible partie de ta vengeance. Tu aimes encore, insensée que tu es, si c'est assez pour toi d'avoir privé Jason d'une épouse. Il faut chercher pour lui un châtiment encore ignoré, qui sera pour toi-même un témoignage de ta puissance. Il faut briser les liens les plus sacrés, étouffer tout remords. La vengeance est peu de chose, quand elle ne laisse aucune tache aux mains qui l'exercent.

Ranime tes ressentimens, attise ta colère, et cherche dans le fond de ton cœur tout ce qui s'y est amassé de violence et de fureur. Que tout ce que tu as fait jusqu'ici paraisse juste et honnête à côté de ce que tu vas faire. Allons, il faut montrer combien légers, combien vulgaires sont les crimes que j'ai commis pour un autre. Ce n'était que le prélude et l'essai de mes propres ven-

Audere magnum? quid puellaris furor?
Medea nunc sum : crevit ingenium malis.

Juvat, juvat rapuisse fraternum caput;
Artus juvat secuisse, et arcano patrem
Spoliasse sacro : juvat in exitium senis
Armasse natas : quaere materiam, dolor;
Ad omne facinus non rudem dextram afferes.
Quo te igitur, ira, mittis? aut quae perfido
Intendis hosti tela? nescio quid ferox
Decrevit animus intus, et nondum sibi
Audet fateri : stulta properavi nimis.
Ex pellice utinam liberos hostis meus
Aliquos haberet! quidquid ex illo tuum est,
Creusa peperit : placuit hoc poenae genus,
Meritoque placuit : ultimum agnosco scelus.
Anime, parandum est : liberi quondam mei,
Vos pro paternis sceleribus poenas date.

Cor pepulit horror, membra torpescunt gelu,
Pectusque tremuit : ira discessit loco,
Materque tota conjuge expulsa redit.
Egon'ut meorum liberûm ac prolis meae
Fundam cruorem? melius, ah demens furor!
Incognitum istud facinus, ac dirum nefas
A me quoque absit. Quod scelus miseri luent?
Scelus est Iason genitor, et majus scelus

geances. Quel grand forfait pouvait commettre ma main sans expérience? que pouvait la fureur d'une vierge timide? Maintenant je suis Médée, et mon génie s'est fortifié dans le crime.

Oui, je m'applaudis maintenant d'avoir coupé la tête de mon frère; je m'applaudis d'avoir mis son corps en pièces, et dépouillé mon père de son mystérieux trésor. Je m'applaudis d'avoir armé les mains des fils de Pélias contre les jours de leur vieux père. Cherche le but que tu veux frapper, ô ma colère, il n'est plus de crime que ma main ne puisse exécuter. Où vas-tu adresser tes coups? et de quels traits veux-tu accabler ton perfide ennemi? J'ai formé dans mon cœur je ne sais quelle résolution fatale que je n'ose encore m'avouer à moi-même. Insensée que je suis! j'ai trop hâté ma vengeance. Plût au ciel que mon parjure époux eût quelques enfans de ma rivale! Mais ceux que tu as de lui, suppose qu'ils sont nés de Créuse. J'aime cette vengeance, et c'est avec raison que je l'aime; car c'est le crime qui doit couronner tous mes crimes. Mon âme, allons, prépare-toi: enfans, qui fûtes autrefois les miens, c'est à vous d'expier les forfaits de votre père.

Mais je frémis; une froide horreur glace tous mes membres, et mon cœur se trouble. La colère est sortie de mon sein, et la vengeance de l'épouse a fait place à toutes les affections de la mère. Quoi! je répandrais le sang de mes fils, des enfans que j'ai mis au monde? C'en est trop, ô mon âme égarée; ce forfait inouï, ce meurtre abominable, je ne veux pas le commettre. Quel est le crime de ces malheureux enfans? Leur crime, c'est

Medea mater : occidant; non sunt mei :
Pereant; mei sunt. Crimine et culpa carent :
Sunt innocentes : fateor.... et frater fuit!

Quid, anime, titubas? ora quid lacrimæ rigant?
Variamque nunc huc ira, nunc illuc amor
Diducit? anceps æstus incertam rapit.
Ut sæva rapidi bella quum venti gerunt,
Utrinque fluctus maria discordes agunt,
Dubiumque pelagus fervet : haud aliter meum
Cor fluctuatur ; ira pietatem fugat,
Iramque pietas. Cede pietati, dolor.
Huc cara proles, unicum afflictæ domus
Solamen, huc vos ferte, et infusos mihi
Conjungite artus : habeat incolumes pater,
Dum et mater habeat. Urget exsilium ac fuga :
Jam jam meo rapientur avulsi e sinu,
Flentes, gementes : osculis pereant patris;
Periere matri. Rursus increscit dolor,
Et fervet odium : repetit invitam manum
Antiqua Erinnys : ira, qua ducis, sequor.

Utinam superbæ turba Tantalidos meo
Exisset utero, bisque septenos parens
Natos tulissem! sterilis in pœnas fui.
Fratri patrique quod sat est, peperi duos.
Quonam ista tendit turba Furiarum impotens?

d'avoir Jason pour père, et surtout Médée pour mère. Qu'ils meurent, car ils ne sont pas à moi; qu'ils périssent, car ils sont à moi. Ils ne sont coupables d'aucun crime, d'aucune faute; ils sont innocens : je l'avoue..... mon frère aussi, était innocent.

Mon âme, pourquoi balancer? pourquoi ces pleurs qui coulent de mes yeux? pourquoi ce combat de l'amour et de la haine qui déchire mon cœur et le partage dans un flux et reflux de sentimens contraires? Quand des vents furieux se font une guerre cruelle, les flots émus se soulèvent les uns contre les autres, et la mer bouillonne sous leurs efforts opposés. C'est ainsi que mon cœur flotte irrésolu; la colère chasse l'amour, et l'amour chasse la colère. Cède à la tendresse maternelle, ô mon ressentiment. Venez, chers enfans, seuls appuis d'une famille déplorable, accourez, entrelacez vos bras autour de mon sein; vivez pour votre père, pourvu que vous viviez aussi pour votre mère. Mais la fuite et l'exil m'attendent. Bientôt on va les arracher de mes bras, pleurans et gémissans. Ils sont perdus pour leur mère; que la mort les dérobe aussi aux embrassemens paternels. Ma colère se rallume, et la haine reprend le dessus. La furie qui a toujours conduit mes mains les réclame pour un nouveau crime; la vengeance m'appelle, et j'obéis.

Plût au ciel que mon sein eût été aussi fécond que celui de l'orgueilleuse fille de Tantale, et que je fusse mère de quatorze enfans! Ma stérilité trahit ma vengeance. J'ai mis deux fils au monde, c'est assez pour mon père et pour mon frère. Mais où court cette troupe épou-

Quem quærit? aut quo flammeos ictus parat?
Aut cui cruentas agmen infernum faces
Intentat? ingens anguis excusso sonat
Tortus flagello : quem trabe infesta petit
Megæra? cujus umbra dispersis venit
Incerta membris? frater est : pœnas petit :
Dabimus : sed omnes fige luminibus faces;
Lania; perure : pectus en Furiis patet.
Discedere a me, frater, ultrices Deas,
Manesque ad imos ire securas jube :
Mihi me relinque; et utere hac, frater, manu,
Quæ strinxit ensem : victima manes tuos
Placemus ista.

    Quid repens affert sonus?
Parantur arma, meque in exitium petunt.
Excelsa nostræ tecta conscendam domus,
Cæde inchoata. Perge tu mecum comes :
Tuum quoque ipsa corpus hinc mecum aveham.
Nunc hoc age, anime : non in occulto tibi est
Perdenda virtus : approba populo manum.

JASON.

Quicumque regum cladibus fidus doles,
Concurre, ut ipsam sceleris auctorem horridi
Capiamus : huc, huc, fortis, armigeri, cohors,
Conferte tela : vertite ex imo domum.

MEDEA.

Jam, jam recepi sceptra, germanum, patrem;

vantable de Furies? Qui cherchent-elles, et quel est le but que vont frapper leurs traits enflammés? Pour qui sont les torches qu'agitent les mains sanglantes de ces filles d'enfer? Des serpens gigantesques se dressent en sifflant sur leurs têtes. Quelle est la victime que Mégère veut frapper avec cette poutre qu'elle brandit entre ses mains? Quelle est cette ombre qui traîne avec effort ses membres séparés? C'est mon frère; il demande vengeance; il sera vengé. Tourne contre mes yeux toutes ces torches enflammées, tourmente, brûle; j'ouvre mon sein aux Furies. Dis à ces divinités vengeresses de se retirer, ô mon frère; dis-leur qu'elles peuvent retourner sans crainte au fond des enfers. Laisse-moi avec moi-même, et repose-toi sur ma main du soin de ta vengeance; cette main, tu le sais, a déjà tiré l'épée. Voici la victime qui doit apaiser tes mânes.

Mais quel bruit soudain frappe mon oreille? On arme contre moi, on en veut à ma vie. Je vais monter sur la terrasse élevée de ce palais, ma vengeance à moitié satisfaite. Toi, nourrice, viens, je t'emporterai avec moi de ces lieux. Maintenant, courage! il ne faut pas que ta puissance reste cachée dans l'ombre; il faut montrer à tout un peuple ce dont tu es capable.

JASON.

Sujets fidèles, qui pleurez le malheur de vos rois, accourez tous, et que l'auteur de ce crime tombe entre nos mains : ici, braves guerriers, ici, frappez, détruisez ce palais de fond en comble.

MÉDÉE.

J'ai recouvré mon sceptre, et mon frère, et mon

Spoliumque Colchi pecudis auratæ tenent.
Rediere regna : rapta virginitas rediit.
O placida tandem numina ! o festum diem !
O nuptialem !... Vade : perfectum est scelus ;
Vindicta nondum : perage, dum faciunt manus.
Quid nunc moraris, anime ? quid dubitas ? potes.
Jam cecidit ira : pœnitet ; facti pudet.
Quid, misera, feci? misera, pœniteat licet,
Feci. Voluptas magna me invitam subit ;
Et ecce crescit : deerat hoc unum mihi,
Spectator ipse : nil adhuc factum reor.
Quidquid sine isto fecimus sceleris, periit.

JASON.

En ipsa tecti parte præcipiti imminet.
Huc rapiat ignes aliquis, ut flammis cadat
Suis perusta.

MEDEA.

      Congere extremum tuis
Natis, Iason, funus, ac tumulum strue.
Conjux socerque justa jam functis habent
A me sepulti : natus hic fatum tulit.
Hic te vidente dabitur exitio pari.

JASON.

Per numen omne, perque communes fugas,
Torosque, quos non nostra violavit fides,
Jam parce nato : si quod est crimen, meum est :

père; Colchos a reconquis la riche toison du bélier de Phryxus. Je reprends ma couronne et ma virginité ravie. O dieux redevenus propices! ô jour de gloire et d'hyménée!.... Va, maintenant ton crime est consommé. — Ta vengeance ne l'est pas. Achève donc, pendant que tes mains sont à l'œuvre. Pourquoi hésiter, ô mon âme? pourquoi balancer? Tu peux aller jusqu'au bout. Ma colère est tombée, je me repens, j'ai honte de ce que je viens de faire. Qu'ai-je donc fait, malheureuse? Le repentir ne sert de rien, maintenant que je l'ai fait. Voilà que, malgré moi, la joie rentre dans mon cœur; elle s'augmente et devient plus vive; il ne manquait à ma vengeance que Jason lui-même pour témoin. Il me semble que je n'ai rien fait encore; ce sont des crimes perdus, que ceux que j'ai commis loin de ses yeux.

JASON.

La voilà sur le bord du toit : lancez des feux contre elle, et qu'elle périsse consumée dans les flammes, instrumens de ses forfaits.

MÉDÉE.

Tiens, Jason, occupe-toi de faire les funérailles de tes enfans, et de leur élever un tombeau : ton épouse et ton beau-père ont reçu de moi la sépulture et les derniers honneurs qu'on doit aux morts. Celui-ci a déjà cessé de vivre; l'autre va subir le même sort, et tes yeux le verront.

JASON.

Au nom de tous les dieux, au nom de nos fuites communes, au nom de cet hymen dont je n'ai pas volontairement brisé les nœuds, épargne cet enfant. Si quelqu'un

Me dede morti; noxium macta caput.

MEDEA.

Hac, qua recusas, qua doles, ferrum exigam.
I nunc, superbe, virginum thalamos pete.
Relinque matres.

JASON.

Unus est pœnæ satis.

MEDEA.

Si posset una cæde satiari manus,
Nullam petisset : ut duos perimam tamen,
Nimium est dolori numerus angustus meo.
In matre si quod pignus etiamnum latet,
Scrutabor ense viscera, et ferro extraham.

JASON.

Jam perage cœptum facinus, haud ultra precor;
Moramque saltem suppliciis dona meis.

MEDEA.

Perfruere lento scelere; ne propera, dolor.
Meus dies est : tempore accepto utimur.

JASON.

Infesta memet perime.

MEDEA.

Misereri jubes.
Bene est, peractum est : plura non habui, dolor,
Quæ tibi litarem. Lumina huc tumida alleva,
Ingrate Iason : conjugem agnoscis tuam ?

est coupable, c'est moi : tue-moi donc, et que le châtiment tombe sur ma tête criminelle.

MÉDÉE.

Non, je veux frapper à l'endroit douloureux, à l'endroit que tu veux dérober à mes coups. Va, maintenant, chercher la couche des vierges, en désertant celle des femmes que tu as rendues mères.

JASON.

Mais un seul doit suffire à ta vengeance.

MÉDÉE.

Si j'avais pu me contenter d'une seule victime, je n'en aurais immolé aucune. Mais c'est même trop peu de deux pour apaiser l'ardeur de ma colère. Je vais fouiller mon sein pour voir s'il ne renferme pas quelque autre gage de notre hymen, et le fer l'arrachera de mes entrailles.

JASON.

Achève et comble la mesure de tes crimes, je ne te fais plus de prières ; seulement ne prolonge pas davantage la durée de mon supplice.

MÉDÉE.

Jouis lentement de ton crime, ô ma colère, ne te presse pas : ce jour est à moi, je dois profiter du temps qu'on m'a laissé.

JASON.

Mais ôte-moi la vie, cruelle !

MÉDÉE.

Tu implores ma pitié ! C'est bien, mon triomphe est complet : je n'ai plus rien à te sacrifier, ô ma vengeance. Ingrat époux, lève tes yeux pleins de larmes : reconnais-tu Médée ? Voilà comme j'ai coutume de fuir : un chemin

Sic fugere soleo : patuit in cælum via.
Squammosa gemini colla serpentes jugo
Summissa præbent : recipe jam natos parens.
Ego inter auras aliti curru vehar.

JASON.

Per alta vade spatia sublimi ætheris :
Testare nullos esse, qua veheris, Deos.

s'ouvre pour moi à travers le ciel ; deux serpens ailés se courbent sous mon joug et s'attèlent à mon char. Tiens, reçois tes enfans, et moi je m'envole à travers les airs.

JASON.

Oui, lance-toi dans les hautes régions de l'espace, et proclame partout, sur ton passage, qu'il n'y a point de dieux.

NOTES

SUR OEDIPE.

ACTE Ier. Page 7. *Œdipe*, et ensuite *Jocaste*. Les commentateurs ne s'accordent pas sur la question de savoir si Jocaste est présente sur le théâtre dès le commencement de cette première scène. Quelques-uns ont pensé qu'il y aurait peu de galanterie à supposer qu'Œdipe ait le courage de raconter, de moraliser, de gémir si long-temps, comme s'il était seul, et sans faire attention à sa femme. Nous avons partagé ce sentiment, et nous donnons à entendre que Jocaste n'entre en scène que pendant la déclamation du roi, sans fixer le moment de son entrée. Le dernier traducteur l'introduit sur la scène dès le commencement; mais, pour rendre son rôle moins passif, il lui met dans la bouche le 18e vers :

Est majus aliquod patre mactato nefas ?

Cet expédient, qui a l'avantage de ne pas laisser une femme trop long-temps sans parler, ne nous a pourtant pas séduit. Cette réflexion nous paraît froide et peu convenable dans sa bouche ; et nous supposons qu'elle entre vers le milieu du monologue, qu'elle interrompt d'ailleurs fort à propos.

Page 9. *Je ne cherchais pas le trône où je suis monté.* Œdipe veut dire qu'il est monté sur le trône par accident, et non par un effet de sa volonté : *In regnum incidi*, mot à mot : « Je suis tombé sur le trône ; je l'ai rencontré par hasard. » (*Voyez* SOPHOCLE, *Œdipe-Roi*, act. II, sc. 2.) Le commentateur de Lemaire a fait, sur ce passage, une excellente note philologique, et cité deux passages, l'un de Sénèque, et l'autre de Cicéron, qui montrent clairement la valeur du verbe *incidere* opposé à *venire*. « Non, ut putamus incidunt cuncta, sed veniunt. » (*Seneca, de Provid.*) « Quod in id reipublicæ tempus non incideris, sed veneris; judicio enim, non casu, etc. » (Cic., *Epist. ad div.*, II, 7.) Le verbe *venire* exprime donc un enchaînement et une suite dans les pensées de l'homme, ou dans les évènemens humains; les idées de hasard et de surprise s'expriment par le verbe *incidere*.

Page 9. *Malheureux enfant que je suis!* Il est difficile de faire bien comprendre le sens de ces mots : *Pro, misera pietas!* cela veut dire, en style moins noble : « Malheureux que je suis dans mes affections de famille! »

Apollon m'annonce un hymen abominable. Il est inutile de faire observer combien la manière dont Œdipe raconte la prédiction de l'oracle, dans la pièce de Voltaire, est plus dramatique et plus animée. Sénèque a tort, selon nous, de mêler à la description de la peste de Thèbes, l'exposé de ses propres craintes; c'est diviser l'intérêt, que de joindre à l'effet simple et naturel du récit qui ouvre la pièce, le problème confus de la destinée d'Œdipe. Sophocle n'est point tombé dans cette faute : son exposition se fait devant une partie du peuple de Thèbes, qui vient appeler sur ses maux l'attention de son roi. Œdipe répond qu'il n'a pas attendu cet appel pour chercher le remède à ces maux : Créon est allé, par son ordre, consulter l'oracle de Delphes; et, jusqu'au retour de ce prince, il n'est question que du fléau qui dévore la ville. Ce n'est que sur la réponse de l'oracle, qui ordonne de punir l'assassin de Laïus, que cette intrigue si compliquée se déroule, jusqu'à ce que la vérité se fasse reconnaître. Sénèque ne dit point d'ailleurs quand et comment le successeur de Laïus a été menacé du parricide et de l'inceste. Dans le poète grec, au contraire, cette prédiction avait été faite à Laïus lui-même, de sorte qu'Œdipe se trouve à la fois reconnu pour le fils du roi et pour son meurtrier : cette marche nous paraît beaucoup plus simple et mieux enchaînée.

Il fallait dire aussi pourquoi Œdipe avait été condamné à mourir, et par suite exposé sur le Cithéron. Sénèque oublie d'en parler. Voltaire a fort habilement ménagé ce puissant ressort de son intrigue : après avoir appris de Jocaste la destinée promise au fils de Laïus, OEdipe lui raconte à son tour la réponse d'Apollon consulté par lui sur le mystère de sa naissance.

JOCASTE.

Je me jetai craintive aux pieds de la prêtresse ;
Voici ses propres mots :. . . . . . .
« Ton fils tuera son père, et ce fils sacrilège,
« Inceste et parricide..... »

ŒDIPE.

Cette voix m'annonça, le croirez-vous, madame ?
Tout l'assemblage affreux des forfaits inouis
Dont le ciel autrefois menaça votre fils,
Me dit que je serais l'assassin de mon père,
. . . . Que je serais le mari de ma mère, etc.
(VOLTAIRE, *OEdipe*, acte IV, sc. I.)

La position d'OEdipe, qui, sans savoir encore qu'il est fils de Laïus, se voit menacé des crimes annoncés au fils de Laïus, et qui se rappelle en ce moment même d'avoir tué deux guerriers sur les confins de la Béotie, est assurément la situation la plus dramatique et la plus effrayante qui soit au théâtre.

Page 9. *C'est cette crainte seule qui m'a chassé des états paternels.* Voltaire dit la même chose sans parler du motif qui avait porté OEdipe à consulter l'oracle sur le mystère de sa naissance. Nous le trouvons dans Sophocle : « Fils de Polybe, roi des Corinthiens, et de la reine Mérope, son épouse, j'ai tenu le premier rang à Corinthe ; j'en étais l'espérance, quand il m'arriva une aventure propre à me surprendre, peu digne pourtant des soucis qu'elle me coûta. Un homme pris de vin eut l'audace de me reprocher que je n'étais pas fils du roi et de la reine..... Outré d'un affront si sanglant, j'eus peine à retenir ma colère..... Je pars, je vais au temple de Delphes, etc. » (SOPHOCLE, *OEdipe-Roi*, act. III, sc. 2.)

Quand l'homme tremble à l'idée d'un crime. Cette pensée est effrayante, mais elle est vraie, et surtout convenable dans la bouche d'OEdipe, qu'une fatalité mystérieuse enveloppe ; et qui, malgré sa vertu, se trouve à la fin coupable des deux plus grands crimes qu'un scélérat puisse commettre. On verra plus bas, acte IV, sc. 1re, que c'est au moment où Œdipe trouve dans sa conscience un témoignage plus fort que celui des dieux, et se déclare innocent malgré l'oracle, qu'il touche à la connaissance de ses crimes.

Vers 39. *Sed ignes auget œstiferi Canis.* L'édition de Lemaire porte : *Igne frigit œstiferi Canis*, conformément à quelques éditions, et contrairement à quelques autres. La leçon que nous avons suivie nous paraît plus simple et plus naturelle, quoique celle qu'il adopte puisse être justifiée, notamment par ce vers de Virgile :

.........Boreæ penetrabile frigus adurat.

Page 11. *La fontaine de Dircé est tarie.* Lycus, roi de Thèbes, ayant répudié Antiope, épousa Dircé qui fit jeter en prison cette rivale, enceinte de Jupiter. Le dieu l'ayant délivrée, elle alla se cacher sur le mont Cithéron, où elle mit au monde Amphion et Zéthus, qui tuèrent Lycus, et attachèrent Dircé à la queue d'un taureau. Bacchus la changea en fontaine après sa mort.

L'Ismène n'a plus qu'un filet d'eau. Ismène était l'aîné des fils d'Amphion et de Niobé. Blessé par Apollon, et souffrant une vive douleur, il se précipita dans un fleuve de la Cadmée auquel il donna son nom.

Personne n'est exempt des atteintes de ce fléau. Les tragédies de Sénèque sont avant tout descriptives : cet endroit le prouve assez. Le tableau de la peste de Thèbes est le résumé très-long de tous les tableaux du même genre qu'on avait faits jusque-là. Il étincelle de grandes beautés, à côté desquelles se trouvent de grands défauts dont le principal est la manie de vouloir tout dire, de ne pas savoir s'arrêter, et d'entasser tous les traits au lieu de choisir les plus vifs et les plus frappans. Le dernier traducteur renvoie, pour la comparaison, à l'*Œdipe* de Sophocle ; à Thucydide, liv. II ; à Lucrèce, liv. VI ; à Virgile, *Géorg.*, liv. III ; à Ovide, *Métam.*, liv. VII ; à Silius Italicus, liv. XIV ; à Hérodien, liv. I ; à Ammien Marcellin, liv. XIX ; à Homère, *Iliade*, liv. I. Les descriptions de peste sont un des lieux les plus communs de la poésie chez les anciens, comme chez les modernes. A la longue liste que nous avons donnée, il faut ajouter Tacite, *Ann.*, liv. XVI, chap. 13.

Page 11. *La mort même naît de la mort.* Le plus grave des historiens rappelle textuellement la même circonstance dans la peste qui ravagea la Campanie sous le règne de Néron : « Non sexus, non ætas, periculo vacua; servitia perinde et ingenua plebes raptim exstingui, inter conjugum ac liberorum lamenta, qui, dum adsident, dum deflent, sæpe eodem rogo cremabantur. » (TACIT., *Annal.*, lib. XVI, cap. 13. — *Voir* aussi la description de la peste de Thèbes au liv. 1er de l'*Antigone* de M. Ballanche.)

Jeter leurs morts sur des bûchers allumés pour d'autres. Cette usurpation du feu d'autrui se trouve exprimée dans Thucydide, liv. II; dans Ovide, *Métam.*, liv. VII; et dans Lucrèce, liv. VI, v. 1281 :

> Namque suos consanguineos aliena rogorum
> Insuper exstructa ingenti clamore locabant
> Subdebantque faces.

Page 13. *On se contente de les brûler.* Ce n'est pas tout-à-fait le sens de *arsisse*, qui veut dire littéralement de les enflammer, sans les laisser consumer entièrement. Ainsi, dans Virgile :

> .... Jam proximus ardet
> Ucalegon.

Page 15. *Ai-je reculé devant le Sphynx?* Le Sphynx était un monstre cruel, fils d'Échidna et de Typhon, venu d'Égypte, selon M. Ballanche (*Antigone*), et comme l'indique le nom de Typhon, dieu ou génie rival d'Osiris, selon Plutarque (*sur Isis et Osiris*). Voltaire le fait naître en Béotie :

> Né parmi les rochers, au pied du Cithéron,
> Ce monstre à voix humaine, aigle, femme et lion,
> De la nature entière exécrable assemblage,
> Unissait contre nous l'artifice à la rage.
> Il n'était qu'un moyen d'en préserver ces lieux.
> D'un sens embarrassé dans des mots captieux,
> Le monstre, chaque jour, dans Thèbe épouvantée,
> Proposait une énigme avec art concertée, etc.
>   (*OEdipe*, acte I, sc. 1.)

Au moment où, du haut de son rocher, il agitait ses ailes. Ce récit, moins diffus que la plupart de ceux qui se rencontrent dans les tragédies de Sénèque, est un morceau achevé, plein de verve et de poésie, sans mélange de mauvais goût. Pourquoi l'auteur n'écrit-il pas toujours ainsi ? Le lecteur nous saura gré de lui donner ici une belle imitation de ce passage, par M. Ballanche :

« Ce jour mémorable est encore présent à mon esprit. Le Sphynx était assis sur une des croupes du mont Phicéus ; de là il répandait la terreur sur toute la contrée. J'arrive en sa présence au lever de l'aurore : un rideau de nuages transparens couvrait sa stature immense. Il avait le visage d'une femme ; tous ses traits, parfaitement réguliers, étaient immobiles : j'aperçois encore cet œil scrutateur qui semblait vouloir arracher les plus intimes secrets de la pensée, et, dans les contours de sa bouche, une sorte d'ironie triste et terrible qui me faisait frémir. Oui, je puis l'avouer à présent, quand je vis ses mains terminées en griffes énormes s'avancer hors du nuage, toutes prêtes à saisir une proie assurée, je commençai à me repentir de ma témérité. Cependant l'énigme m'est proposée, mais d'une manière toute nouvelle et toute merveilleuse. Aucun son articulé ne retentissait à mon oreille, aucun mouvement ne paraissait agiter les lèvres du monstre ; seulement j'entendais comme une voix intérieure qui résonnait sourdement au fond de ma poitrine ; au même instant, les regards du Sphynx s'allumèrent, une joie féroce anima son visage, ses griffes s'abaissèrent sur ma tête : alors je tirai mon glaive, et, me couvrant de mon bouclier, je m'élançai sur mon terrible adversaire ; car il m'était livré, j'avais deviné l'énigme. Mon fer s'enfonça dans je ne sais quoi qui n'existait plus : tout avait disparu comme une vision. Néanmoins, mon glaive dégouttait d'un sang immonde, et j'avais entendu un bruit faible, mais sinistre, tout semblable au râle d'un homme qu'on égorgerait dans les bras du sommeil. » (*Antigone*, liv. 1er.)

Page 15. *Et, pourtant, je sus démêler le sens obscur de son énigme.* Le mot de l'énigme, c'était l'*homme*. Voici la traduction, en mauvais vers latins, des vers grecs d'un certain Asclépiade, qui a ainsi exprimé le problème proposé par le Sphynx :

Est bipes et quadrupes in terris (solaque vox huic),
Atque tripes : mutat vocem solum omnia campis

Inter quæ serpunt, quæ cœlo et fluctibus errant.
Ast ubi contendit pedibus jam pluribus, illi
Deficiunt vires, et lentis robora nervis.

« Eh! dieux! quel problème! c'était celui de toutes les misères attachées à la condition des fragiles mortels. Il me demanda le nom de cet être singulier qui n'a qu'une voix, qui ne vit qu'un jour sous le soleil, et qui n'est debout qu'un instant.... Je devinai que l'homme était cet être qui n'a qu'une voix, celle du gémissement; cet être éphémère dont la vie, toute remplie d'amères tristesses, est placée entre deux enfances si courtes et si rapprochées, que le tout semble n'avoir que la durée d'un jour. » (BALLANCHE, *Antigone*, liv. Ier.)

Page 15. *L'unique voie de salut.* Œdipe attend le retour de Créon, qui est allé consulter l'oracle de Delphes sur les remèdes à apporter au fléau qui désole les Thébains : Sénèque aurait dû l'expliquer plus clairement.

Page 17. *Divin Bacchus, la mort moissonne ce peuple de guerriers.* Bacchus était fils de Jupiter et de Sémélé, fille de Cadmus, roi de Thèbes. Sa mère périt brûlée par la foudre de Jupiter, qui prit son fils, et le nourrit dans sa cuisse jusqu'au moment de sa naissance. Selon la fable, Bacchus dompta les Indes à la tête d'une armée de Thébains et de Thébaines.

Enfans d'une race invincible, nous périssons. Cette description de la peste serait trop longue, trop détaillée, quand même elle serait la seule; mais elle est, de plus, à peu près inutile après le tableau déjà fait par Œdipe dans son interminable monologue. C'est un magnifique morceau de poésie, mais qui ne convient point dans un drame, qui doit se soutenir par l'action. On a blâmé le récit de Théramène dans la *Phèdre* de Racine, et avec raison : *non erat hic locus*. Il faut en dire autant de ce chœur, malgré les beautés de détail qui s'y trouvent.

Ce sont les troupeaux qui ont senti les premières atteintes. C'est un fait qui paraît constaté par l'observation, quelle que en soit la cause réelle, et l'explication qu'on en veuille admettre. On peut dire que les animaux, plus près de la nature et plus en contact avec les élémens, doivent être plus vite affectés des maladies qu'engendre la corruption de l'air, qui se communique immédiament aux eaux, aux plantes, etc. Du reste, si notre auteur manque ici d'autorités parmi les physiologistes, il a, pour se justifier, le témoignage et l'exemple de beaucoup de poètes. Homère, *Iliade*, liv. Ier; Ovide, *Métam.*, liv. VII; Claudien, *Contre Rufin*, liv. Ier; Silius Italicus, liv. XIV, ont raconté le même fait, qui, sous ce rapport, est au moins une grande vérité poétique.

Page 17. *Au moment où le sacrificateur.* Un accident de ce genre était du plus funeste augure chez les payens. Virgile et Ovide l'avaient exprimé avant Sénèque :

> Sæpe in honore deum medio, stans hostia ad aram
> Inter cunctantes cecidit moribunda ministros.
> (*Georg.*, lib. III, v. 486.)

> . . . . Dum vota sacerdos
> Concipit, et fundit purum inter cornua vinum,
> Haud exspectato ceciderunt vulnere tauri.
> (*Metam.*, lib. VII, v. 593.)

Page 19. *Le Phlégéthon a poussé le Styx hors de son lit.* Ce passage a embarrassé les commentateurs. On demande ce que veut dire, en cet endroit, ce mot *Phlégéthon* : est-ce le nom du fleuve brûlant des enfers, ou des enfers mêmes? Nous avons adopté le premier sens; le second ne nous paraît ni meilleur, ni plus mauvais.

Page 21. *On dit que des mugissemens sont sortis de la terre.* Ceci est une brillante imitation d'un des plus admirables morceaux de Virgile :

> Vox quoque per lucos vulgo exaudita silentes
> Ingens, et simulacra modis pallentia miris;
> Obscœnique canis importunæque volucres, etc.

Sénèque nous paraît ici lutter avec assez d'avantage contre le plus dangereux des modèles. Les idées sont les mêmes, et quant au mérite de l'expression, Virgile a peu de vers plus imitatifs que celui-ci :

> Amphionios ululasse canes.

Page 23. *N'est-ce pas le noble et vaillant Créon?* Créon, frère de Jocaste, était fils de Ménécée, et c'est à lui que le trône de Thèbes revenait de droit après la mort de Laïus, sans l'accident du Sphynx qui donna la couronne à Œdipe. Sophocle, et d'après lui Sénèque ont supposé que ce dernier se défiait de son beau-frère, et ont fait servir cette donnée à la péripétie de leur action.

ACTE II. Page 25. Ce qui prouverait que Sénèque tenait peu à l'effet dramatique de ses pièces, ou peut-être qu'elles n'étaient pas destinées à la représentation, c'est que, peu retenu de copier Sophocle en beaucoup d'endroits, et souvent mot pour mot, il néglige de prendre au poète grec cette ouverture des deux premiers actes, si admirable, si simple et si grandiose. S'il a cru que le monologue qui ouvre son premier acte, et la conversation qui commence le deuxième, étaient d'un meilleur effet, il n'a rien compris à l'ordonnance du drame. Nous pensons qu'il a cédé plutôt à une nécessité purement politique, ou à des considérations de mœurs. La royauté n'était pas comprise à Rome; et le rôle d'Œdipe vis-à-vis de son peuple n'eût point paru à la hauteur des idées romaines sur l'autorité.

La réponse de l'oracle est obscure. Cet endroit est pris dans Sophocle, acte I, sc. 2 :

ŒDIPE.

Ah! cher Créon, quelle est la réponse de l'oracle ?

CRÉON.

Rassurez-vous, seigneur, la voici : « Si nous écartons la cause de nos malheurs, nous cesserons d'être malheureux. »

Une telle réponse doit paraître peu rassurante : elle exprime sans doute un sens fort clair, mais elle n'apprend rien de nouveau ; car, apparemment Œdipe connaissait le principe : *Sublata causa tollitur effectus.* L'oracle de Delphes parle ici comme Hamlet dans le drame de Shakespear : « Soyez persuadés, dit-il à ses amis, qu'il n'y a pas dans tout le Danemarck un brigand qui ne soit en même temps un malhonnête homme. » Hamlet a ses raisons pour ne pas s'exprimer plus clairement, l'oracle aussi ; Sophocle ajoute qu'on ne peut pas forcer le dieu à parler un langage plus intelligible.

NOTES SUR OEDIPE.

Page 27. *Dès que mes pieds eurent franchi le seuil du sanctuaire.* Cette description est parfaite, et du petit nombre des morceaux excellens qui se rencontrent dans notre auteur. Voltaire l'a imitée avec beaucoup de succès, mais non surpassée. (*Voyez* son *Œdipe*, acte IV, sc. 1.)

> Pour la première fois, par un don solennel,
> Mes mains, jeunes encore, enrichissaient l'autel :
> Du temple tout à coup les combles s'entr'ouvrirent;
> De traits affreux de sang les marbres se couvrirent, etc.

Page 29. *Il lèguera la guerre à ses enfans.* Nous avons dit plus haut qu'Œdipe était l'homme même, et l'énigme du Sphynx le problème obscur des destinées humaines. Il faut comprendre aussi dans un sens large et mythique cette parole de l'oracle : « Il se fera la guerre à lui-même, et lèguera la guerre à ses enfans. » Elle exprime toutes les idées d'imputabilité, de transmission, de responsabilité, d'expiation, de dévoûment, de sacrifice, que M. Ballanche a si poétiquement développées dans son *Antigone*.

« Tel fut Œdipe. Mais cet homme du malheur, cet homme que l'antiquité regardait comme l'emblème des destinées humaines, ce roi de l'énigme, eut des enfans qui vinrent en quelque sorte compléter une telle vie. Nous voyons ses fils, héritiers malheureux de son ambition, de son orgueil, de son caractère inflexible, se disputer, à main armée, le trône de leur père. Ses filles, colombes gémissantes, méritèrent d'avoir les belles qualités qui le firent distinguer parmi les hommes : elles eurent quelque chose de son brillant génie, et tout-à-fait son goût pour les choses honnêtes et pour la vertu. Antigone seule reçut en partage la magnanimité d'Œdipe et l'élévation de ses sentimens. » (*Antigone*, épilogue.)

Quelle crainte a pu vous empêcher de punir le meurtrier? Cet endroit est pris textuellement de Sophocle, acte I, sc. 2.

CRÉON.

On soupçonna des intrigues et des embûches ; mais enfin, le roi mort, nous retombâmes dans de plus grands maux.

ŒDIPE.

Quel si grand malheur a donc pu empêcher qu'on ne recherchât les auteurs d'une mort si déplorable?

CRÉON.

Le Sphynx et ses pièges cruels: les maux présens et sensibles firent oublier un malheur obscur et passé.

ŒDIPE.

Hé bien! je saurai, moi, le découvrir dès son origine. Les ordres d'Apollon et vos conseils sont justes, je vous seconderai. La patrie trouvera en moi un libérateur, l'oracle un prince obéissant, Laïus un vengeur. Mon intérêt propre m'y engage, cet attentat me regarde. Si je ne prends en la main la cause de Laïus, j'enhardis contre mes jours des sujets perfides et rebelles: assurons ma couronne en le vengeant, etc.

Page 29. *Puisse l'assassin de Laïus.* Ces imprécations d'Œdipe sont belles et terribles, mais nous croyons que Sénèque va trop loin, quand il fait appeler sur la tête du coupable les crimes effrayans qui composent la destinée d'Œdipe. La vengeance qu'il doit invoquer, est une vengeance d'expiation; et le crime, qui, le plus souvent, est la conséquence du crime, n'en doit pas être considéré comme le juste châtiment. A cette malédiction, Sophocle ajoute un trait que Sénèque a peut-être bien fait de ne pas reproduire: « Si je le cache (le meurtrier) volontairement dans mon palais, dit-il, puissent retomber sur ma maison et sur moi ces funestes imprécations! » (*Œdipe-Roi;* act. II, sc. 1.)

Page 31. *La prêtresse de Cirrha.* Cirrha était une ville de Phocide où Apollon rendait des oracles. C'est à ses habitans que ce dieu ordonna de faire nuit et jour la guerre au dehors, s'ils voulaient vivre en paix les uns avec les autres. Plutarque, *Œuvres morales:* « Si l'on avance dans l'exercice de la vertu. »

A l'endroit où le chemin se partage en trois routes. M. Ballanche a reproduit ce passage avec le charme de son style: « Après plusieurs jours de marche incertaine, Œdipe et sa pieuse fille parvinrent au pied du Cithéron. Cette montagne est traversée par trois routes également fréquentées: l'une conduit aux vignes célèbres de la Phocide, et s'élève par une pente insensible jusqu'aux deux cimes du Parnasse qui fendent les nues; l'autre aboutit à la ville d'Éphyre, que le vertueux Sisyphe bâtit entre deux mers ; enfin la troisième descend jusque sur les frontières de l'Élide, où elle continue de serpenter le long des rives fraîches et sinueuses de l'Alphée. » (*Antigone*, liv. II.)

Page 31. *La ville de Sisyphe.* C'est Corinthe, sur l'isthme de ce nom.

Page 33. *Vers les champs d'Olène.* Il s'agit ici d'Olène en Achaïe, où était située Corinthe. Il y avait une autre Olène en Béotie.

Toi qui ne le cèdes qu'au dieu des oracles. Créon fait très-bien de dire que Tirésias s'avance par l'inspiration du dieu des oracles, car autrement on s'étonnerait de sa brusque arrivée. Dans la pièce de Sophocle, c'est le chœur qui propose à Œdipe de le faire venir : « Ce qu'Apollon, dit-il, est entre les dieux, Tirésias l'est parmi les mortels. Ne pourrait-il pas nous prêter le secours de ses lumières ? »

Il faut interroger les entrailles des victimes. Sénèque, en cet endroit, quitte la trace de Sophocle. Dans la tragédie grecque, Tirésias n'a point recours aux entrailles des victimes, ni à la nécromancie. Œdipe lui propose d'employer ces moyens et d'autres encore ; et, au lieu de se plaindre, comme ici, de la privation de la vue, qui lui dérobe une partie de la vérité, il s'écrie d'abord qu'il ne voit que trop clair.

TIRÉSIAS.

Dieux ! qu'il est dangereux de trop savoir ! Je suis perdu, malheureux ! Pourquoi suis-je venu ?

ŒDIPE.

Vous savez tout, et vous gardez le silence ! voulez-vous donc nous trahir et nous perdre ?

TIRÉSIAS.

Que vous êtes injuste ! c'est pour vous autant que pour moi que je me tais. Épargnons-nous un chagrin mutuel. Je ne parle point.

ŒDIPE.

O le plus méchant de tous les hommes ! etc.

C'est ici qu'il faut admirer l'art avec lequel Sophocle a conduit son intrigue. Tirésias, ayant déclaré que c'est Œdipe qui a tué Laïus, il semble d'abord que tout soit fini. Mais c'est au moment même où le nœud de la fable paraît coupé, qu'elle se noue plus fortement. Le devin a bien déclaré qu'OEdipe est le coupable, mais c'est une assertion sans preuve contre laquelle OEdipe se récrie justement. Il soupçonne un concert entre Tirésias et Créon, pour lui ravir sa couronne; et de là naît un incident nouveau, plein de vraisemblance, qui anime la scène, et retarde le dénoûment. Sénèque paraît n'avoir pas compris la portée de cette querelle entre OEdipe d'un côté, Créon et Tirésias de l'autre. Dans sa pièce, la dispute d'OEdipe et de son beau-frère ne se lie pas aussi intimement à l'action, qui marche ainsi lourdement, et, selon son habitude, épisodiquement. C'est une attente pénible et prolongée, qui n'est pas soutenue, comme elle devrait l'être, par ce qui fait la vie du drame, les incidens.

Page 35. *Fais brûler sur l'autel un pur encens.* Il nous paraît que les expressions employées ici par l'auteur sont sacramentelles. *Struere dono turis aras* ou *altaria* se retrouve dans Virgile, *Én.*, liv. v, v. 54.

Au moins a-t-elle été pure et brillante? Outre les présages tirés des entrailles des victimes et du vol des oiseaux, les anciens avaient encore d'autres sortes de divination: la nécromancie, ou évocation des morts; la pyromancie, ou divination par le feu; la capnomancie ou divination par la fumée. Comme on le voit ici, la capnomancie consistait à observer de quelle manière et à quelle hauteur s'élevait la fumée, dans quelle direction elle était chassée par le vent, etc. Pour la pyromancie, lorsque les flammes s'attachaient d'elles-mêmes à la chair des victimes, lorsque, réunies en un seul faisceau, elles s'élançaient pures et sans fumée, on pouvait espérer du sacrifice un heureux résultat; si le feu ne s'allumait qu'avec peine, si les flammes se divisaient ou ne s'attachaient pas sur-le-champ à la victime, si leur direction n'était pas perpendiculaire, si leur pétillement était violent et la fumée noire et épaisse, le sacrifice était regardé comme défavorable et rejeté par la colère des dieux. ROBINSON, *Antiquités grecques.* — *Voyez* aussi *Thyeste*, acte IV, v. 765 et suiv.; et VALERIUS FLACCUS, *Argonautes*, liv. VIII, v. 247.

Mais la voici maintenant qui se partage. Ces signes sont déjà effrayans par eux mêmes, dans les règles de la pyromancie; mais, de plus, ici la séparation des flammes et des cendres annonce la guerre d'Étéocle et de Polynice, et leur haine survivant au trépas.

Page 37. *On dirait que la honte les arrête.* Nous n'avons pas cherché à déguiser l'audace de l'expression latine : *Pudet deos nescio quid.* Sénèque traite ici les dieux comme Lucain, quand il fait dire à Caton :

> Sit crimen Superis et me fecisse nocentem.

C'est la même théologie.

Les deux victimes sont-elles tombées sous le premier coup ? La génisse et le taureau figurent Jocaste et Œdipe, et tous les signes observés se rapportent en général à leur mariage incestueux, au châtiment qu'ils s'infligent eux-mêmes, à la guerre cruelle que se feront plus tard leurs enfans. La génisse qui tombe du premier coup, c'est Jocaste qui se frappe d'une épée, et meurt, au Ve acte. Le taureau frappé deux fois, qui fuit la lumière et perd son sang par les yeux, c'est Œdipe, comme on le voit à la fin de la pièce. Le foie à deux têtes, d'où s'écoule un fiel noir et corrompu, représente la haine d'Étéocle et de Polynice. La partie hostile des entrailles gonflée, c'est la guerre prochaine entre ces deux fils maudits et condamnés d'avance par le jugement des dieux, comme devant expier le crime de leur naissance. Les sept veines tendues et la ligne qui les empêche de se réunir, c'est le signe d'une guerre implacable ; etc.

Page 39. *La partie hostile des entrailles.* On divisait les entrailles en deux parties, l'une attribuée aux amis, *familiaris*, l'autre aux ennemis, *hostilis.* Il paraît que cette division était mentale, et peut-être même arbitraire. *Voyez* CICÉRON, *de la Divination et de la Nature des dieux;* et TURNÈBE, liv. IV, chap. 18.

Une ligne oblique. La ligne qui empêche les sept veines de la partie hostile de se rejoindre, annonce que les sept chefs, venus pour combattre devant Thèbes, ne reverront pas leur patrie : en effet, ils y périrent tous, excepté Adraste.

Page 43. *La puissance royale ne vous permet pas de descendre chez les Ombres.* Ceci n'est point vrai pour les Grecs; Thésée, Ulysse, Énée, étaient descendus aux enfers. Sénèque met ici les idées romaines à la place des usages locaux. Ainsi nous voyons

Tibère blâmer les honneurs rendus par Germanicus et son armée aux débris de l'armée de Varus, par la raison qu'il ne convenait pas à un général romain de se mêler de cérémonies funèbres : *Neque imperatorem auguratu ac vetustissimis cæremoniis præditum, attrectare feralia debuisse.* TACIT., *Ann.*, lib. 1, cap. 62. — Ce ne serait donc point ici, comme on a pu le croire, une flatterie de Sénèque envers la prétendue divinité des empereurs.

Page 43. *L'hymne thébain à la gloire de Bacchus.* C'était une coutume chez les anciens d'appeler la musique, les hymnes et les chants au secours de l'inspiration prophétique, dans les cérémonies divinatoires. Ainsi, dans *Athalie*, Joad, saisi de l'esprit divin, s'écrie :

> Lévites, de vos sons prêtez-moi les accords,
> Et de ces mouvemens secondez les transports.

L'hymne de Sénèque est brillant, poétique; plein de chaleur et d'inspiration. On peut le comparer avec l'hymne à Hercule, au liv. VIII de l'*Énéide*, dont il est imité en plusieurs endroits, et avec le *poëme Séculaire* d'Horace. Mais, du reste, il n'a que peu de ressemblance avec les hymnes qui nous restent d'Homère, sorte de poëmes assez courts en l'honneur des dieux, dans la mesure alexandrine, et sans la forme ni le mouvement du dithyrambe.

Les thyrses de Nysa. Il y avait dix villes de ce nom, dit Farnabius : celle dont il s'agit en cet endroit était en Arabie; et c'est dans un antre, près de cette ville, que Bacchus fut élevé par les Nymphes.

Page 45. *La colère d'une marâtre jalouse.* C'était Junon, épouse de Jupiter.

Sur les pas du Bacchus Thébain. Le texte porte *Ogygio*. Ogygie était l'ancien nom de Thèbes, ou, selon les mythologues, le nom sacré et incommunicable de la ville dont Thèbes était le nom profane. « Enfermer d'une même enceinte la Thèbes profane, et l'Ogygie mystique. » BALLANCHE, *Orphée.*

Page 47. *Embrasées de ton feu divin.* « Alors je vis s'allumer parmi les convives une sorte de joie bruyante et folle qui tenait du vertige : elle ressemblait à celle des Thyades furieuses, lorsqu'elles se répandent sur le mont Ménale, ou dans les bois du

Lycée, en célébrant les victoires du triomphateur de l'Inde; elle ressemblait à celle de la malheureuse Agavé, immolant son propre fils au sein de l'ivresse. » (*Antigone*, liv. 1.)

Page 47. *La belle Ino, fille de Cadmus... Palémon.* Ino, femme d'Athamas, roi de Thèbes, fuyant la fureur de son mari, se précipita dans la mer avec son fils Mélicerte ou Palémon. Ils furent changés en divinités de la mer. Ino devint Leucothoé; Palémon, Portumnus.

Page 49. *Le royaume du violent Lycurgue.* C'est la Thrace. Les auteurs ne sont pas d'accord sur le résultat de ses démêlés avec Bacchus. Les uns prétendent qu'il vainquit le dieu de la vigne, et le tua; d'autres, au contraire, soutiennent que Bacchus le dompta et le punit de ses mépris. Plutarque blâme ce Lycurgue, en deux endroits de ses traités, d'avoir voulu couper la vigne, au lieu d'apprendre à ses peuples à tremper leur vin. L'épithète *securigeri* se rapporte à ce fait. Lycurgue se coupa, dit-on, les jambes avec la hache qui lui servait à couper la vigne, tant il y mettait de violence et de fureur.

L'astre d'Arcadie et le double Chariot. La Grande et la Petite Ourse, le Grand et le Petit Chariot, constellations du pôle septentrional.

Les filles de Prétus. Les filles de Prétus, roi d'Argos, préféraient leur beauté à celle de Junon, et méprisaient Bacchus. Ce dieu les frappa d'un vertige; elles se crurent changées en vaches, et s'enfuirent à travers les bois :

> Prætides implerunt falsis mugitibus agros.
> (Virgil., *Silen.*)

Junon, charmée de cette vengeance, s'apaisa envers Bacchus, et souffrit qu'il fût adoré comme elle dans Argos.

Une vierge délaissée. Ariadne, fille de Minos. *Voyez* Plutarque, *Vie de Thésée*; et Catulle, poëme d'*Ariadne*.

Page 51. *Les deux Amours agitent leurs flambeaux.* Platon distinguait deux Amours, Éros et Antéros : l'Amour pur et céleste, l'Amour terrestre et grossier. Les deux Amours dont il s'agit en cet endroit sont l'Amour divin et l'Amour humain : Bacchus était dieu, mais épousait une simple mortelle; il fallait donc l'intervention des deux Amours.

Page 51. *Laisse reposer la foudre à l'aspect de Bacchus.* Sans doute en mémoire de Sémélé sa mère, que la foudre avait consumée.

ACTE III. Page 57. *Le vieillard commence son noir sacrifice.* L'évocation des morts était un moyen de divination que les peuples anciens n'employaient qu'à la dernière extrémité. « Ni l'oiseau qui s'élève sur des ailes rapides, ni les fibres arrachées des entrailles vivantes, ne peuvent nous révéler le nom du coupable, a dit plus haut le vieux Tirésias; il faut tenter une autre voie, il faut évoquer du sein de la nuit éternelle, etc. De même, chez les Hébreux, où l'évocation des morts était aussi pratiquée, mais en secret et en violation de la loi :

>   Tel fut, dans Gelboé, le secret sacrifice
>   Qu'à ses dieux infernaux offrit la Pythonisse.
>   Alors qu'elle évoqua, devant un roi cruel,
>   Le simulacre affreux du prêtre Samuel.

« Pourquoi as-tu troublé mon repos, en me faisant monter sur la terre? dit le fantôme. — Je suis dans une grande angoisse, répond Saül; les Philistins me font la guerre, et Dieu s'est retiré de moi, et ne m'a plus répondu ni par les songes, ni par l'Urim, ni par les prophètes. C'est pourquoi je t'ai appelé, afin que tu me fasses entendre ce que j'aurai à faire. » (*Samuel*, liv. I, chap. 38, v. 15.)

Le récit de cette cérémonie lugubre est un des plus beaux morceaux qu'on puisse admirer dans les tragédies de Sénèque; la couleur en est sombre, mais toute locale, et les effets de terreur habilement ménagés. Dante nous paraît en avoir imité plusieurs traits dans le chant XXVIIIe de son *Enfer*.

Quant au cérémonial même du sacrifice, il est fort exact : on peut consulter sur ce point RHABAN, *des Prestiges des mages*; D. ISIDORE, *Origines*, liv. VIII, *des Mages*; APOLLODORE, *Biblioth.*, liv. III; BRISSON, *des Formules*, liv. I; STACE, *Thébaïde*, liv. IV; DENYS D'HALIC., liv. VII, chap. 13; MACROBE, liv. III, chap. 5; TURNÈBE, *Adversar.*, liv. XV; ARNOBE, *Contre les nations*, liv. VII; PLINE, liv. II, chap. 37, et liv. XXVIII, chap. I; EUSÈBE, livre IV, etc.

Page 59. *La véritable nuit.* Créon a dit tout-à-l'heure que Tirésias trouvait, dans l'obscurité du lieu, la nuit favorable à son noir sacrifice : mais cette nuit n'était que l'absence du jour et du soleil. Maintenant la nuit dont il parle est la véritable nuit, existant par elle-même, la nuit infernale, qui a son royaume à elle, ce que l'écriture nomme les ténèbres de l'ombre de la mort : cette expression nous semble très-belle.

Le reste de la description n'est pas indigne d'être comparé au tableau des enfers, dans le VIe livre de l'*Énéide*, dont il est, au reste, visiblement imité.

Page 61. *Le premier qui s'élève du sein de la terre, est Zéthus.* Fils de Jupiter et d'Antiope, et frère d'Amphion, qu'il amena, par ses prières et ses reproches, à quitter la lyre pour les armes. Sénèque lui donne ailleurs l'épithète de cruel et de farouche, parce qu'il ne se plaisait que dans les jeux sanglans de la guerre et de la chasse, et aussi par opposition à son frère, élève d'Apollon et des Muses. — Voyez *Hercule furieux*, acte IV, v. 916 et suiv.

La superbe fille de Tantale. Niobé, mère de quatorze enfans qui périrent par les flèches d'Apollon et de Diane. Sénèque dit qu'elle compte impunément les enfans nombreux de sa fécondité, parce qu'elle n'a plus désormais à craindre la vengeance de Latone.

Page 65. *Otez-lui la terre, et moi, son père, je lui ravirai le ciel.* Ceci ne doit point s'entendre dans le même sens que nous disons : « Perdre la terre, et gagner le ciel. » *Cœlum* veut dire ici la lumière du jour, par allusion au supplice volontaire d'Œdipe.

Page 67. *Je découvre les complices d'une adroite machination.* L'auteur rentre ici dans le plan de la tragédie grecque, et il ne s'en écartera plus jusqu'à la fin, sauf quelques différences de détail. Cette scène met en relief une des faces du caractère d'Œdipe, qui est, comme nous l'avons dit plus haut, le type le plus général des vertus, des vices, et de la destinée de l'homme. Sophocle ne l'a pas aussi bien compris : il parle bien de la violence de ses désirs et de sa curiosité inquiète ; mais il fait moins ressortir son despotisme et cette disposition à abuser de la puissance, qui n'est pas le moindre vice inhérent à la nature humaine.

Page 73. *L'étranger de Sidon.* Cadmus, fils d'Agénor, roi de Phénicie, dont les principales villes étaient Tyr et Sidon.

Page 73. *L'amoureux larcin de Jupiter.* Europe, fille d'Agénor et sœur de Cadmus. *Voyez* OVIDE, *Métam.*, liv. III.

Appela notre contrée Béotie. Suivant quelques auteurs, la Béotie avait tiré son nom de Béotus, fils de Neptune et d'Arné; d'autres assignent encore une origine différente au nom de cette partie de la Grèce, qui s'appelait aussi Aonie, Messapie, Ogygie, Cadmée.

Tantôt c'est un serpent énorme. C'est-à-dire le serpent qui tua les compagnons de Cadmus, auprès de la fontaine de Dircé. Cadmus le tua, et sema ses dents, qui produisirent cette moisson de guerriers dont il est question plus bas. *Voyez* OVIDE, *Métam.*, liv. III.

Des arbres de Chaonie. Des chênes, peut-être d'une espèce différente de ceux dont il est parlé dans la même phrase, et que l'auteur appelle *robora*.

Page 75. *La déesse, trop sévère à venger sa pudeur.* Diane, que ce malheureux prince avait vue par hasard, se baignant avec ses Nymphes.

ACTE IV. *Page* 77. *Ma conscience révoltée.* Cette parole est hardie, et même sacrilège; mais nous touchons au dénoûment, qui nous montre l'homme confondu par sa prudence même, et vaincu dans sa lutte contre la puissance obscure, mais invincible, de la destinée. Œdipe, au premier acte, tremble devant ce que l'on pourrait appeler la possibilité de l'impossible; maintenant il proteste contre le fait, non pas comme possible, mais comme accompli. C'est un homme qui ne nie pas le suprême pouvoir des dieux, mais qui se perd en comptant trop sur le témoignage de la raison humaine.

Cependant un vague souvenir. Il est probable que Laïus était le seul homme qu'Œdipe eût tué dans toute sa vie, et Voltaire fait très-bien d'attribuer son oubli sur ce point à une espèce d'enchantement qu'il ne conçoit pas. Voici, au reste, le récit que le poète français lui met dans la bouche : il est plus développé que celui de Sénèque, et plus brillant :

> Enfin je me souviens qu'aux champs de la Phocide
> (Et je ne conçois pas par quel enchantement

J'oubliai jusqu'ici ce grand évènement,
La main des dieux sur moi si long-temps suspendue
Semble ôter le bandeau qu'ils mettaient sur ma vue);
Dans un chemin étroit je trouvai deux guerriers
Sur un char éclatant que traînaient deux coursiers :
Il fallut disputer, dans cet étroit passage,
Des vains honneurs du pas le frivole avantage.
J'étais jeune et superbe, et nourri dans un rang
Où l'on puisa toujours l'orgueil avec le sang.
Inconnu, dans le sein d'une terre étrangère,
Je me croyais encore au trône de mon père ;
Et tous ceux qu'à mes yeux le sort venait offrir
Me semblaient mes sujets, et faits pour m'obéir :
Je marche donc vers eux, et ma main furieuse
Arrête des coursiers la course impétueuse ;
Loin du char à l'instant ces guerriers élancés
Avec fureur sur moi fondent à coups pressés.
La victoire entre nous ne fut point incertaine :
Dieux puissans! je ne sais si c'est faveur ou haine,
Mais sans doute, pour moi, contre eux vous combattiez ;
Et l'un et l'autre enfin tombèrent à mes pieds.
L'un d'eux, il m'en souvient, déjà glacé par l'âge,
Couché sur la poussière, observait mon visage ;
Il me tendit les bras, il voulut me parler,
De ses yeux expirans je vis des pleurs couler ;
Moi-même, en le perçant, je sentis dans mon âme,
Tout vainqueur que j'étais..... Vous frémissez, madame !
(*Œdipe*, acte IV, sc. I.)

Page 79. *Avait-il à ses côtés un cortège nombreux?* Voltaire a imité, mais embelli tout ce passage. Voici comme il a reproduit tout les détails de ce dialogue, en y réunissant les principaux traits de celui d'Œdipe et de Créon (act. II, sc. 1re), où il est, pour la première fois, question du meurtre de Laïus, comme dans l'*Œdipe* de Sophocle :

ŒDIPE.

Quand Laïus entreprit ce voyage funeste,
Avait-il près de lui des gardes, des soldats ?

JOCASTE.

Je vous l'ai déjà dit, un seul suivait ses pas.

ŒDIPE.

Un seul homme?

JOCASTE.

Ce roi, plus grand que sa fortune,
Dédaignait, comme vous, une pompe importune.
On ne voyait jamais marcher devant son char
D'un bataillon nombreux le fastueux rempart.
Au milieu des sujets soumis à sa puissance,
Comme il était sans crainte, il marchait sans défense;
Par l'amour de son peuple il se croyait gardé, etc.

(*OEdipe*, acte IV, sc. I.)

Page 79. *Le peuple de Corinthe vous appelle au trône de votre père.* Dans la pièce grecque, c'est aussi un berger qui fait l'office d'ambassadeur, ce qui prouve beaucoup en faveur des bergers et des rois de cette époque primitive, où Homère appelait les rois des pasteurs de peuples. Tout a bien changé depuis; le roi et le berger sont devenus les deux extrêmes de la vie humaine; et, quelque simple que nous supposions la diplomatie au siècle de Thésée, nous comprenons mieux le pâtre chargé de mettre à mort le fils de Laïus, que celui qui vient annoncer officiellement à Thèbes la mort de Polybe, et exprimer les vœux du peuple de Corinthe. Il faut croire que la raison dramatique y est pour quelque chose. Il s'agissait d'expliquer le fait mystérieux de la naissance d'Œdipe, et c'était ici affaire de bergers. C'est une raison de pardonner au vieux Corinthien, quand il va jusqu'à dire qu'il jouit depuis longtemps de la confiance des rois, et garde fidèlement les secrets d'état.

La partie faible de notre auteur, c'est le dialogue : on s'en aperçoit ici. Dans l'*Œdipe* grec, les scènes correspondantes sont vives et animées; Jocaste surtout y prend part, comme elle doit y prendre intérêt. Ici, au contraire, ce personnage important s'efface et disparaît à l'arrivée du vieillard de Corinthe. Il semble que Sénèque ait pour règle de ne laisser que deux acteurs à la fois parlant sur la scène : c'est le vrai défaut de ses tragédies.

Polybe est entré dans l'éternel repos. C'est ici, quant à la lettre, le *Requiem æternum dona eis* des chrétiens; mais nous ne croyons pas que l'auteur ait attaché le même esprit à ses paroles. Il faut donc les entendre ici dans le sens de ces vers fameux :

>Post mortem nihil est, ipsaque mors nihil.
>Quæris quo jaceas post obitum loco?
>Quo non nata jacent.
>
>(*Troad.*, act. II, sc. 3.)

Page 83. *Resserrent la fidélité des peuples.* Cette locution est hardie, mais nous avons mieux aimé la risquer, que de nous jeter dans la paraphrase de cette locution brève et forte : *adstringunt fidem.*

Ce sont ces mains qui, tout enfant, vous ont remis à Polybe. Voici comment Voltaire a imité ce passage :

ICARE.

>Le ciel qui, dans mes mains a remis votre enfance,
>D'une profonde nuit couvre votre naissance ;
>Et je sais seulement qu'en naissant condamné,
>Et sur un mont désert à périr destiné,
>La lumière, sans moi, vous eût été ravie.

ŒDIPE.

>Ainsi donc, mon malheur commence avec ma vie!
>J'étais, dès le berceau, l'horreur de ma maison.
>Où tombai-je en vos mains ?

ICARE.

>Sur le mont Cithéron.

ŒDIPE.

Près de Thèbe ?

ICARE.

>Un Thébain, qui se dit votre père,
>Exposa votre enfance en ce lieu solitaire, etc.
>
>(*OEdipe*, acte IV, sc. I.)

Vos pieds avaient été percés par un fer. « Dès que l'enfant, sur qui reposaient de sinistres oracles, était venu au monde, les auteurs de ses jours, en proie à mille terreurs, étouffant tous les sentimens de la nature, avaient résolu de le faire mourir. Ce triste ministère fut confié à un serviteur fidèle, qui, n'ayant pu se déterminer à être cruel qu'à demi, au lieu d'égorger sa victime à l'instant même, l'avait cachée dans son manteau, et l'avait emportée sur les sommets du Cithéron. Là, touché d'une pitié barbare, il perce de son épée les pieds du fils de son maître, pour y passer une courroie ; il le suspend ainsi aux branches d'un arbre, se retire en pleurant, et s'en remet aux bêtes féroces pour achever l'exécution des ordres du roi. » (BALLANCHE, *Antigone*, liv. Ier.)

Page 93. *S'il m'était permis de faire moi-même le plan de ma destinée.* Ce chœur est un des morceaux les plus parfaits qui soient sortis de la main de Sénèque. C'est un éloge de la médiocrité, sujet vulgaire et lieu commun, traité ailleurs par Sénèque (voyez *Thyeste*, acte III, sc. Ire, v. 410 et 11), mais nulle part avec autant de fraîcheur et de pureté. Seulement, nous devons dire que ce chœur n'est point à sa place en cet endroit ; sans doute la catastrophe d'Œdipe est bien faite pour ramener les hommes à l'amour d'une vie obscure et tranquille ; mais il fallait jeter ces réflexions dans le cours de la pièce. Le chœur se montre ici trop étranger à ce qui se passe, trop détaché de l'action ; il devrait y prendre une part plus active et plus intéressée.

Page 95. *Un jeune imprudent.* C'est Icare, fils de Dédale. Son malheur célèbre est devenu, comme celui de Phaéton, l'emblème d'une ambition démesurée, avec cette différence toutefois (car les traditions des peuples n'offrent jamais deux symboles qui expriment une seule et même chose), que l'audace d'Icare n'est préjudiciable qu'à lui-même, tandis que celle de Phaéton nuit à lui-même et aux autres. C'est une double allégorie qui condamne l'ambition des particuliers et celle des hommes publics.

Avec les fausses ailes qui le portent. C'est-à-dire avec des ailes que la nature ne lui a point données : *Pennis non homini datis*, comme dit Horace, *Ode* Ire, III, 35.

Donne à la mer qui le reçoit un nom nouveau. C'est la mer Égée, dont la partie où il tomba fut appelée depuis mer Icarienne.

Son fils ailé. Le texte porte *alitem suum*, littéralement : « son oiseau », c'est-à-dire son fils, auquel il avait donné des ailes, ou simplement, son fils ayant des ailes.

Acte V. Page 97. *Je ne sais quelle résolution, funeste comme sa destinée.* Sénèque, en écrivant ces mots, ne savait pas combien il s'approchait de la vérité; il aurait du dire : « Une résolution qui complète sa destinée. Car l'expiation du crime est toujours le complément du crime. C'est ce que ni le poète grec, ni le poète latin, ni Corneille, chez nous, ni Voltaire n'ont compris. Ils racontent le châtiment qu'Œdipe s'inflige à lui-même, comme un fait transmis par les traditions primitives, mais dont ils ne voient ni le sens mythique ni la raison profonde. Il est difficile d'imaginer rien de plus affreux, rien de plus repoussant, de plus matériel en un mot, que la description de ce châtiment, dans Sénèque. On se demande pourquoi le parricide et l'incestueux ne se tue pas plutôt, pour se livrer d'un seul coup, et tout entier, à la justice divine. Le poète répond que, s'il mourrait tout de suite, il ne souffrirait pas assez, parce qu'il est trop coupable. Cette réponse ne signifie rien. Le châtiment d'Œdipe, de ce roi de l'énigme, doit être une représentation sensible de sa science et de son ignorance, de ce qu'il a voulu savoir et de ce qu'il ne devait pas ignorer.

Sophocle n'est pas plus fort sur ce point. Le chœur dit à Œdipe qu'il lui serait plus avantageux de ne pas vivre, que de vivre aveugle; Œdipe répond qu'il s'est privé de la vue pour ne pas voir son père chez les morts.

Page 99. *Meurs, mais un peu moins que ton père.* Le texte porte : *Morere, sed citra patrem* : « Meurs, mais *en deçà* de ton père. » Sans doute pour ne pas aller jusqu'à lui, en mourant tout-à-fait. Au reste, les paroles que le poète met ici dans la bouche d'Œdipe, ne sont qu'une suite de divagations ridicules. Il n'y avait qu'une manière de justifier convenablement la punition d'Œdipe; et, faute de l'avoir connue, force lui est de se jeter dans un dédale de raisons toutes aussi fausses les unes que les autres.

Page 103. *Les destins sont nos maîtres.* L'idée de ce chœur est assez juste, mais incomplète; elle n'exprime pas toute la conclusion morale qu'il faut tirer de la destinée d'Œdipe, de cette lutte fatale entre l'intelligence humaine et la volonté divine. Assurément *toute chose a sa voie tracée d'avance*, comme le dit Sénèque; mais si la raison de l'homme doit se soumettre à la puissance in visible, elle est aussi appelée à connaître les vérités nécessaires par voie de révélation. Le malheur d'Œdipe, c'est de n'avoir eu, malgré son génie, qu'une révélation incomplète.

Page 105. *J'aime ces ténèbres.* Voici l'imitation, ou plutôt la paraphrase de ce morceau, par M. Ballanche :

« Oh! que je me plais dans ces ténèbres! Il me semble qu'enfin je commence à entrer en possession du calme si désirable qui nous attend au fond du tombeau ; obscurité terrible et douce, je te salue! sois mon asile! sois le lieu de mon repos! Je pourrai peut-être supporter la vie, lorsqu'elle ne sera pour moi qu'une longue mort! Soleil, dont j'ai si long-temps profané la lumière, je ne te verrai plus, colorant des premières teintes de l'aurore la double cime du Parnasse, ou inondant de tes feux les riches campagnes de Thèbes, ou te jouant parmi ces nuages étincelans qui, le soir, entourent d'une ceinture charmante les sommets de l'Hélicon! Ombre de Laïus, accepte mon sacrifice volontaire! et vous, redoutables Euménides, ne poursuivez pas davantage ma famille! Déjà la compagne malheureuse de mes tristes destinées, cette femme que je n'ose appeler d'aucun nom, m'a précédé dans la nuit éternelle! Paix à sa cendre! Que la terre soit légère à ses os, et qu'à présent je sois seul exposé au courroux des dieux. » (*Antig.*, liv. II.)

Page 107. *Notre crime est celui du destin.* Pourquoi se tue-t-elle alors, si elle ne se croit point coupable? Cette parole impie n'est évidemment que le premier cri de la douleur, qui sent et ne raisonne pas : elle est aussitôt rétractée. C'est encore ici une grande idée morale à conclure de la destinée d'Œdipe. Assurément ni lui ni sa mère ne sont coupables, du point de vue de l'intention; mais ils sont coupables de fait, car le crime a été commis, et tout crime est nécessairement imputable, puisqu'il doit être expié. Cette jurisprudence est plus haute et plus inexorable que celle de nos codes criminels, qui distinguent le fait et l'intention. Dans l'ordre d'idées où nous sommes, le crime d'Œdipe et de sa mère n'est sans doute qu'un affreux malheur, mais ce malheur même est une souillure, et l'homme souillé ne doit pas vivre.

Par tous les liens sacrés ou impies. Sénèque exprime ici cette funeste complication de rapports qui existait entre Œdipe et Jocaste, et que Sophocle a exprimés dans ces vers célèbres, traduits par Boileau, dans le *Traité du sublime* :

> Hymen, funeste hymen, tu m'as donné la vie ;
> Mais dans ces mêmes flancs où je fus renfermé,
> Tu fais rentrer le sang dont tu m'avais formé,
> Et par là tu produis et des fils et des pères,
> Des frères, des maris, des femmes et des mères,
> Et tout ce que du sort la maligne fureur
> Fit jamais voir au jour et de honte et d'horreur.

Voltaire préférait, à ce fatras du poète grec, ces deux vers de Corneille, qui résument si simplement et si énergiquement toute la destinée d'Œdipe :

> Ce sont eux qui m'ont fait l'assassin de mon père,
> Ce sont eux qui m'ont fait le mari de ma mère.

Nous sommes parfaitement de son avis, en faisant observer toutefois que ce passage est peut-être la seule tache de l'*Œdipe Roi*, pièce d'ailleurs si admirable, et qu'Aristote regardait comme la plus belle de tout le théâtre grec.

Page 109. *C'est mon crime qui a causé sa mort.* C'est le langage de la douleur, et non pas de la raison. Jocaste n'est incestueuse qu'à cause de son fils, sans doute, mais Œdipe aussi n'est incestueux que par sa mère. Le crime est donc partagé, et chacun des coupables est puni pour sa part.

Vous, que la maladie accable. Voltaire, qui n'a pas su éviter le ridicule d'une intrigue d'amour, dans un sujet tel qu'Œdipe, s'est habilement tiré de la catastrophe dont Sénèque s'est plu à rassasier les yeux des spectateurs. Quelques vers lui suffisent pour raconter le châtiment d'Œdipe, et les conséquences de cette expiation. Il vit, dit le grand-prêtre,

> Et le sort qui l'accable,
> Des morts et des vivans semble le séparer ;
> Il s'est privé du jour avant que d'expirer.
> Je l'ai vu dans ses yeux enfoncer cette épée
> Qui du sang de son père avait été trempée ;
> Il a rempli son sort, et ce moment fatal

> Du salut des Thébains est le premier signal.
> Tel est l'ordre du ciel, dont la fureur se lasse,
> Comme il veut, aux mortels il fait justice et grâce.
> Ses traits sont épuisés sur ce malheureux fils :
> Vivez, il vous pardonne, etc.
>
> (Acte v, sc. 6.)

Tout le dernier acte de Sénèque est résumé dans ce peu de vers qui nous épargnent bien des horreurs dans cet affreux dénoûment où Sophocle lui-même, comme nous l'avons dit plus haut, a compromis son goût et sa gravité.

NOTES

SUR LES TROYENNES.

PERSONNAGES. Dans *les Troyennes* d'Euripide, Polyxène ne paraît pas comme ici sur le théâtre, par la raison que sa mort ne fait pas le sujet de la pièce ; mais elle entre au moins pour un tiers dans le fond dramatique de la tragédie latine, et, sous ce rapport, il est surprenant que Sénèque l'ait traduite sur la scène comme un personnage muet. Le rôle de Polyxène, dans la pièce d'Hécube, est une des plus belles et des plus touchantes créations de la tragédie grecque ; le poète latin, qui la connaissait, ne devait pas, à notre avis, se priver volontairement d'une source aussi féconde d'émotion et d'intérêt.

ARGUMENT. Page 115. *Agamemnon, épris de cette jeune princesse.* Il n'y paraît guère dans la pièce. Agamemnon, dans sa querelle avec Pyrrhus, n'en parle point ; cela se conçoit assez : il est marié depuis long-temps, et, de plus, il vient de prendre avec lui Cassandre pour seconde épouse, comme le dit Euripide. On peut dire aussi, sans faire injure à la moralité du roi des rois, que, s'il était réellement épris des charmes de Polyxène, il parlerait avec plus de force encore pour sa défense. Nous n'avons point voulu rectifier l'argument, mais il nous semble vicieux sous ce rapport. Le langage d'Agamemnon, dans sa querelle avec Pyrrhus, est plein de noblesse et de gravité, les motifs qu'il fait valoir sérieux et honorables : nous ne croyons pas qu'il faille attribuer sa conduite à un amour dont la supposition ne se fonde que sur le reproche que lui en fait Pyrrhus.

Du haut de la porte Scée. Le lecteur verra plus bas qu'il n'est pas question de la porte Scée, mais d'une tour élevée où s'asseyait Priam, etc. (*Voyez* acte v, scène 1.) Euripide parle positivement de la porte Scée.

Acte Ier. Page 117. *Vous tous qui vous confiez dans la puissance.* La critique de ce long monologue d'Hécube est tout entière dans ces vers de Boileau :

> Que devant Troie en flamme, Hécube désolée,
> Ne vienne point pousser une plainte ampoulée,
> Ni, sans raison, décrire en quels affreux pays
> Par sept bouches l'Euxin reçoit le Tanaïs.
> Tout ce pompeux amas d'expressions frivoles
> Sont d'un déclamateur amoureux de paroles, etc.

Nous souscrivons, quant à nous, à ce jugement. Quelques beautés que renferme ce morceau, nous y voyons deux défauts contraires bien remarquables, la solennité fausse de l'ensemble et la puérilité des détails. Sénèque va toujours d'un excès à l'autre, et quand on le rencontre dans le milieu naturel, c'est une bonne fortune.

L'instabilité de la grandeur humaine. Ou si l'on veut : Combien le piédestal de l'orgueil est fragile. Nous avons traduit *superbi* dans le sens de *potentes*.

Cette ville élevée par la main des dieux. Troie avait été bâtie par Ilus; Neptune et Apollon n'avaient travaillé qu'à ses remparts.

Les sept bouches du Tanaïs. Sénèque se trompe, dit Farnabius, il prend ici le Tanaïs pour l'Ister ou Danube. Delrio trouve cette faute de géographie très-à-propos dans la bouche d'Hécube. Nous ne croyons pas que l'auteur ait spéculé sur une erreur de ce genre.

Par les peuples venus des bords du Tanaïs, il faut entendre Rhésus et ses guerriers. Ceux venus de l'Orient, ce sont les Indiens conduits par Memnon, fils de l'Aurore.

Page 119. *Ses ruines la couvrent.* Nous ne comprenons pas comment une ville peut être couverte par ses propres ruines, mais il faut traduire : *incubuit sibi*, elle est tombée sur elle-même.

La prêtresse aimée d'Apollon. C'est Cassandre, nommée plus bas. Elle obtint d'Apollon le don des oracles, et lui en refusa le prix. Le dieu ne pouvant lui retirer cette faveur, la rendit inutile en fermant les oreilles à ses prophéties.

Page 119. *Pendant ma fatale grossesse.* Hécube, enceinte de Pâris, rêva qu'elle portait dans ses flancs une torche enflammée.

Page 121. *J'ai vu le fils d'Achille.* — *Voyez* dans VIRGILE, *Énéide*, liv. II, le récit pathétique de la mort de Priam.

Voici qu'une urne fatale. Ce serait là proprement le fond de la pièce, si l'on pouvait considérer la mort d'Astyanax et le sacrifice de Polyxène comme de simples épisodes, ce que nous ne pensons pas.

Moi seule je suis encore redoutée des Grecs. La crainte qu'elle inspire est suffisamment expliquée; mais nous ne pardonnons pas à l'auteur un pareil abus de l'esprit.

Mais vous ne pleurez pas. Cette parole est brusque, et très-peu amenée par ce qui précède. Le critique répondrait :

> Pour me tirer des pleurs, il faut que vous pleuriez.
> Ces grands mots, dont alors l'acteur remplit sa bouche,
> Ne partent point d'un cœur que sa misère touche.

Véritablement le langage d'Hécube jusqu'ici n'est point celui de la douleur. Mais, en revanche, tout le chœur suivant nous semble parfait sous ce rapport ; le style en est simple, les idées graves et élevées, prises dans la vérité locale et absolue. Les démonstrations extérieures même, et les formes du deuil religieusement conservées, ajoutent singulièrement au mérite de ce morceau, qui est un de ceux où l'on peut dire avec raison que Sénèque s'élève au dessus d'Euripide, le plus pathétique et le plus touchant des tragiques grecs.

ACTE II. Page 131. *Quel long retard.* — *Voyez*, dans VIRGILE, *Énéide*, liv. II, l'*Épisode de Sinon*.

> Sanguine placastis ventos et virgine cæsa
> Quum primum iliacas, Danai, venistis ad oras ;
> Sanguine quærendi reditus, animaque litandum
> Argolica......

L'exclamation de Talthybius rappelle tout d'abord le sacrifice d'Iphigénie en Aulide, au commencement de la guerre, et donne au sacrifice de Polyxène le même caractère de nécessité fatale, sans laquelle il ne serait qu'une vengeance barbare, un acte impossible à justifier.

Page 131. *Déjà le soleil naissant, etc.* Ce récit n'est pas exempt d'enflure, ni d'une certaine obscurité qui tient à l'entassement confus des images que le poète a prodiguées plutôt qu'il ne les a choisies ; mais en général c'est un morceau bien écrit, et l'un des meilleurs en ce genre qu'on puisse rencontrer dans les tragédies de Sénèque.

Page 133. *Son ombre gigantesque.* Nous ne croyons pas que Talthybius fasse ici allusion à la taille d'Achille, qui était de neuf coudées. C'était une croyance générale, chez les anciens, que les fantômes des morts apparaissaient avec une taille surhumaine, et plus grande que celle qu'ils avaient eue pendant leur vie. En voici quelques exemples :

..... Errat antiquis vetus
Emissa bustis turba, et insultant loco
Majora notis monstra....

(SENECA, *Thyest.*, act. IV, v. 671.)

Infelix simulacrum atque ipsius umbra Creusæ.
Visa mihi ante oculos, et nota major imago.

(VIRG., *Æneid.*, lib. II, v. 772.)

Pulcher et humano major, trabeaque decorus
Romulus in media visus adesse via.

(OVID., *Fast.*, lib. II, v. 503.)

Ingens visa duci patriæ trepidantis imago, etc.

(LUCAN., *Phars.*, lib. I.)

Il dompta les peuples de la Thrace. C'est-à-dire les soldats envoyés au secours de Troie par Cissée, père d'Hécube, et Télèphe, roi de Mysie. *Voyez* la scène suivante, vers 216.

Le Xanthe refoulé. — *Voyez*, dans Homère, le combat d'Achille contre les deux fleuves de Troie, le Xanthe et le Simoïs. Voici comment s'exprime Virgile, *Énéide*, liv. V, vers 803 :

..... Quum Troia Achilles
Exanimata sequens impingeret agmina muris,

> Millia multa daret letho, gemerentque repleti
> Amnes; nec reperire viam atque evolvere posset
> In mare se Xanthus....

Voyez encore le récit de ce combat dans la tragédie de *Briséis*, acte v, scène 2, par Poinsinet de Sivry.

Le Xanthe est le même fleuve que le Scamandre. *Voyez*, sur la différence de ces deux noms, le *Cratyle* de Platon; Scamandre était le nom donné par les hommes, et Xanthe le nom divin.

Page 133. *Une profonde paix enchaîne les flots.* Ceci n'est pas bien exact; nous venons de voir au commencement du récit, que la mer, sentant la présence du fils de Thétis, avait calmé l'agitation de ses flots.

Un chant d'hyménée. Par allusion au prétendu mariage de Polyxène et d'Achille.

Page 135. *Au moment où tu donnas le signal.* Cette querelle d'Agamemnon et de Pyrrhus est imitée d'Homère (*Iliade*, liv. 1), mais surtout de Sophocle. *Voyez* AJAX, *Dispute de Teucer et des Atrides.* On peut la comparer avec celle d'Agamemnon et d'Achille, dans l'*Iphigénie* de Racine.

Le temps de chercher la place où elle devait tomber. C'est une image vivante et expressive tirée d'une victime qui, frappée à mort, se trouble, chancelle, et cherche réellement la place où elle doit tomber. Nous trouvons une image non tout-à-fait semblable, mais du même genre, dans l'*Oraison funèbre* d'Anne de Gonzague : « Retirés en Silésie, il ne leur restait plus qu'à considérer de quel côté allait tomber ce grand arbre ébranlé par tant de bras. »

Tu es en retard pour t'acquitter. Pyrrhus veut dire qu'Achille devait avoir la première part dans les dépouilles, et que d'ailleurs Agamemnon ne devait pas attendre qu'on lui demandât ce qu'il devait lui-même offrir.

Malgré le conseil de fuir les combats. — *Voyez* RACINE, *Iphigénie*, acte I, scène 11.

> Les Parques, à ma mère, autrefois l'ont prédit,
> Lorsqu'un époux mortel fut reçu dans son lit, etc.

La double puissance de cette main. La fable dit que c'était la lance d'Achille qui avait la double puissance de frapper et de guérir. C'est une manière de parler, pour dire qu'Achille était à la fois guerrier et médecin. Il avait appris la médecine de son maître le centaure Chiron. *Voyez* PLUTARQUE, *Œuv. mor. Symposiaq.*, liv. v, quest. 4.

Page 135. *Thèbes fut détruite.* C'est Thèbes en Cilicie, qui avait pour roi Eétion, père d'Andromaque, épouse d'Hector.

La petite ville de Lyrnesse. Ville de la Troade.

La fameuse querelle de deux rois. Au premier chant de l'*Iliade*, Agamemnon refuse de rendre Chryséis à son père, et la peste se déclare dans le camp des Grecs. Achille insiste pour que la colère d'Apollon soit apaisée par le renvoi de cette captive. Agamemnon cède; mais, pour s'indemniser, il ravit Briséis, la maîtresse d'Achille.

Syros. Ce n'est point Scyros, où Achille fut élevé sous des habits de femme à la cour de Lycomède, mais une île de la mer Égée; d'ailleurs l'orthographe n'est pas la même.

Page 137. *Baignées par le Caycus.* Ce sont des villes de Mysie, où coule un fleuve appelé autrefois Caycus.

La dispersion de tant de villes. — *Sparsæ tot urbes.* L'expression est plus hardie que juste; mais elle est forte et pittoresque. Racine a presque traduit tout ce passage dans son *Iphigénie* :

> Quels triomphes suivront de si nobles essais !
> La Thessalie entière, ou vaincue ou calmée,
> Lesbos même, conquise en attendant l'armée,
> De toute autre valeur éternels monumens,
> Ne sont, d'Achille oisif, que les amusemens.
>
> (*Iphig.*, acte I, sc. 2.)

Vous n'avez fait que la détruire. Il faut prendre ici le mot détruire dans le sens littéral : *vos diruistis* « vous l'avez démolie. »

Page 139. *C'est le défaut de la jeunesse.* Tout ce discours d'Agamemnon est plein de sens, de noblesse et de véritable grandeur; et le roi des rois se montre ici bien plus moral que dans l'*Iphigénie* de Racine : il est vrai que, dans la pièce française, il veut sacrifier du sang à son ambition, le sang de sa fille. Dans Sénèque, au contraire, il se montre généreux, calme, et grand comme un roi. Il faut remarquer aussi que Pyrrhus, qui tient ici le langage d'Agamemnon dans Racine, tient à son tour, dans l'*Andromaque*, celui que notre auteur prête ici à Agamemnon, de sorte que Racine doit au tragique latin plus qu'on ne croit communément.

Page 141. *Il faut l'imputer à la colere, à la nuit.* Voici comme Racine a imité et développé ce passsage, *Andromaque*, acte I, scène 2 :

>Tout était juste alors; la vieillesse et l'enfance
>En vain sur leur faiblesse appuyaient leur défense.
>La victoire et la nuit, plus cruelles que nous,
>Nous excitaient au meurtre et confondaient nos coups.
>Mon courroux aux vaincus ne fut que trop sévère.
>Mais que ma cruauté survive à ma colère,
>Que, malgré la pitié dont je me sens saisir,
>Dans le sang d'un enfant je me baigne à loisir,
>Non, seigneur, etc.

Sa louange sera dans toutes les bouches. Châteaubrun, dont l'œuvre est généralement faible, a cependant quelques morceaux qui ne manquent ni de force ni d'éclat. Le plaidoyer en faveur de Polyxène est bien senti et bien exprimé :

>Honorez ce héros des titres les plus rares,
>Mais pour mieux l'honorer faut-il être barbares?

Et, plus bas, nous voyons éloquemment et poétiquement réfutée cette opinion que les hommes, après la mort, conservaient le souvenir de leurs haines, et les passions de la vie; grande et belle idée, toute chrétienne, et qui n'a pas l'inconvénient, comme le chœur que nous trouvons à la fin de ce second acte, de renverser le dogme le plus sublime, le plus consolant, le plus propre à exalter l'âme humaine, l'espérance d'une autre vie. Ce passage nous paraît digne d'être cité.

>Tous les hommes n'ont plus qu'une même patrie,
>Sitôt qu'ils ont franchi les bornes de la vie.
>La mort également les marque de son sceau.
>La haine et l'intérêt meurent dans le tombeau;

Les folles passions n'en troublent point l'asile ;
Hector sans être ému voit les mânes d'Achille.
Loin de leur imputer nos aveugles transports,
Prenons les sentimens de ces illustres morts.
Achille ne veut point la mort de Polyxène,
Et, si vous le croyez susceptible de haine,
C'est à de vils mortels que vous le comparez ;
Et, pour en faire un dieu, vous le déshonorez.

(CHATEAUBRUN, *Troyennes*, acte IV, sc. 9.)

Page 143. *Priam, dont Achille avait respecté la douleur suppliante.* C'est le reproche que Priam lui-même adresse à Pyrrhus. (Voyez *Énéide*, liv. II.)

Page 145. *J'avoue que ton père était sans crainte.* Cela veut dire qu'Achille n'avait rien à craindre loin des combats, et retiré sur ses vaisseaux.

Page 147. *Est-ce ton île qui t'inspire cet orgueil ?* Il est fâcheux vraiment que la fougue de Pyrrhus fasse perdre patience au sage Agamemnon, et l'amène enfin à des personnalités si futiles et si misérables, suivies de répliques non moins puériles de la part de Pyrrhus : c'est une querelle de rois, changée en une dispute de commères.

Page 151. *Est-il vrai que les âmes des morts, etc.* Si l'on suppose que le chœur des troyennes sait déjà que Polyxène doit être immolée sur le tombeau d'Achille, il ne faut voir ici qu'un blasphème impie, dicté par la douleur, contre la superstition qui commande un aussi barbare sacrifice. Malheureusement, cette mauvaise excuse est à peine possible ; le chœur parle comme ne sachant rien de l'exécution qui se prépare, et débite gratuitement la plus honteuse morale, celle des épicuriens, qui ne croyaient pas à une autre vie.

Un autre défaut de ce chœur, c'est qu'il met le poète en contradiction avec lui-même. Après avoir dit au premier acte (p. 129) que « Priam, heureux et libre sous les paisibles ombrages de l'Élysée, cherche parmi les âmes pieuses l'ombre de son Hector », il assure maintenant que rien ne subsiste après la mort, et que tout finit avec cette vie.

Une des raisons qui avaient fait attribuer cette pièce et quelques autres, à Marcus Sénèque, le rhéteur, père du philosophe, c'est que ce dernier passe généralement pour avoir suivi la doctrine des stoïciens, qui croyaient à l'immortalité de l'âme. Mais cette raison n'en est pas une, car Sénèque le Philosophe a mêlé Platon et Épicure dans ses autres ouvrages, et s'est contredit en prose comme en vers, ainsi qu'on le voit dans sa *Consolation à Marcia*, où, après avoir dit que nos maux finissent avec la vie : *Ultra mortem mala nostra finiuntur*, il fait parler Cordus comme vivant de la vie des morts : *Nos quoque felices animæ et æterna sortitæ*. Ses *Lettres* fournissent encore d'autres exemples de cette contradiction.

Page 153. *Veux-tu savoir où tu seras après la mort?* Voici l'imitation, ou, si l'on veut, la parodie de cette pensée, par Cyrano de Bergérac :

> Une heure après ma mort mon âme évanouïe
> Sera ce qu'elle était une heure avant ma vie.

Les enfers, le royaume des Ombres, etc. Le président Claude Nicole, qui n'a jamais passé pour un athée, mais séduit sans doute par la célébrité de ce chœur, extrêmement remarquable par la beauté du style, en a publié une paraphrase qui n'est pas la plus mauvaise pièce de son recueil imprimé en 1656 : en voici la dernière strophe :

> Tout ce qu'on nous dit de la Parque,
> De Cerbère et de l'Achéron ;
> Tout ce qu'on prône de la barque
> Où passe tous les morts le vieux nocher Caron,
> Ce sont de froides railleries,
> Des songes creux, des rêveries ;
> Et, quiconque a du jugement,
> Connaît facilement qu'une telle pensée
> Vient du faible raisonnement
> Qu'imprime la frayeur dans une âme blessée.

Page 159. *Tout à coup mon Hector s'est dressé devant moi.* Ce songe est plutôt copié qu'imité de celui d'Énée, au second livre de l'*Énéide*, avec lequel il peut soutenir la comparaison, grâce à la sagesse de notre auteur, qui s'est contenté de suivre fidèlement son modèle. Racine, qui a aussi imité Virgile, dans le songe d'*A-thalie*, a introduit, dans le lieu commun des apparitions, une circonstance toute nouvelle, et qu'on n'a pas assez expliquée du point de vue de l'art et de la verité. Dans Virgile, Hector paraît triste et changé; dans Racine, au contraire, Jésabel se montre, comme au jour de sa mort, pompeusement parée : que faut-il penser de cette différence, et lequel a raison du poète français ou du poète romain?

Page 159. *Voilà bien le visage de mon Hector.* Tout ce discours d'Andromaque est un modèle de grâce touchante, et de sensibilité maternelle. Si Sénèque écrivait toujours ainsi, sa gloire serait grande parmi les poètes tragiques de tous les pays. Malheureusement nous le verrons bientôt gâter ce beau rôle de mère, qui, jusqu'ici, n'a fait que s'embellir entre ses mains, et dont Racine a pris ces traits si touchans :

> C'est Hector, disait-elle, en l'embrassant toujours;
> Voilà ses yeux, sa bouche, et déjà son audace;
> C'est lui-même, oui c'est toi, cher époux, que j'embrasse.
> (*Andromaque*, acte II, sc. 5.)

Voici le passage d'*Euripide* que notre auteur a imité, mais embelli :

« O mon fils, ô doux objet de ma tendresse, tu vas périr par une main ennemie, tu vas abandonner ta mère désolée. La vertu de ton père est ta mort, cette vertu qui fut le salut de tant d'autres. C'est donc un malheur pour toi d'être né d'un héros. Funeste hymen! Sainte couche nuptiale! Lorsque j'entrai dans le palais d'Hector, aurais-je pu penser qu'en lui donnant un fils, j'offrais aux Grecs une victime, et non pas un maître à l'opulente Asie? — Mon fils, je vois couler tes pleurs, tu sens les maux qu'on te prépare. Pourquoi tes mains m'embrassent-elles? pourquoi t'attacher à ma robe, et te réfugier, comme un oiseau timide, sous l'aile de ta mère, etc. » (EURIP., *Hécube*, acte II, sc. 2.)

Page 163. *Viens, entre dans le tombeau de ton père.* L'idée de cacher Astyanax dans le tombeau d'Hector, n'est point empruntée d'Euripide, dont la fable est beaucoup plus simple. Elle nous semble très-belle, et d'un grand effet dramatique. Châteaubrun doit à cette donnée les plus beaux vers de sa tragédie des *Troyennes;* les voici :

> Tu frémis ! — Plonge-toi dans le sein de la mort :
> Voici le seul asile où te réduit le sort.
> O mon fils, tu naquis pour régner sur l'Asie,
> Il te reste un tombeau pour y cacher ta vie.
> Et toi, mon cher Hector, sois sensible à mes cris,
> De tes mânes sacrés enveloppe ton fils.
> Creuse jusques au Styx ta demeure profonde,
> Et cache mon dépôt sous l'épaisseur du monde.
> Tu me l'as confié, j'attends aussi de toi
> Que ton ombre le couvre, et le rende à ma foi.
>
> (CHATEAUBRUN, *Troyennes*, acte III, sc. 4.)

Page 169. *J'ai su déjouer ces ruses de mère.* Clytemnestre, mère d'Iphigénie; et Thétis, mère d'Achille.

Où est Hector, où sont tous les Troyens? Cette réponse d'Andromaque nous paraît très-belle, et prouve que Sénèque ne s'égare pas toujours en cherchant le sublime.

Page 171. *Cet amour même, dans lequel vous vous retranchez.* Cette réflexion d'Ulysse est pleine de sens, et Châteaubrun l'a reproduite :

> Madame, vos refus ne nous ont point surpris;
> Mais déjà vos terreurs ont jugé votre fils :
> Plus vous appréhendez ce fatal sacrifice,
> Et mieux vous nous prouvez quelle en est la justice, etc.

Page 175. *Vous savez bien qu'il est mort.* Cette scène est déchirante, et la manière dont Ulysse épie chaque mouvement d'une femme que son cœur doit trahir, cette adresse à provoquer de sa part des manifestations qui seront pour son fils des arrêts de mort, le calcul froid de ce qu'il y a de moins raisonné dans les sentimens humains, tout cela sans doute doit émouvoir, mais aussi déchirer l'âme du spectateur. Nous croyons que Sénèque eût bien fait d'abréger cette lutte affreuse entre l'oiseau craintif qui couvre ses petits, et l'oiseau ravisseur qui tourne autour de lui, et le fascine de ses regards.

Page 177. *Plût au ciel que je craignisse.* Ce mensonge est éloquent sans doute, mais enfin c'est un mensonge; nous croyons que l'imitateur français a bien fait de négliger ce trait, tout admirable qu'il puisse être en lui-même.

Page 177. *Puisque la victime expiatoire.* Cette ruse d'Ulysse ne nous semble point naturelle; Châteaubrun suppose que les Grecs avaient résolu, non-seulement d'immoler Astyanax, mais aussi de détruire le tombeau d'Hector : cela est plus sage, et nous épargne d'ailleurs la longue déclamation d'Andromaque, partagée entre la vie de son fils et le tombeau de son époux :

.....Tant de rois ne croient assurer leur victoire
Qu'en éteignant de lui jusques à sa mémoire.
Ils veulent l'abolir, et même son cercueil
Irrite leur colère, et blesse leur orgueil.
Madame, ces soldats viennent pour le détruire.

(CHATEAUBRUN, *Troyennes*, acte III, sc. 5.)

Page 179. *Après l'avoir vendu?* Achille n'avait pas précisément vendu le cadavre d'Hector, mais il avait reçu les présens de Priam qui était venu le réclamer. — *Voyez* HOMÈRE, *Iliade.*

Avez-vous oublié qu'un immense trésor
Fut le prix éclatant du corps de mon Hector?
A sa cendre immortelle on vendit cet asile :
Êtes-vous plus cruels ou plus puissans qu'Achille?

(CHATEAUBRUN, *Troyennes*, acte III, sc. 5.)

Page 181. *Brise les liens du trépas.* L'imitateur français a presque traduit ce passage :

Avez-vous oublié quel guerrier fut Hector?
Ses mânes furieux vous menacent encor.
Fuyez, traîtres, craignez que son ombre indignée
Ne punisse la main qui l'aurait profanée :
Les foudres qu'il lançait vont éclater sur vous.

(*Troyennes*, acte III, sc. 5.)

Page 183. *Une avance faite à la fortune.* Cette idée est touchante et toute chrétienne; nous disons aussi, mais dans un sens plus large, prêter à Dieu.

Page 185. *Sois plus fidèle.* C'est-à-dire plus fidèle à tes engagemens, plus attentif à tenir tes promesses.

Croyez-vous qu'il relève un jour cette ville? Racine doit à ce passage les vers les plus touchans et les plus beaux de son *Andromaque* :

>....Digne objet de leur crainte!
> Un malheureux enfant qui ne sait pas encor
> Que Pyrrhus est son maître, et qu'il est fils d'Hector.
> Seigneur, tant de grandeurs ne nous touchent plus guère;
> Nous les lui promettions tant qu'a vécu son père :
> Non, vous n'espérez plus de nous revoir encor,
> Sacrés murs, que n'a pu conserver mon Hector!
> Hélas! on ne craint pas qu'il venge un jour son père :
> On craint qu'il n'essuyât les larmes de sa mère.

Page 187. *Oui, traîné autour des murs, peut-être.* Il a fallu conserver dans la traduction le laconisme de l'original. Voici l'explication de cette pensée : « Le souvenir de son père enflerait-il son courage? Oui, apparemment, s'il se rappelle aussi que son père a été traîné autour des murs de Troie, derrière le char du vainqueur. »

Page 189. *Les larmes répandues soulagent la douleur.* Ce conseil donné par Ulysse à Andromaque serait chez nous une froide raillerie, une amère dérision, mais il est tout-à-fait dans les mœurs des anciens. Sénèque le père (*Controv.* v, chap. 30) va jusqu'à parler de ce que Châteaubriand nomme si bien les joies de la douleur : « Nescio quomodo miserum esse interdum in miseria juvat, et plerumque omnis dolor per lacrymas effluit. » C'est une pensée toute chrétienne, qui se retrouve dans l'*Esther* de Racine :

> Il me faut bien souvent me priver de mes larmes.

Page 189. *O toi! la dernière mort d'Ilion.* C'est-à-dire : Toi, en qui Troie meurt pour la dernière fois et pour toujours.

Le lustre accompli. Ces jeux troyens, appelés aussi jeux de la Jeunesse, que Virgile a décrits (*Énéide*, liv. v, v. 547 et suiv.), revenaient tous les quatre ans, à l'expiration du lustre :

> Debita quum castæ solvuntur vota Minervæ,
> Tardaque confecto redeunt quinquatria lustro.
>   (VIRG., *Ciris*, v. 24.)

Page 193. *Quel sera le lieu de notre exil.* Il y a là tout un cours de géographie de l'ancienne Grèce; on s'étonne, avec raison, de voir les femmes troyennes si savantes, et c'est un reproche à faire au poète : rien de plus gauche et de plus monotone que cette longue suite de noms de villes qui tous arrivent à la file, appelés par l'interrogation, depuis le commencement du chœur jusqu'à la fin. Sénèque ajoute parfois d'heureux développemens aux passages qu'il imite des poètes grecs, mais ce n'est pas ici. Le chœur d'Euripide, beaucoup plus court, l'emporte sur celui de Sénèque, de tout ce que l'imitateur ajoute à la simplicité de son modèle. — *Voyez* Eurip., *Troyennes,* v. 241.

Ou Phthie, contrée féconde en guerriers. C'est le pays d'Achille et des Myrmidons, en Thessalie.

Ou Trachine, dont l'âpre sol. Autre ville de Thessalie, en grec Τραχεινη à cause de l'âpreté de son sol.

Iolchos. Patrie de Jason, le chef des Argonautes.

Gortyne. Ville de Crète.

Triccé. Ville de Thessalie.

Mothone. Ville de la Messénie, aujourd'hui Modon.

Olènes, aux maisons rares. Ville d'Élide, sur les confins de la Béotie.

Pleuron. Ville d'Étolie, patrie de Méléagre, dont le père, Œnée, avait méprisé Diane et attiré sa colère.

Trézène. Ville maritime du Péloponnèse, et patrie de Thésée.

Le Pélion. Montagne de Thessalie, qui, avec le Pinde et l'Ossa, formait ce que Sénèque appelle très-bien l'échelle des géans.

Page 195. *Caryste.* Une des Cyclades; suivant Plutarque, elle renfermait aussi des carrières d'amiante : « Et la carrière de Caryste, il n'y a pas long-temps qu'elle a cessé de produire des pelotons de pierre mols, qui se filoient comme lin; car je pense que quelques-uns de vous en ont peu veoir des serviettes et des rézeaux, et des coëffes qui en étoient tissues, qui ne brusloient point au feu; ains quand elles estoient ordes et salles, pour avoir servy, et qu'on les jettoit dedans la flamme, on les en retiroit toutes nettes et claires. » (*Œuv. mor.*, des Oracles qui ont cessé, traduction d'Amyot.)

Page 195. *Chalcis.* Ville d'Eubée, séparée de l'Aulide par le détroit de l'Euripe.

Gonoesse. Ville d'Étolie, toujours exposée au vent par la hauteur de son assiette.

Enispe. Ville d'Arcadie. — *Voyez* Hom., *Iliade*, liv. II, v. 606.

Eleusis. Ville maritime de l'Attique, célèbre par ses mystères et son temple de Cérès.

La vraie Salamine. Ile de l'Attique, où régnait Télamon, père d'Ajax; et non la ville du même nom, bâtie par Teucer dans l'île de Crète.

Calydon. Ville d'Étolie.

Le Titaressus. Fleuve de Thessalie, qui se jette dans le Pénée. Ses eaux étaient légères et grasses, comme de l'huile, suivant les poètes. — *Voyez* Hom., *Iliade* II; et Lucain, liv. VI.

Bessa et Scarphé. Villes de la Locride.

La vieille Pylos. Ville de Messénie. L'auteur l'appelle vieille, à cause de son roi Nestor.

Pharis. En Laconie.

Sparte. La patrie d'Hélène.

Nérite et Zacynthe. Iles de la domination d'Ulysse.

Page 197. *Trompons-la donc.* Dans les *Troyennes* d'Euripide, le héraut grec, Talthybius, annonce à Hécube que sa fille Polyxène doit être consacrée au service du tombeau d'Achille. C'est sans doute cette donnée qui a fourni à Sénèque l'idée d'un mariage supposé entre Polyxène et Pyrrhus. Mais dans l'*Hécube* du poète grec, Ulysse vient demander la victime sans aucun détour, et la scène qui s'ouvre à ce sujet entre lui et les deux femmes, est peut-être la plus belle et la plus touchante de tout le théâtre ancien.

Page 203. *Plût au ciel que l'interprète des dieux.* Il est difficile d'imaginer un rôle plus niais que celui d'Hélène avec sa proposition de mariage, et un mensonge plus ignoble et plus mal concerté que ce guet-à-pens matrimonial. C'est une grande faute, à notre avis, et qui annonce dans notre auteur peu de jugement.

Page 205. *Sa cendre même et sa tombe.* Ces trois vers sont imités d'Ovide, *Métamorph.*, liv. XIII, v. 503 :

> ....Cinis ipse sepulti
> In genus hoc sævit, tumulo quoque sensimus hostem:
> Eacidæ fecunda fui....

Il ne m'en reste plus que celle-ci. Ce langage est, jusqu'à un certain point, naturel dans la douleur; mais il n'est pas tout-à-fait exact; Hécube conserve encore deux enfans, Cassandre et Polydore.

Cassandre envie ton hymen. C'est-à-dire ta mort; c'est une allusion au mensonge d'Hélène. — *Voyez* plus haut, page 197.

Page 207. *Le premier arrêt du sort :*

> Andromaque à Pyrrhus est échue en partage,
> Cassandre dans Argos va suivre Agamemnon.

Ulysse vous a vue à regret :

> Vous vivrez dans les fers, et sous les lois d'Ulysse.
>   (CHATEAUBRUN, *Troyennes.*)

Quel est l'homme assez cruel. Ce désespoir d'Hécube est naturel; notre auteur, du reste, l'a pris d'Euripide, mais pour le gâter par une amplification fausse et puérile.

Page 209. *Je le prive ainsi du prix meilleur.* Il est fâcheux qu'un grand écrivain, qu'un philosophe manque de jugement, jusqu'à prêter au principal personnage de sa pièce une parole aussi destituée de convenance et de vérité morale.

Page 211. *Le malheur nous rend cruels.* Sénèque a déjà mis la même idée dans la bouche d'Hélène (*voyez* plus haut, page 201): « Vous êtes plusieurs à pleurer vos malheurs qui deviennent ainsi plus légers. » Quant à la justesse morale de cette pensée, il faut distinguer : si Sénèque veut dire que notre âme sympathique veut voir ses douleurs et ses joies partagées, il a raison ; mais s'il prétend que le malheur nous rend méchans, il se trompe, car c'est une grande vérité morale de tous les temps, que le malheur est l'école du sage, et que lui seul nous révèle le grand mystère de la solidarité humaine. Virgile n'a-t-il pas dit :

> Non ignara mali miseris succurrere disco.

Page 211. *Phryxus pleura la mort d'Hellé.* Phryxus et Hellé, fuyant la colère d'Athamas leur père, et d'Ino leur marâtre, voulurent passer la mer sur le dos du bélier à la toison d'or; Hellé se noya dans cette mer qui fut ensuite appelée Hellespont.

Page 213. *Deucalion et Pyrrha.* Deucalion était fils de Prométhée, et Pyrrha fille d'Épiméthée, son frère. Suivant la fable, ils survécurent tous deux au déluge, appelé par les Grecs, déluge de Deucalion, et repeuplèrent le monde en jetant par dessus leurs épaules des pierres qui devinrent des hommes. — *Voyez* OVIDE, *Métamorph.*

Dans quel état serons-nous, malheureuses! La fin de ce chœur est un chef-d'œuvre de tristesse touchante, et de sensibilité naïve. Sénèque ici ne doit rien qu'à lui-même, et se montre égal aux plus grands poètes dans l'expression des sentimens vrais.

ACTE V. Page 215. *Raconterai-je d'abord votre malheur!* Cette question, dans la bouche de l'envoyé, choque toutes nos idées; mais la réponse d'Hécube et celle d'Andromaque sont du même ordre. Il fallait deux récits à l'auteur pour remplir son cinquième acte; il introduit tout simplement un envoyé qui sait deux histoires, et qui demande galamment par laquelle il faut commencer; les deux mères savent très-bien de quoi il s'agit, mais il leur faut absolument une description; racontez-nous cela. Vraiment il faut se demander ce qu'était devenu le sentiment de la nature, à Rome au temps de Sénèque.

Page 219. *En a fait jaillir la cervelle.* Il est impossible de rien imaginer de plus repoussant que ce tableau. Le récit d'Euripide est affreux sans doute, mais il ne va pas au moins jusqu'à parler de cervelle répandue. « Que nos barbares murs, dit Hécube, ont défiguré cette tête charmante qui fit les délices d'une mère! Voyez ces os fracassés d'où s'échappe le sang, afin de ne pas dire une chose honteuse. » On voit bien ce qu'elle pourrait dire, mais au moins elle ne le dit pas. La délicatesse des Grecs les empêchait, dit-on, de nommer le cerveau, de peur d'offrir à l'esprit une image dégoûtante; on a cru même que ce mot leur paraissait obscène; il ne l'est pas chez nous, mais l'image présentée ici par Sénèque nous paraît insupportable.

Page 221. *C'est une ressemblance de plus avec son père.* Tout se ressemble dans ce malheureux cinquième acte. Cette réflexion de la mère à qui l'on vient de montrer la cervelle de son fils répandue, est du même goût que le reste.

Page 223. *Mais elle se tourne vers Pyrrhus.* Ce récit vaut mieux que l'autre de beaucoup; il est imité d'Euripide, qui a le bon sens d'insister davantage sur l'objet principal, et moins sur les accessoires :

Dans la main de Pyrrhus déjà le glaive brille;
Ses regards m'ordonnaient de saisir votre fille.
Arrêtez, nous dit-elle, ô vainqueurs des Troyens!
Prêts à mêler mon sang avec le sang des miens,
Épargnez-moi du moins un inutile outrage.
Ma mort doit être libre, et j'aurai le courage
De présenter au glaive et ma tête et mon sein.
Sur la fille des rois ne portez point la main.
Polyxène, acceptant un trépas qu'elle brave,
Ne veut point aux enfers porter le nom d'esclave.
  Elle dit : mille voix parlent en sa faveur.
Agamemnon lui-même, admirant son grand cœur,
Souscrit à sa demande, et veut qu'on se retire.
Polyxène l'entend : elle arrache et déchire
Les voiles, ornemens de sa virginité,
Et de son sein d'albâtre étalant la beauté,
Elle tombe à genoux : Pyrrhus, frappe! dit-elle,
Frappe, j'attends tes coups. — Il se trouble, il chancelle;
La victime à ses pieds, l'aspect de tant d'appas,
La pitié quelque temps semble arrêter son bras.
Mais Achille l'emporte en cette âme hautaine,
Il enfonce le fer au cœur de Polyxène,
Le retire fumant : le sang jaillit au loin.
Elle tombe expirante, et par un dernier soin,
Elle rassemble encor la force qui lui reste,
Pour n'offrir aux regards qu'une chute modeste.
Elle meurt....

(Eurip., *Hécube*, acte v, traduct. de La Harpe.)

NOTES

SUR MÉDÉE.

ACTE Ier. Page 233. *Dieux de l'hymen, et toi, Lucine.* Ce monologue nous paraît aussi bien placé, au commencement de cette pièce, que celui d'Œdipe nous a paru mal-à-propos au premier acte de la tragédie de ce nom. La violence de Médée, son amour méprisé, sa puissance mystérieuse devaient frapper d'abord l'esprit des spectateurs : c'est sur elle que roule ici la pièce tout entière. Créuse ne paraît pas ; Jason, Créon, ne jouent qu'un rôle presque passif, et tournent tous deux autour du principal personnage. Ce monologue était donc nécessaire pour mettre le spectateur au fait, par l'annonce énergique de tout ce qui doit arriver, sans, néanmoins, que le dénoûment soit trop prévu. Le grand Corneille a imité ou traduit, dans sa *Médée*, ce morceau brillant. On sait combien son mâle génie sympathisait avec l'emphase vigoureuse et la hauteur espagnole des deux poëtes de Cordoue, Sénèque et Lucain. Voici son imitation :

>   Souverains protecteurs des lois de l'hyménée,
>   Dieux garans de la foi que Jason m'a donnée,
>   Vous qu'il prit à témoin d'une immortelle ardeur,
>   Quand, par un faux serment, il vainquit ma pudeur ;
>   Voyez de quel mépris vous traite son parjure ;
>   Et m'aidez à venger cette commune injure.
>   S'il me peut aujourd'hui chasser impunément,
>   Vous êtes sans puissance ou sans ressentiment.
>   Et vous, troupe savante en noires barbaries,
>   Filles de l'Achéron, spectres, larves, furies,
>   Fières sœurs, si jamais notre commerce étroit
>   Sur vous et vos serpens me donna quelque droit,

Sortez de vos cachots avec les mêmes flammes
Et les mêmes tourmens dont vous gênez les âmes;
Laissez les quelque temps reposer dans les fers,
Pour mieux agir pour moi, faites trêve aux enfers.
Apportez-moi du fond des antres de Cerbère
La mort de ma rivale et celle de son père;
Et, si vous ne voulez mal servir mon courroux,
Quelque chose de pis pour son perfide époux.
Qu'il coure vagabond de province en province,
Qu'il fasse lâchement la cour à chaque prince.
Banni de tous côtés, sans bien et sans appui,
Accablé de malheurs, de misère et d'ennui,
Qu'à ses plus grands revers aucun ne compatisse;
Qu'il ait regret à moi pour son dernier supplice,
Et que mon souvenir, jusque dans le tombeau,
Attache à son esprit un éternel bourreau.

(CORNEILLE, *Médée*, acte I, sc. 4.)

Les dieux de l'hymen étaient Jupiter, Junon, Vénus, Suada, Genius, Diane ou Lucine : l'étymologie de ce dernier nom n'est pas certaine; Ovide en donne deux dans ces vers :

....Dedit hæc tibi nomina lucus,
Vel quia principium tu, dea, lucis habes.

(*Fast.*, lib. II.)

Plutarque dit que ces divinités conjugales étaient au nombre de cinq. A cette cause ils ont coutume de porter cinq flambeaux, ou parce qu'ils estiment que ceux qui se marient ont besoin de l'assistance de cinq dieux : de Jupiter parfait, de Junon parfaite, de Vénus, de Persuasion ($\pi\epsilon\iota\theta\omega$) et de Diane (Lucine), que les femmes réclament dans les douleurs et les travaux de l'enfantement (*Questions romaines*, quest. II). Les anciens croyaient que la lune favorisait l'œuvre de la génération.

Page 233. *Et toi, son épouse, enlevée par un séducteur plus fidèle.* C'est Proserpine, fille de Cérès, enlevée par Pluton, dieu des enfers, près d'Enna en Sicile, et devenue son épouse.

Apportez-moi la mort pour cette nouvelle épouse. C'est Créuse, fille de Créon, roi de Corinthe, chez qui Jason avait cherché un asile; elle se nomme aussi Glaucé dans la fable.

Page 235. *Pour errer dans des villes inconnues.* Une ville que l'on ne connaît pas, est aussi une ville où l'on n'est pas connu. *Urbes ignotæ* pourrait être aussi rendu par des villes étrangères. *Finis Agricolæ,* — *extremis etiam ignotisque non sine cura fuit.* (TACIT., *Agricol.*, cap. XLII.) Il est inutile de dire que par villes inconnues, il faut entendre des villes inconnues de Jason.

J'ai des enfans. Un commentateur fait sur ce mot une observation très-juste. Médée se réjouit d'être mère, et dit qu'elle est déjà vengée parce qu'elle a des enfans : *peperi;* il ne s'agit point sans doute encore du meurtre de ces enfans; au contraire, elle souhaite à Jason des fils qui lui ressemblent à elle, Médée, c'est-à-dire capables de tous les crimes qu'elle a commis. Néanmoins ce mot, qui exprime une autre idée, n'a pas été mis par l'auteur sans allusion à la catastrophe du cinquième acte.

Le Soleil, père de ma famille. Médée était fille d'Eéta, fils du Soleil, et roi de Colchos. Voltaire a imité cette apostrophe au Soleil, dans son *Oreste* :

> Et toi, qui reculas pour le festin d'Atrée,
> Soleil, qu'épouvanta cette affreuse contrée,
> Tu luis encor pour nous, tu luis sur ces climats,
> Dans l'éternelle nuit tu ne nous plonges pas !

L'incendie de Corinthe réunira les deux mers. Corinthe était bâtie sur l'isthme de ce nom, qui sépare la mer Égée de la mer d'Ionie :

> .....Undas
> Qui secat et geminum gracilis mare separat Isthmos,
> Nec patitur conferre fretum ; si terra recedat
> Ionium Ægeo frangat mare....
>   (LUCANUS, *Phars.*, lib. I, v. 100 et ss.)

Si tu sais encore oser.... revêts-toi de toutes les fureurs du Caucase. Il était difficile de rendre en français toute l'énergie de ces locutions : *Si vivis, anime, Caucasum indue.* Nous avons tâché d'accorder l'élégance et le bon goût avec la fidélité. Il y a, quelques lignes plus bas, une expression du même genre : *Accingere ira* (v. 52).

Page 237. *Apportez vos prières et vos vœux.* Un commentateur a pensé qu'il fallait entendre ces mots, *rite faventibus,* dans le sens du *favete linguis* d'Horace. Cette interprétation ne nous déplaît point, quoique nous ne l'ayons point suivie. On sait que c'était la coutume chez les anciens, dans les cérémonies des mystères et des sacrifices, d'écarter tout discours profane, et de ne prononcer que des paroles saintes et d'un heureux augure :

> Odi profanum vulgus et arceo,
> Favete linguis, etc.
>
> (HORAT., *Odar*. lib. III.)

Page 237. *D'abord, qu'un taureau blanc.* Servius dit qu'il n'était pas permis d'immoler un taureau à Jupiter, et que Sénèque a fait cette erreur à dessein, pour annoncer d'avance que les noces de Créuse ne seraient point heureuses; nous partageons sans difficulté ce sentiment.

Une victime plus tendre à la déesse qui, etc. La déesse dont il s'agit, est la Paix; et la victime qu'on lui doit immoler, une brebis, qu'on sacrifiait hors de la présence de la déesse, et dont on ne répandait point le sang sur l'autel.

Et toi, qui marches précédé de flambeaux légitimes. C'est Hyménée, fils de Bacchus, selon les uns, à qui fait allusion ce vers : *Huc incede gradu marcidus ebrio.* Selon d'autres auteurs, il était fils d'Apollon, ou de Magnès. Quand Racine fait dire à Hyppolyte,

> L'hymen n'est pas toujours entouré de flambeaux ;

c'est un gros mensonge, mais c'est Hyppolyte qui le fait; et, comme dit Euripide, tout sied bien aux âmes vertueuses. Plus bas, nous entendrons dire au chœur tout le contraire : « Laissons le silence et la nuit à ces femmes qui se dérobent furtivement aux bras d'un étranger. » Le chœur a raison ; la lumière et les flambeaux sont la légitimité du mariage.

Page 239. *Celles que la ville sans murailles.* C'est Lacédémone que Lycurgue avait défendu d'enfermer de murs. Une ville n'est jamais sans murailles, avait-il dit, quand elle a dans son enceinte de vaillans citoyens (*voyez* PLUTARQUE, *Vie de Lycurgue*). Le Taygète était une montagne de Laconie, au pied de laquelle Sparte était bâtie.

A de mâles exercices. Elles s'exerçaient nues sous les yeux mêmes des jeunes hommes. Montesquieu dit là dessus, qu'à Sparte, la pudeur avait été ôtée à la chasteté (*Esprit des lois*, liv. IV, chap. 6); Plutarque blâme cet usage (*Quest. romaines*, quest. XL), et l'approuve dans la *Vie de Lycurgue*. Voici ce qu'il en dit dans ce dernier endroit : « La nudité des filles n'avait rien de honteux, parce que la vertu leur servait de voile, et écartait toute idée d'intempérance. Cet usage leur faisait contracter des mœurs simples, leur inspirait entre elles une vive émulation de vigueur et de force, et leur donnait des sentimens élevés, en leur montrant qu'elles pouvaient partager avec les hommes le prix de la gloire et de la vertu. »

Page 239. *Celles qui baignent leurs pieds blancs dans la fontaine d'Aonie ou dans les eaux saintes de l'Alphée.* Ce sont les vierges de Béotie, appelées anciennement Aonie, d'Aon, fils de Neptune; et celles de l'Élide, où coule le fleuve Alphée, dont les eaux sont appelées saintes parce qu'on les croyait agréables à Jupiter, et qu'on en arrosait sa statue à Olympie.

Le noble fils d'Éson. C'est Jason, fils d'Éson, roi de Thessalie.

Page 241. *Que ses parens du moins vous donnent avec joie.* Peut-être ici s'agit-il du père de Jason et de celui de Médée tout ensemble. Mais tout ce qu'on pourrait dire, c'est qu'Éson n'avait pas consenti au mariage de son fils, car il ne paraît pas qu'il s'y soit formellement opposé.

Rarement les sujets peuvent se permettre cette licence envers leurs princes. Sénèque est ici tout entier dans les mœurs romaines. On connaît la liberté ou la licence autorisée des esclaves pendant les Saturnales, celle de soldats pendant le triomphe de leurs généraux victorieux, etc. — *Voyez* la conversation d'Horace et de son valet; et PLUTARQUE, *Vie de Jules César*.

Il est temps d'embraser le pin fendu en plusieurs parts. Suivant quelques auteurs, on employait encore d'autres bois que celui du pin pour en faire les torches nuptiales, notamment l'aubépine qui avait l'avantage d'écarter les maléfices. Pline dit que, de son temps, le charme et le coudrier servaient aussi à cet usage. — *Voyez* PLINE, liv. VI, chap. 18; HOFFMANN, *Cérémonies des noces*, chap. XVI; GRÉVIUS, *Antiquités romaines*, tome VIII, page 1034; et OVIDE, *Fastes*, liv. VI, v. 129 et 165.

Page 241. *Que le fescennin éclate avec sa verve piquante et maligne.* Tous les rites nuptiaux dont parle ici le chœur, sont romains. Nous renvoyons le lecteur au livre des *Antiquités romaines* d'Alexander Adam, Londres, 1801 ; aux *Questions romaines* de Plutarque ; aux *Fastes* d'Ovide, etc.

Le vers fescennin avait pris naissance à Fescennia, ville d'Étrurie, aujourd'hui Galèse. Quelques auteurs lui donnent une origine ou une étymologie différente. C'était une poésie grossière en la forme, et indécente au fond ; elle précéda le vers satyrique, farce burlesque, dont le nom devint plus tard celui du poëme appelé satire, et qui se propose le redressement des mœurs : les vers fescennins n'étaient pas de nature à les rendre bonnes ; mais, comme le dit Sénèque, le temps des noces permettait leur licence. Chez tous les peuples anciens, et même chez les modernes, le mariage est toujours accompagné de farces plus ou moins grossières, dont l'origine se perd dans la nuit des temps.

Laissons le silence et la nuit à ces femmes qui, etc. Ce trait est une injure cruelle pour Médée, dont il rappelle amèrement l'union clandestine et l'évasion.

Acte II. Page 243. *Je me meurs ; des chants d'hymen ont frappé mon oreille.* — Voyez Longepierre, *Médée*, acte II, sc. 1 :

> Quel bruit, quels chants d'hymen ont frappé mon oreille ?
> Corinthe retentit de cris et de concerts,
> Ses autels sont parés, ses temples sont ouverts,
> Tout à l'envi prépare une odieuse pompe,
> Tout vante ma rivale et l'ingrat qui me trompe.
> Jason, il est donc vrai, jusque-là me trahit !

A-t-il oublié ma coupable puissance. Le grand Corneille a revêtu cette pensée déjà si forte de sa mâle poésie, et l'a élevée jusqu'au sublime :

> Jason me répudie ! eh ! qui l'aurait pu croire ?
> S'il a manqué d'amour, manque-t-il de mémoire ?
> Me peut-il bien quitter après tant de bienfaits ?
> M'ose-t-il bien quitter après tant de forfaits ?
> Sachant ce que je puis, ayant vu ce que j'ose,

> Croit-il que m'offenser ce soit si peu de chose?
> Quoi! mon père trahi, les élémens forcés,
> D'un frère dans la mer les membres dispersés,
> Lui font-ils présumer mon audace épuisée?
>
> (Corneille, *Médée*, acte I, sc. 4.)

Page 243. *Ton frère, malheureux compagnon de ta fuite, mis en pièces.* Suivant la fable, Médée avait emmené avec elle son frère Absyrte. Poursuivie dans sa fuite par son père, elle tua cet enfant, coupa son corps en pièces, et en sema les débris sur sa route.

> Unde Tomos dictus locus est, quia fertur in illo
> Membra soror fratris consecuisse sui....
>
> (Ovid.)

Page 245. *Les membres du vieux Pélias.* Médée avait rajeuni Éson, père de Jason. Les filles de Pélias la prièrent de rajeunir aussi leur père; elle coupa en morceaux un vieux bélier, le jeta dans une chaudière bouillante, et l'en retira vivant et rajeuni. Les filles de Pélias le mirent aussi en pièces, et le jetèrent dans la chaudière, où Médée le laissa se consumer.

Il devait offrir son cœur au fer homicide. L'amour de Médée parle ici comme le patriotisme du vieil Horace. Nous ne doutons pas que notre grand Corneille n'ait pris à Sénèque le fameux: « Qu'il mourût! »

Que Jason vive, et qu'il soit toujours à moi. Ce langage, plein d'amour et de sensibilité, doit intéresser vivement les spectateurs au sort de Médée, et quoique ensuite elle se montre ce qu'Horace dit qu'elle doit être, *ferox invictaque*, ces paroles du moins plaident en sa faveur, et prouvent que les sentimens affectueux et tendres avaient place dans cette âme violente et emportée.

Page 247. *Quand on n'espère plus, c'est alors qu'on ne doit pas désespérer.* Apparemment parce que le comble des maux en produit le remède.

> Ou qu'un beau désespoir alors le secourût,

dit Corneille; et Virgile avait dit avant lui:

> Una salus victis nullam sperare salutem.
> Le salut des vaincus est de n'en point attendre.

Page 247. *Il me reste Médée.* Corneille a copié ce passage :

> Votre pays vous hait, votre époux est sans foi :
> Dans un si grand revers que vous reste-t-il ? — Moi !
> Moi, dis-je, et c'est assez — Quoi ! vous seule, madame ?
> — Oui, tu vois en moi seule et le fer et la flamme,
> Et la terre et la mer, et l'enfer et les cieux,
> Et le sceptre des rois et la foudre des dieux.

Page 249. *Non, quand ils seraient fils de la Terre.* Médée fait allusion à ces guerriers fils de la Terre, nés des dents du dragon de Colchos, et que Jason avait vaincus par son secours.

Je me repens d'avoir fui déjà. C'est-à-dire d'avoir quitté la Colchide, en se dérobant avec Jason.

Je trouverai peut-être un moyen de l'arrêter. Médée a rappelé plus haut qu'elle avait arrêté la poursuite de son père en semant sur sa route les membres de son frère Absyrte.

Page 251. *Retire-toi vite, malheureuse !* Longepierre a traduit, sans l'adoucir, cette violente apostrophe :

> Va, sors de mes états, sors, barbare étrangère,
> Abandonne Corinthe, et cours en d'autres lieux
> Porter tes attentats et le courroux des dieux.
> D'un monstre tel que toi délivre mon empire,
> Cesse d'infecter l'air qu'en ces lieux on respire ;
> De ton horrible aspect ne souille plus ces lieux,
> Et n'empoisonne plus la lumière des cieux.
>
> (LONGEPIERRE, *Médée*, acte II, sc. 3.)

Page 253. *Juste ou injuste, il faut obéir au commandement d'un roi.* On trouvera peut-être cette phrase peu correctement écrite, mais il fallait rendre le mouvement et la concision du texte : *Æquum atque iniquum*, etc. Voici d'ailleurs une citation de Racine qui nous justifiera mieux :

> Chacun devait bénir le bonheur de son règne ?
> — Heureux ou malheureux, il suffit qu'on me craigne.
>
> (*Britannicus.*)

Celui qui juge sans avoir entendu les deux parties. C'est le principe de la défense qu'invoque ici Médée. Un jugement n'est juste qu'autant qu'il est rendu contradictoirement, et l'accusé entendu.

Inauditi atque indefensi, tamquam innocentes perierant, dit Tacite, *Hist.*, liv. I, chap. 6.

Page 255. *Aux lieux où l'eau des fleuves forme de vastes marais.* Il s'agit ici des Palus-Méotides, vastes marais formés par les dépôts de limon que les fleuves charrient jusqu'à leur embouchure, suivant Strabon. Des auteurs plus modernes nient ce fait, sur la foi de témoins oculaires.

Adoucissent l'amertume des ondes salées. C'est un fait tout naturel et tout simple, attesté d'ailleurs chez les anciens par Pline et par Ovide.

Les guerrières aux boucliers échancrés. Ce sont les Amazones. — Voyez *Troyennes*, acte I, sc. 1, page 117; et aussi *Œdipe*, acte II, sc. 3, page 49.

Les enfans de Borée. Calaïs et Zéthès, enfans de Borée et de la nymphe Orithye. Ce furent eux qui chassèrent les Harpies qui enlevaient les mets de la table de Phinée, roi de Thrace, et les poursuivirent jusqu'aux îles Sporades. — *Voyez* ORPHÉE, *Argonaut.*; OVIDE, *Métam.*; et VIRGILE, *Énéide.*

Lyncée, dont la vue perçante. La fable raconte que, du sommet du Taygète, montagne de Laconie, il pouvait voir tout le Péloponnèse, et qu'il découvrit Castor et Pollux cachés dans le creux d'un chêne. Son nom vient de celui du lynx, dont la vue a passé long-temps pour merveilleuse. Il y a, dans le texte, deux mots que nous n'avons pu rendre, mais que nous pouvons expliquer: *Lumine immisso.* Sénèque pensait, avec les stoïciens, que c'était de l'œil que partait la lumière, ou les rayons lumineux qui rendent les objets visibles; Aristote pensait au contraire que les rayons nous venaient du dehors.

Page 263. *Je veux bien vous laisser un jour.* Plutarque fait sur cet endroit de la *Médée* d'Euripide les plus sages réflexions. « C'est par faiblesse, dit-il, que Créon accorde un jour à Médée; la mauvaise honte l'empêche de refuser, et c'est ainsi qu'il attire sur sa maison et sur lui-même les plus grands maux. » Ce n'était pas, en effet, après avoir traité Médée comme la dernière des misérables, qu'il devait lui permettre de rester un jour de plus dans son palais. Il savait bien qu'elle ne manquait ni de pouvoir ni de ressentiment. —*Voyez* PLUTARQUE, de la Mauvaise honte, *Œuvres morales.*

Page 263. *Il fut hardi, le premier navigateur.* —*Voyez* HORACE, *Odes*, liv. I, ode 3 :

> Illi robur et æs triplex
> Circa pectus erat, qui fragilem truci
> Commisit pelago ratem
> Primus, nec timuit, etc.

L'épaisseur d'un bois mince et léger. Boileau, dans sa traduction du *Traité du sublime*, a dit :

> Un bois mince et léger les défend de la mort.

On disait à Anacharsis que la planche des vaisseaux n'avait que quatre pouces d'épaisseur : « Il y a peu de distance, répondit-il, entre les navigateurs et la mort. »

Page 265. *Les mondes que la nature avait sagement séparés.* Horace avait exprimé la même idée, liv. I, ode 3 :

> Nequidquam deus abscidit
> Prudens Oceano dissociabili
> Terras, etc.
> Gens humana ruit per vetitum nefas, etc.

Page 267. *Monté par des rois.* Les Argonautes, au nombre de cinquante, étaient tous rois ou fils de rois. *Voyez* DIODORE DE SICILE, STRABON, JUSTIN, ORPHÉE, PINDARE, etc. Les rois, dans le passé, ont toujours été les initiateurs des peuples. Toutes les familles royales de la Grèce avaient leur part dans l'expédition des Argonautes, et leurs titres d'origine dans le premier vaisseau construit par Minerve, comme chez nous au moyen âge, les corporations d'ouvriers avaient leurs titres de noblesse dans le temple de Salomon.

Page 269. *Un temps viendra dans le cours des siècles.* C'est annoncer assez clairement la découverte du nouveau monde. Il est question aussi d'un monde inconnu dans le *Phédon* de Platon. Mais Abraham Ortelius pense que le poète qui, selon nous, n'a fait qu'exprimer un pressentiment général, et très-ancien dans l'humanité, ne parle ici que par une inspiration prophétique, une intuition précise qui lui faisait entrevoir la découverte de l'Amérique; Sénèque était Espagnol, sa prophétie n'en est que plus frappante. Virgile, au reste, avait dit avant lui, dans son *Pollion* :

> Alter erit tum Tiphys et altera quæ vehat Argo
> Delectos Heroas....

Page 269. *Thulé ne sera plus la borne du monde.* Thulé était une île de l'Océan septentrional, et les anciens la regardaient comme la limite du monde.

Page 273. *Si tu veux savoir, malheureuse, combien tu dois haïr.* Ce n'est point ici une pensée déclamatoire comme il s'en rencontre beaucoup dans notre auteur. Médée nous paraît le type de ces natures puissantes, mais déréglées, pour qui la vie ordinaire est trop étroite, et dont tous les sentimens touchent au crime. Voyez plus haut comment notre héroïne raisonne tous ses projets de vengeance (page 237, acte Ier); sa haine doit se hausser au niveau de son amour.

Page 275. *Cet homme si fier ne l'a pas osé.* Dans la crainte sans doute de déplaire à Créon et à sa fille. *Extimuit* peut s'entendre aussi de la honte qui eût empêché Jason de se présenter devant Médée, après avoir fiancé une nouvelle épouse; ou bien encore Médée veut dire que Jason a porté l'ingratitude à son égard jusqu'à ne pas se donner la peine de venir lui parler une dernière fois. Nous disons en langage ordinaire : « Il a craint de se déranger. »

Page 277. *Je fuis, Jason, je fuis.* Longepierre a traduit tout ce passage avec beaucoup de succès. Voici ses vers :

> L'exil, vous le savez, n'est pas nouveau pour moi :
> J'ai su pour vous, Jason, m'en imposer la loi.
> Sa cause est ce qui fait ma peine et ma disgrâce;
> Je fuyais pour Jason, et c'est lui qui me chasse.
> N'importe ; obéissons aux lois de mon époux,
> Partons, puisqu'il le veut. Mais où m'envoyez-vous ?
> Reverrai-je Colchos ? irai-je en Thessalie
> Implorer les bontés des filles de Pélie ?
> Irai-je sur le Phase, où mon père irrité

> Réserve un juste prix à mon impiété?
> Hélas! du monde entier pour Jason seul bannie,
> Ai-je encor quelque asile en Europe, en Asie?
> Et, pour vous les ouvrir, me fermant tous chemins,
> Contre moi n'ai-je pas armé tous les humains? etc.
>
> (Longepierre, *Médée*, acte II, sc. 3.)

Page 279. *Souviens-toi donc de ces taureaux.* — Voir encore la *Médée* de Longepierre, acte II, sc. 3 :

> Remets devant tes yeux ce fatal Champ-de-Mars,
> Sous cent formes la mort offerte à tes regards,
> Ces enfans de la terre affamés de carnage,
> Ces tourbillons de feu, ces monstres pleins de rage, etc.

et Ovide, *Métam.*, liv. VII.

Une moisson furieuse de soldats armés. Ce sont les dents du serpent de Béotie que Jason avait semées, et non celles du dragon de Colchide, comme le remarque très-bien Delrio. Suivant Apollonius et Phérécydes, Minerve avait partagé entre Cadmus et Éta les dents du serpent dont il est question à la page 273 de ce volume (*Œdipe*, acte III, sc. 2), et c'est de ce roi de la Colchide que Jason les avait reçues.

Page 284, vers 520. *Fortuna semper omnis infra me stetit.* Ici, la pensée n'est pas douteuse, mais il peut y avoir incertitude sur le texte. Quelques éditions portent *intra* au lieu de *infra*, que nous avons adopté d'après les derniers éditeurs. Pour rendre cette phrase avec l'autre leçon, il faudrait dire : « J'ai toujours porté ma fortune en moi-même, » c'est-à-dire dans ma volonté, dans mon génie.

Page 287. *Ta foudre ne s'égarera pas en tombant sur nous.* C'est-à-dire en tombant sur l'un de nous deux. C'est ici un exemple remarquable du style de Sénèque ; ordinairement c'est la répétition de l'idée qui la fait mieux comprendre. Ici, au contraire, c'est le commencement qui rend la fin plus claire.

Page 289. *Permettez au moins qu'en partant.* Jusqu'ici Médée a tutoyé Jason, parce qu'elle était hors d'elle-même et furieuse ; maintenant qu'elle parle avec plus de calme, nous avons cru devoir substituer l'autre forme, qui est celle de la réserve, de l'indifférence, de la politesse. Quelques lignes plus bas, Médée reprend avec sa fureur son premier langage.

Page 291. *Il me reste un manteau précieux.* Voici la lourde paraphrase de ce morceau par Longepierre :

> .... Tu connais cette robe éclatante,
> De rubis lumineuse, et d'or étincelante,
> Parure inestimable, ornement précieux
> Où l'art et la richesse éblouissent les yeux.
> Le Soleil, mon aïeul, favorisant mon père,
> Pour présent nuptial en fit don à ma mère,
> Et semble avoir mêlé, pour enrichir ses dons,
> Le feu de sa lumière à l'or de ses rayons.
> C'est, de tous les trésors où je pouvais prétendre,
> L'unique qu'en fuyant Médée ait daigné prendre.

Et plus bas :

> Je vais l'empoisonner, et, par mon art funeste,
> Mêler un prompt venin à son éclat céleste.
> ....
> Je veux que mes enfans, pour cacher ma vengeance,
> En feignant d'implorer ses soins et sa clémence,
> Ministres non suspects de mon courroux affreux,
> Portent à leur marâtre un don si dangereux, etc.
>
> (*Médée*, acte III, sc. 4.)

Corneille écrit avec plus de force et de grandeur, sinon plus purement. Mais rien n'est moins tragique, selon nous, que l'idée qu'il a eue de faire désirer par Créuse la robe de Médée. Un tel caprice de femmelette ne devait point trouver place dans un sujet antique.

Et un peigne d'or, étincelant de pierreries. Nous croyons, avec Delrio, qu'il y a ici trois choses : *Palla, auro textili monile fulgens, et aurum quo solent cingi comœ, quodque gemmarum nitor distinguit.* Euripide, à la vérité, ne parle que d'une robe et d'une couronne d'or, mais ce n'est pas une raison pour forcer le sens de la phrase latine, qui ne serait plus qu'un fatras à peine explicable, si l'on voulait n'y trouver exprimé que ce qui est dans l'auteur grec.

Page 291. *Ni la violence des flammes, etc.* — *Voyez* la même idée rendue par des images presque semblables, dans l'*Hercule au mont Éta*, v. 233 : *O quam cruentus feminas stimulat dolor*, etc.

Page 293. *Le feu de l'amour attisé par la haine.* Il n'y a point de mot latin qui réponde exactement à celui de jalousie ; nous n'avons pas voulu employer ce terme, parce qu'il n'appartient point véritablement à la langue romaine, par l'idée ou le sentiment qu'il exprime.

Page 295. *Le noble fils de Calliope.* C'est Orphée, qui fut déchiré par les Bacchantes dans les champs de la Thrace. — *Voyez* OVIDE, *Métam.*, liv. X ; et VIRGILE, *Géorg.*, liv. IV.

S'est couché vivant sur le bûcher de l'Éta. Cette mort est le sujet d'une pièce de notre auteur, *Hercule au mont Éta*, qui paraîtra dans le troisième volume de son théâtre.

Brûlé par cette robe sanglante de Nessus. Le texte porte : *consumptus tabe gemini cruoris* ; nous croyons que le commentateur de Lemaire s'est trompé en interprétant *gemini cruoris* par le sang du centaure mêlé à celui de l'hydre de Lerne. Le centaure était homme et cheval, et son sang participait de ces deux natures.

Page 297. *Ancée a péri sous la dent cruelle d'un sanglier.* C'est de lui qu'est venu ce proverbe rapporté par Plutarque, dans ses *Œuvres morales* : « Entre la coupe et les lèvres, il y a de la place pour un malheur. » Ancée tenait une coupe à la main pour la porter à sa bouche, quand il apprit qu'un sanglier était entré dans sa vigne ; il remit à l'instant la coupe, et sortit pour combattre le sanglier qui le tua.

Mopsus qui a fait ces prédictions véritables. Au temps où l'action se passe, tous les Argonautes ne sont pas morts. Le chœur entremêle ici les faits accomplis, et ceux qui doivent s'accomplir plus tard, suivant les prophéties de Mopsus, devin, fils d'Apollon, et de Manto, fille de Tirésias.

Nauplius, qui doit allumer des feux trompeurs. Nauplius, roi d'Eubée, et père de Palamèdes, qu'Ulysse fit périr au siège de Troie. Pour venger sa mort, il fit allumer, sur le promontoire de Capharée, des fanaux qui devaient conduire la flotte des Grecs contre des écueils. Mais, voyant qu'Ulysse et Diomède avaient échappé, il se précipita lui-même dans les flots.

Page 297. *Épargnez Jason qui n'a pris part que malgré lui à cette entreprise.* Cette même excuse est alléguée en faveur de Jason, dans le poëme grec d'Apollonius et dans celui de Valerius Flaccus :

> Nec tua thessalicis quamquam inclita nomina terris
> Sponte sequor ; cui non jusso tot adire voluptas
> Monstra maris? etc.
> (*Argonautæ*, lib. v, v. 481.)

Page 299. *Puis, étendant la main gauche.* Médée a dit plus haut, acte 1er, sc. 1, page 241 : « Je vous invoque d'une voix sinistre ; » la main gauche qu'elle étend ici, se rapporte également au but de son sacrifice funeste.

Page 301. *Celles que sous un ciel glacé.* Les anciens croyaient que les poisons les plus énergiques étaient ceux du Nord et du Midi; il est à peu près reconnu chez nous qu'il n'y a point de comparaison entre les végétaux de la ligne et ceux des pôles.

Page 303. *Et sur les rivages du Bétis.* C'est le Guadalquivir depuis l'invasion des Arabes en Espagne. L'ancienne Bétique était à peu près ce qu'on appelle aujourd'hui l'Andalousie.

Les unes ont été coupées avec le fer avant le lever du soleil. La vertu des simples et l'énergie de leurs poisons dépendaient de l'heure à laquelle on les avait cueillies et de la manière dont on les avait coupées. On trouvera, dans le *Macbeth* de Shakspeare, quelques rapports singuliers entre les préparations de Médée, la magicienne antique, et celles des sorcières du moyen âge.

Page 305. *Que le rocher roulant de Sisyphe cesse de fatiguer ses bras.* Nous avons admis *solvat* au lieu de *volvat*, que portent quelques éditions. *Solvat* nous paraît plus dans le sens général de ce passage; tandis que *volvat* donnerait un sens tout particulier, propre à Sisyphe, et peut-être justifiable en ce que ce grand criminel, étant père de Créon, Médée ne veut pas demander pour lui cette suspension de châtiment qu'elle demande pour les autres coupables. Mais nous croyons qu'il est plus naturel de concentrer tout son ressentiment contre le roi de Corinthe, et c'est ce qui nous a fait préférer l'autre leçon.

Cette évocation de Médée a été reproduite par Longepierre

(*Médée*, acte IV, sc. I); c'est un morceau de poésie qui ne manque pas d'éclat, il serait trop long de le citer ici; nous y renvoyons le lecteur.

Page 309. *Le son des cymbales corinthiennes va venir à ton secours.* Il y a dans le texte: *Æra Corinthi pretiosa;* c'est un étrange anachronisme. Selon Pline l'Ancien, l'airain de Corinthe, si précieux à Rome, ne fut connu que l'an 607. C'était un mélange d'or, d'argent et de cuivre, dont la combinaison fut l'effet de l'incendie qui brûla Corinthe, et fit fondre les statues élevées dans cette ville. Sénèque ne pouvait pas ignorer ce fait; mais il était poète, et les poètes sont assez portés à croire, comme Lysandre, que la vérité n'est pas meilleure que le mensonge.

Pour épargner les notes et les citations sur cette longue déclamation de Médée, nous renverrons aux détails du même genre, qui ne sont pas rares chez les poètes latins: *Voyez* HORACE, *Satires*, liv. I, sat. 8, v. 26, et *Epod.* V, v. 17 et ss.; LUCAIN, *Pharsale*, liv. VI, v. 507 et ss.; TIBULLE, liv. I, 6, 47 et 50; APOLLONIUS; VALERIUS FLACCUS; VIRGILE, etc. Quant aux détails mythologiques, ils sont assez connus.

Page 311. *Allez, allez, tristes enfans.* — *Voyez* la *Médée* de LONGEPIERRE, acte IV, sc. 2:

> Allez, tristes enfans, jeunes infortunés,
> Qu'aux maux presque en naissant le ciel a condamnés, etc.

Page 313. *Aussi Médée ne sait maîtriser ni sa rage ni son amour.* Tel est en effet le caractère de Médée, et le secret de tous les crimes qu'on lui prête, et qui ont fait de cette femme d'Asie le type le plus complet de l'amour et de la haine. Sa puissance magique n'est peut-être au fond que l'expression figurée de sa puissance de sentir.

Page 317. *Quelle a été la cause de leur ruine?* Il semblerait tout naturel que le lieu de la scène fût une partie du palais de Créon; mais alors le chœur n'en serait pas à ignorer la catastrophe: il l'ignore cependant; ce qui prouve que la scène se passe ailleurs; mais où donc? sur une place? non. Dans l'appartement de Médée? il n'est pas naturel que le chœur s'y vienne installer. Il faut croire

NOTES SUR MÉDÉE.

alors que la scène se passe dans un lieu tout-à-fait neutre, vague, indéfini.

Page 321. *Mais je frémis.* Ce passage prouve qu'il y a plus de nature et plus de sens qu'on ne le croit généralement dans les pièces de Sénèque. Le trouble de Médée, son cœur de mère, le doute qui vient à travers de sa résolution fatale, de cette vengeance qu'elle n'osait pas s'avouer à elle-même, sont aussi bien rendus que justement sentis. *Voyez* le calque de cette situation dans la *Médée* de Longepierre, acte IV, sc. 5 :

> Quelque vive douceur qu'ait pour moi la vengeance,
> Un trouble violent en secret la balance, etc.

Médée est encore ici la femme égarée qui voit le bien, l'approuve, et ne peut faire que le mal ; tant elle est invinciblement dominée par sa passion !

> Me rapit invitam nova vis, aliudque cupido,
> Mens aliud suadet ; video meliora proboque,
> Deteriora sequor.....
> (OVIDIUS, *Metam.*, lib. VII.)

Page 323. *L'orgueilleuse fille de Tantale.* Niobé, mère de quatorze enfans, qui périrent sous les flèches d'Apollon et de Diane.

Ma stérilité trahit ma vengeance. Médée ne veut pas dire qu'elle a été tout-à-fait stérile, qu'elle n'a point d'enfans, mais seulement qu'elle n'en a pas assez pour satisfaire sa vengeance.

Mais où court cette troupe épouvantable de furies? Il ne faut que comparer ce passage avec les fureurs d'Oreste, au cinquième acte d'*Andromaque*, pour se convaincre que Racine a emprunté quelques traits à Sénèque.

Page 331. *Proclame partout, sur ton passage, qu'il n'y a point de dieux.* Jason parle ici comme toutes les âmes faibles et vulgaires pour qui le malheur est la pierre de scandale, et qui croient trouver, dans l'impunité des méchans, un argument invincible contre la providence. C'est une grande erreur, mais qui est jusqu'à un certain point justifiée en cet endroit, par la douleur d'un homme plus malheureux que coupable, et qui vient de voir égorger ses deux enfans sous ses yeux. Un homme plus calme n'eût point prononcé un tel blasphème. « Le vice, dit Plutarque, dispose tous les hommes à toutes sortes de misères, étant un parfait ouvrier de malheur, et n'ayant besoin ni d'instrumens ni de ministres pour châtier les coupables, etc. » (*Œuvres morales,* Que le vice est suffisant pour rendre l'homme malheureux.)

FIN DU TOME DEUXIÈME.

TABLE

DES MATIÈRES DU DEUXIÈME VOLUME.

	Pages.
OEdipe.	1
Personnages.	3
Argument.	5
Les Troyennes.	111
Personnages.	113
Argument.	115
Médée.	227
Personnages.	229
Argument.	231
Notes sur OEdipe.	334
— sur les Troyennes.	359
— sur Médée.	377

www.ingramcontent.com/pod-product-compliance
Lightning Source LLC
Chambersburg PA
CBHW052047230426
43671CB00011B/1815